글짓기, 이렇게 하자

글짓기, 이렇게 하자

이병모 | 지음

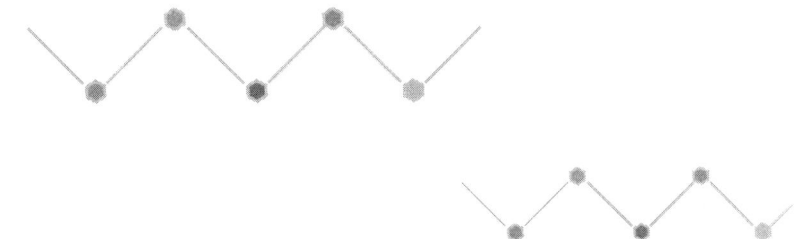

도서
출판 박이정

머리말

최근에는 글짓기^{작문} 관련의 책들이 서점가에 꽤 많이 선보이고 있음을 본다. 그럼에도 왜 이런 책을 펴내는가? 이유는 간단하다. 첫째는 글짓기에 대하여 진지하게 고민한 사람이 책을 내어야 한다는 신념 때문이다. 글짓기와 관련된 논문을 발표한 사람이라야 작문에 대하여 고민했다고 말할 수 있을 것 같다는 생각이 들기 때문이다. 학생들이 쓴 글짓기를 그냥 나열만 하는 것은 곤란하다는 생각을 평소에 해 왔었다.

그리고 만일 오래도록 글짓기 교육 현장에서 고민한 속살^{내용}들을 여러 학회를 통해서 다양하게 논문으로 발표했다고 하면 이를 바탕으로 하여 창의적인 책을 낼 수도 있지 않는가 하는 견해를 조심스럽게 펴 본다. 이 책은 이미 발표한 이론들을 뿌리와 줄기로 하여 고등학교 학생들의 형편과 눈높이에 맞도록 실용화하여 새롭게 편찬한 것이다.

고등학생들은 일반적으로 사물과 세계에 대하여 흥미를 많이 가진다. 그리고 중학생들보다는 훨씬 더 체계적으로 이해하고 있다. 학생들은 참되고, 가치 있고, 아름다운 자기의 생각과 감정을 글로 표현하고 싶어한다. 그러나, 성급한 욕심만 가지고는 좋은 글을 쓰고자 하는 소기의 목적을 거둘 수 없다.

'사물에 대한 호기심', 이는 글짓기의 중요한 요인이 된다. '내가 이런 느낌과 생각을 글로써 표현하지 않으면 내 인생의 소중한 경험을 잊고 말 것 같다'라고 생각되는 속살을 글로 표현하도록 안내하는 것은 매우 바람직할 것이다. 그러나 글 쓰는 이가 시사적時事的인 것이거나 생활주변에서 글감을 구하여 그것을 꼬집거나 빈정거리는 투로 써나가는 것은 바람직하지 못하다고 생각된다.

이 책에서는 고등학생들이 작품을 몸소 써나가는 과정을 전제로 하고 있다. 속살을 만들어나가는 부분과 완성된 글도 다 함께 보여 줄 것이다.

우리는 흔히 청소년 시기는 생각과 느낌이 불완전해서 글을 제대로 쓸 수 없을 것이라는 편견을 가진다. 그러나 결코 그렇지 않다. 가령 어떤 한 청소년이 간직하고 있는, 자기가 간절히 표현하고 싶은 글감에 대해서는 바로 그 청소년 자신이 그 어떤 전문가보다도 더 자세히 알고 있을 것이기 때문이다. 그가 오래도록 가슴속에 간직해 오면서 말하고 싶었던 감동들 즉, 그가 바라본 아름다운 자연, 사랑이 넘치는 그의 고향 사람들의 이야기, 그의 현실을 개척하고자 하는 몸부림과 피맺힌 눈물, 자아 정체성을 확립하고자 하는 그의 신념, 그가 즐겁게 보냈던 한 순간들, 그가 진정한 우정을 깨달았던 순간의 감격, 그가 사랑했던 동물에 대한 이야기, 이웃 사람들에 대한 고마움 등 그의 삶과 관련되는 수많은 글감에 대해서는 그 글을 쓰는 청소년 자신이 가장 잘 알고 있는 것이다.

이제는 우리 청소년들의 아름답고 진실 되고 감격적인 생각과 느낌을 마음껏 줄글로 펼칠 수 있도록 짜여진 교재가 필요한 때이다. 읽기讀書지도는 읽기의 원리에 의해 안내되어야 하고, 글짓기 지도는 글짓기의 원리에 의하여 안내되어야 한다고 믿는다. 학생들에게 글을 제대로 엮어나갈 수 있는 바람직한 방법을 제시해 주어야 한다. 그리고 학생들이 그런 활동을 했을 때 투명하게 그 과정을 스스로 터득할 수 있도록 짜여져야 한다.

그러면 글짓기의 원리란 무엇인가? 읽기의 원리가 속살을 요약하는 데 초점을 둔다고 하면, 글짓기의 원리는 펼치기에 초점을 두어야 할 것이다. 도대체 펼치기의 원리란 무엇인가? 그것은 글 속살의 알맹이인 주제 또는 작은 주제를 뒷받침하는 월(문장)들을 글 쓰는 이의 의도와 글의 규모에 알맞게 만들어 나가는 원리를 말한다. 다행히 요즈음은 컴퓨터의 발달로 단락에 파묻혀 있는, 자기가 쓴 월들을 줄을 바꾸어 독립시켜서 벌여 놓거나 다시 모으기가 쉽다. 이러한 일을 통하여 우리는 월 내부의 문제와 한 편의 단락 글과 글 전체 속에서의 그 월이 지니는 구실까지를 제대로 분석하고 관찰하여 수정·보완하기가 수월하게 된 것이다.

글을 펼쳐나가는 원리는 전문 수필가의 수필 작품에서나 일반 고등학생의 작품에서나 모두 다 적용될 수 있는 것이라야 한다. 지극히 상식적인 이 원리가 지금까지는 적용되지 않고 있었던 것이 사실이다. 이 책에서는 학생 작품과 전문 수필가의 작품을 골고루 예를 들어서 설명해 나갈 것이다.

주제는 무엇인가? 그것은 글 쓰는 이가 가장 중요하게 여기고 있는 것인바 글 쓰는 이 자신이 가장 잘 알고 있는 속살을 요약한 것이다.

주제는 어떻게 글 속에 드러낼 수 있는가? 뒷받침 월(문장)이란 무엇인가? 그리고 뒷받침 월은 왜 필요한가? 뒷받침 월은 어떻게 만드는가? 뒷받침 월은 단순한 월만으로 쓰는 것이 가장 바람직한 일인가?

이 책에서는 이런 본질적인 질문에 대하여 상세히 밝힐 것이다. 일찍이 중국의 학자 구양수(歐陽修)는 삼다(三多)라고 하여 많이 읽고, 많이 생각하고, 많이 쓰면 좋은 글이 된다고 했다. 그러나 인쇄술이 발달되고 컴퓨터가 나와서 과거 오로지 손작업에만 의존했던 시대와는 달리 글쓰기가 참으로 편리한 이 시대에는 좀더 과학적(科學的)으로 그 방법을 발전시켜서 제시해야 할 것으로 생각된다. 이 책은 다음의 여섯 가지 사항들을 밝히려고 애를 썼다.

① 짧은 시간 안에 주제를 정확하게 제시하기 위하여 뒷받침 월과 단락을 만들어 내는 방법

② 월 펼치기에 대한 기술(技術)

③ '뒷받침 월'과 '단락'의 갈래, 그리고 이들을 치밀하게 엮어나가는 글짓기의 과정

④ 단락이 한 편의 글 전체에 이바지하여 다양한 형태로 드러나는 모습

⑤ 학생들의 작품을 전문 수필가의 글과 대비해 나가면서 항목별로 설명해 나가는 체제(體制)

⑥ 학생들이 몸소 월을 만들고 단락을 형성하여 나가는 과정

이 책에서는 글을 잘 쓰지 못하는 사람들의 글 펼치기 수준을 높이기 위해 애를 쓸 것이다. 그리고 이 책에서는 글을 쓰는 이들이 오랫동안 고민하여 만든 자기의 글이 어떤 모습으로 완성될 것인지를 예측해 보고, 그 예상 답안을 함께 만들어 가는 과정을 보일 것이다. 그리하여 글을 쓰고자 하는 이들이 이 책을 읽고 나서 자기가 쓰고 싶은 글감으로 한 편의 글을 썼을 때 매우 만족스러운 마음을 가질 수 있도록 최대한 노력하였다.

이 책은 필자가 두 번째로 저술한 글짓기 길잡이이다. 첫 번째 책과는 달리 이 책은 주된 대상을 고등학생으로 한정하여 집필하였다. 그러나 고등학생들을 지도하시는 선생님들과 학부모님들, 그리고 일반인들에

게도 아울러 도움이 될 것으로 생각한다.

이 책에 인용된 보기 글은 필자가 근무하던 고등학교 학생들의 글이다. 학생들과 함께 한 글짓기 수업시간들은 정말 행복한 순간들이었다. 그들의 행복을 빌 뿐이다. 그러나 설명을 해 나가기 위해서는 자연히 작가들의 훌륭한 글, 잘된 글, 감동적인 글을 예로 들지 않을 수 없었다. 이 책에서 인용된 학생들의 글과 많은 분들이 쓴 글의 필자에게 진심으로 감사를 드린다. 아울러 여러 가지 형편으로 미리 몸소 양해를 얻지 못한 점에 대해서도 거듭 미안하게 생각한다. 너그러운 양해를 바랄 뿐이다.

원고 정리를 하기 위해 틈을 내기가 매우 어려웠다. 힘이 들 때마다 기도를 했었다. 이 책이 나오게 된 것에 대하여 먼저 하나님께 감사드린다. 그리고 바쁘신 가운데도 이 책을 꼼꼼하게 읽으시고 교정을 보아주신 권유현 아동문학가와 박종철 시인 그리고 빈지은 선생님과 문수현 선생님에게 감사를 드린다.

글짓기 교육은 이론을 바탕으로 하여 몸소 행동으로 실천에 옮겨야 됨을 잘 아는 필자로서는 어머니와 장모님, 아내와 세 자녀, 집안 어른들과 친형제와 자매, 그리고 친지들과 만나는 시간들을 접어둘 수밖에 없었다. 모두에게 감사를 드린다.

아무쪼록 이 책을 읽은 사람들이 글을 쓸 때 자기의 표현 의도를 최대한 잘 살릴 수 있는 계기가 되기를 간절히 바란다. 그리고, 이 책을 기꺼이 펴내 주신 박이정의 박찬익 사장님과 도움을 아끼지 않으신 여러 분들께 진심으로 감사를 드린다.

2006년 7월
상대동 자택에서 지은이 씀

〈일러두기〉

....

이 책에서는 아래와 같이 낱말들을 토박이말로 바꿔 서술하였다.

....

개요 → 줄거리

결말 → 마무리

관형어 → 매김말

구절 → 마디

구조물 → 얼개

기능 → 구실

내용 → 속살

단어 → 낱말

도입 → 들머리

독서 → 읽기

동어반복 → 같은 말 되풀이

마인드 맵 → 마음 속 지도

명사 → 이름씨

목적어 → 부림말

문맥 → 줄거리

문장 → 월

반복 → 되풀이

부사어 → 어찌말

분배 → 고르게 나누어 놓기

비유 → 빗댐

삭제 → 없애기

상위어 → 윗자리 말

서두 → 첫머리

서론 → 머리말

서술어 → 풀이말

소주제 문장 → 작은 주제 월

수식어 → 꾸밈말

어휘 → 낱말

연결어 → 이음말

연결어미 → 이음씨끝

연결조사 → 이음토씨

완성하기 → 이루기

완성하다 → 이루다

이동 → 옮기기

인용하다 → 따오다

작문 → 글짓기

조사 → 토씨

전개 → 펼치기

전개하다 → 펼치다

전환하다 → 바꾸다

종류 → 갈래

주어 → 임자말

진열하다 → 펼치다

첨가 → 덧붙이기

하위어 → 아랫자리 말

핵심 → 알맹이

핵심어 → 알맹이 말

형식 → 겉모습

차례 『글짓기, 이렇게 하자』

1

| 글짓기의 특성 |

네 몸의 등불은 눈이라. 네 눈이 성하면 온 몸이 밝을 것이요.
만일 나쁘면 네 몸도 어두우리라.
(누가 11장 34절)

제1절 글짓기는 자신과 현상을 새롭게 보는 계기가 될 수 있다

사람들은 인간사에서 겪는 희로애락을 글로 표현하고 싶은 경우가 많다. 그런데 사람마다 이 여러 가지 감정들을 받아들이는 기준이 다 다르다. 글을 쓴 이가 어떤 부류의 사람들을 좋아한다는 감정을 드러냈을 때에 그 글을 읽는 사람의 반응은 다양할 것으로 생각된다. 글 쓴 이가 어떤 사람들에 대하여 고심한 끝에 내린 판단이라고 하더라도 그와는 처지나 생활환경이 전혀 다른, 글을 읽는 이의 편에서는 까닭 없이 못 마땅하게 여기는 경우를 종종 볼 수 있기 때문이다.

그러나 삶이 아무리 어렵고 힘들더라도 스스로를 돌아보고 나아가 현상을 새롭게 보는 과정은 모든 사람들에게 유익한 절차라고 생각된다. 다음 (1)은 임춘화 학생이 스스로 맨 처음 완성한 '역시 학생이란'이라고 하는 글이다. 이 글은 줄거리(개요)인지 글인지 구분하기가 힘들다. 그러나 이 학생은 글짓기를 통하여 스스로를 돌아보고 있음을 알 수 있다.

(1) 역시 학생이란
임춘화 (1998년, 삼가고 제2학년 힘찬반)

○ 어느 금요일에 있었던 일이다.
○ 동생과 난 늦게 일어 난 데다가 꾸물거렸다.
○ 동생을 꼬셔서[꼬드겨서] 함께 보충[보충 수업]을 빼먹기로 한 것이다.
○ 일부러 늦장[늑장]을 부리며 기다시피 해서 학교 정문 앞에 다다랐다.
○ 동생과 나는 종이 칠 때까지 기다렸다.
○ 그때 난 "역시 학생이란 공부를 하지 않으면 할 일이 없을뿐더러 하루가

아주 지겹게 느껴질 것"이라는 생각이 들었다.
○ 난 다시는 아침 보충[보충 수업]을 안 빼먹고, 학교 생활을 성실히 하겠다
   고 다짐했다.
○ 마치는 종소리가 너무 아름답게 들렸다.
○ 나는 동생과 기쁜 마음으로 교실로 뛰어 들어갔다.

위의 줄거리(개요) (1)을 시간의 흐름에 따라 글쓴이가 속살을 수정
·보완하면서 더 보태고 자세하게 글로 펼친 것이 다음 (1)-1의 '역시
학생이란' 이라는 글이다.

(1)-1   역시 학생이란

임춘화(1998년, 삼가고 제2학년 힘찬반)

어느 금요일에 있었던 일이다. 동생과 난 늦게 일어난 데다가 좀 꾸물거렸다.
시계를 보니 아침 보충수업이 시작되었을 시간이었다. 그런데도 서둘지 않았
다. 그렇게 여유 있게 늑장을 부린 것은 아침 보충수업 선생님이 심하게 꾸중하
시지 않을 것 같았기 때문이다.
동생은 서둘면서 빨리 가자고 재촉했다. 그러나, 나는 동생을 꼬드겨서 함께
보충수업을 빼먹기로 했다. 일부러 꾸물거리며 기다시피 해서 학교 정문 앞에
다다랐다. 동생과 나는 종이 울릴 때까지 마음이 편안하지 않은 것은 처음이었
다.
후회하기 시작했다. 무슨 마음으로 이런 일을… 너무 겁이 나서 얼른 나무
뒤에 숨었다. 다행히 아무에게도 들키지 않은 것 같았다. 우리는 안도의 숨을
쉬며 시간이 얼마나 흘렀는지 궁금하여 정문 앞 가게에 갔다. 시간이 많이
간 줄 알았는데 겨우 10 분밖에 흐르지 않은 것이었다. 그때 이런 생각이 들었다.
'역시 학생이란 수업 시간표에 따라 공부하는 것만큼 즐거운 일이 없다.' 공부
이외에 다른 어떤 일을 해도 하루가 지겨울 수밖에 없을 것 같았다.
동생과 함께 지각계획을 했던 판단이 틀렸다는 생각에 이르게 되자 여러
가지가 후회되었다. 부모님에게 아주 죄송한 마음이 들었다. 정원에 핀 장미
꽃잎을 떼며 동생과 이런저런 이야기를 하고 놀았지만 마음은 초조해져만 갔다.

시간을 때우려고 학교 앞 가게에 들러 동생과 아이스크림을 사들고 종소리가 잘 들릴 수 있도록 운동장 가까이에 앉아 있었다. 하늘도 무심하시지… 또 한 분의 선생님의 차가 오는 것이었다. 이젠 도망칠 여유도 없었다. 너무 놀란 나머지 아이스크림을 떨어뜨려 버렸다. 다행히 그 선생님께선 못 본 체하고 눈을 감아 주셨다.

다시는 아침 보충수업을 빼먹지 않고, 학교 생활에 충실하겠다고 다짐했다. 사실 여태껏 학교를 감옥 같다고 여겼다. 하지만 지금은 그게 아닌 것 같다. 우리 학생들이 쉴 곳, 아늑한 학교가 없었다면 우리들은 정말 할 일 없이 살아갈 것 같다. 이 멋진 공간에서 친구들과 만나고 선생님도 볼 수 있고, 또 여러 과목을 배울 수 있고…

이런 저런 생각을 하고 있는데 드디어 마치는 종이 울렸다. 그 종소리가 너무 아름답게 들렸다. 동생과 기쁜 마음으로 교실로 뛰어 들어갔다.

위의 글 (1)-1은 지각(遲刻)이라는 체험을 통하여 양심의 가책을 느끼고, 학교 생활의 기쁨을 재발견한 글이다. 이처럼 글짓기는 한 번 쓰고 난 초고를 다듬어 가는 과정에서 스스로를 돌아볼 수 있는 계기가 되고, 현상을 새롭게 볼 수 있는 계기가 된다. 이 글을 쓴 학생은 시간의 흐름에 따라 생각과 행동이 바뀌는 과정을 잘 표현하고 있다. 이처럼 생각을 다듬는 것은 인격을 갈고 닦는 구체적인 일이라고 말할 수 있다. 제목을 '종소리'로 바꾸어도 괜찮을 것 같다.

제2절 글짓기는 행동을 전제로 한다

글짓기는 글 쓰는 이의 생각과 느낌 혹은 사색, 읽기의 속살, 글 쓰는 행위를 포함하는 말이다. 그러면 이 중 어느 것이 글짓기의 본령(本領)이 될까. 사람에 따라 다르겠지만 글짓기의 중심은 몸소 글을 써나가는 행동에 있다고 말할 수 있다.

글짓기란 행동을 전제로 한다. 결코 날마다 읽기만 하거나 사색만 하는 사람을 작가라고 하지는 않을 것이다. "내가 이런 느낌과 생각을 글로 표현하지 않으면 내 인생은 가치 없는 삶이 될 것이다."라고 하는 강한 표현 욕구를 구체적으로 실현하는 사람이 글 쓰는 사람인 것이다. 로버타 진 브라이언트는 "오늘 아침 글을 쓴 사람이 작가다"라고 주장하고 있다. 글짓기를 잘하기 위해서는 읽기도 중요하고, 사색도 중요하지만, 이 둘을 포함한 행위인 지금 당장 글을 써 내려가는 것이 가장 중요한 것이다.

제3절 글짓기는 입체적으로 펼쳐나가는 일이다

글은 생각과 느낌을 종이라고 하는 평면 위에 써나가는 행위이다. 그러나, 감동을 줄 수 있는 글은 생각과 느낌을 단순히 써나가는 행위가 되어서는 안 되고, 교량이나 건물, 조각 작품 등의 건축물과 같이 입체성을 띠고 있는 작품을 만드는 활동이 되어야 한다.

형태만으로 말한다면 낱말을 모아서 월을 만드는 행위, 즉 생각과 느낌을 월로 짤막하게 표현하는 행위는 「선분(線分)으로 표현하는 행위」, 즉 1차원의 행위에 가깝다고 할 수 있고, 작은 주제를 드러내기 위해서 월들을 동원하여 단락을 만들어 내는 행위는 「평면(平面)으로 표현하는 행위」, 즉 2차원의 행위에 가깝다고 할 수 있다. 단락은 작은 주제를 간결하고 뚜렷하게 드러낼 수 있기 때문이다. 그리고 단락을 모아서 한편의 전체성을 띤 작품으로서의 글을 만드는 행위는 「입체(立體)로 표현하는 행위」, 즉 3차원의 행위라고 할 수 있다. 입체(立體)로 표현하는 행위는, 작은 주제를 통합하여 글 전체의 큰 주제를 드러내는 행위라고 할 수 있다. 작품의 전체 모습이 잘 드러나되 그 글 속에 글쓴이의 훌륭한 정신과 영혼이 살아 있으면, 그 글은 4차원의 세계까지 드러내는 감동적인 글이라고 말할 수 있다.

제4절 글짓기의 복합성

한 편의 글에서는 들머리 · 펼치기 · 중심 · 마무리, 혹은 들머리 · 펼치기 · 위기 · 절정 · 대단원 등의 구성 단계와 설명 · 논증 · 묘사 · 서사 등의 진술의 방식과 다양한 길이를 지닌 월들의 벌여 놓기와 강조법 · 빗댐법 · 변화법 등의 수사법과 건조체 · 우유체 · 간결체 등의 문체 등이 복합적으로 드러난다. 이러한 특징은 전문 작가의 글에도 나타나지만 고등학생의 글에도 나타남을 알 수 있다. 다음은 이에 대하여 살펴보고자 한다.

(2) 짜증

박수정 (1997년, 삼가고 제2학년 힘찬반)

가) 들머리
● 우리 일상 생활 속에 내포되어 있는 많은 감정들. 기쁨, 슬픔, 행복, 불행, 즐거움, 비참함, 노여움, 분노, 환희, 짜증…… (열거법)
○ 이렇게 많은 감정들이 우리들의 뇌세포를 타고 머릿 속을 비집고 돌아다닌다. (의인법)
① 그 감정들 중 나는 '짜증'이란 감정에 대해 이야기하려고 한다.

② 언제부터 '짜증'이란 단어가 내 하루 일과에 침범했는지는 나도 모른다. (의인법)

③ 특별한 일 없이 항상 똑같은 하루를 거듭하면서 나도 모르게 '짜증'이 내 생활 속으로 침투해 온 것이다. (순차적으로 조금씩 긴 월이 되도록 월들을 배열함)

나) 펼치기 1

① 짜증은 아주 빠른 속도로 내 머릿속을 지배했다. (의인법)

② 그 짜증은 내가 신경질적인 성격이 되기까지 많은 영향력을 끼쳤다.

③ 마치 복사기에 찍혀 나오는 인쇄물마냥 조그만 변화조차 용납치 않는 나의 하루의 지루함이 계속 되풀이되면서 그 지루함은 점차 짜증으로 변했다. (빗댐), (순차적으로 조금씩 긴 월이 되도록 월들을 배열함)

다) 펼치기 2

○ 나의 짜증은 매일 아침 7시를 기준으로 시작된다.

① 날 깨우는 엄마의 목소리.

② 딱 5분만 더 잤으면 하는 내 생각은 전혀 개의치 않고 소릴 지르는 엄마의 목소리를 시작으로 나의 짜증이 시작된다.

③ ○ 무거운 가방에 짓눌린 채 좁은 골목길을 걷고 있는 내 그림자, TV에서 보고 들어왔던 활기찬 아침의 시작과는 달리 축 늘어진 어깨를 가진 아이들의 빨갛게 충혈된 눈, 힘 빠진 터벅 걸음, 보고 있는 사람까지 힘 빠지게 만드는 매일 되풀이되는 현상이다. (열거법), (순차적으로 조금씩 긴 월이 되도록 월들을 배열함)

라) 위기

○ 나를 짜증의 도가니로 밀어 넣는 인물. 바로 우리 학교 선생님 중에 한 분이다.

○ 교문을 지키고 서서 아침부터 나의 짜증을 플러스로 만든다.

○ 머리, 양말, 핀 별 걸 다 상관한다. (열거법)

● "도대체 머리에 뭘 바른 거냐?", "양말 색깔이 그게 뭐냐?", "양말 좀 내려 신어라!", "머리핀 색깔은 검정색만 해라!", 이건 안 된다, 저건

안 된다, 이것만 해라, 저것만 해라, 귀에 딱지가 생길 정도다. (열거법)
○ 교칙이라는 이름으로 나의 조그만 자유마저도 소멸시킨다.

마) 절정 1

① 그 소릴 듣고 있노라면 짜증이 목 끝까지 차 오른다.

② 교실로 들어서면서 내 실내화를 몰래 신고 있는 남학생의 행동은 조그만 짜증을 치밀게 하지만 그냥 웃어넘길 수 있는 일이다.

③ ● 수업 시간에 느껴지는 보이지 않는 위압감, 당당하지 못한 아이들의 태도, 우리들의 머리 용량으로는 도저히 들어가지 않는 머리 아픈 수많은 공식들, 짜증의 한계가 보이기 시작한다. (열거법), (순차적으로 조금씩 긴 월이 되도록 월들을 배열함)

○ 그리고 청소 시간에 화장실 변기 여기저기에 튀어 있는 이물질들을 보고 있노라면 나의 짜증은 이루 말할 수 없게 된다.

바) 절정 2

① 지친 몸을 이끌고 돌아오면 텅 비어 있는 집!

② 저녁 먹고 잠시 쉴 틈도 없이 다시 무거운 가방을 등에 메고 학교로 향한다.

③ ● 형광등 불빛 아래서 점점 잃어 가는 시력을 두꺼운 렌즈에 의지한 채 눈을 찌푸리며 영어 단어 하나, 수학 공식 하나 더 외우기에 바쁘다. (구조적 되풀이), (순차적으로 조금씩 긴 월이 되도록 월들을 배열함)

○ 이 모든 짜증을 토해 내지 못하고 피곤에 찌들려 쓰러져 잠들면 다시 시작되는 아침 7시!

사) 대단원 - 1

① 짜증이 다시 시작된다.

② 이렇게 매일 악순환을 거듭한다.

③ 그렇지만 나에게도 문제가 없진 않다.

④ 짜증나는 일을 그냥 순간으로 넘겨 버릴 필요가 있는 것 같다.

⑤ 분명히 난 내가 생각해도 내 신변에서 일어나는 일들을 지혜롭게 처리하는 점이 많이 부족한 것 같다.

○ 아무리 짜증이 나도 아무렇지 않은 일처럼 순화시킬 능력을 키워야
   겠다.
○ 그것은 나에게 절대적으로 필요한 절차이다.
⑥ 만약 내가 짜증을 풀어 버릴 시간과 공간이 조금만이라도 허락된다면,
   적어도 다음날 아침은 이전과는 조금 다른 아침 7시를 맞이할 수 있을
   것이다. (①~⑥, 순차적으로 조금씩 긴 월이 되도록 월들을 배열함)

아) 대단원 -2 (주제)
● 짜증을 토해낼 시간과 공간, 그리고 나의 노력만이 나를 '짜증'으로부터
  탈출시킬 수 있을 것이다. (열거법)
○ 그래, 지혜를 찾아 '짜증'이란 단어를 몰아 내자!
○ 노력의 결과, 다음 날에 되돌아보았을 땐 지금의 나보다 좀 더 성숙된
  나를 발견할 수 있게 되기를.

  위 글의 (가) 단락은 들머리 단락이고, (나)~(다) 단락이 펼치기 단
락, (라) 단락이 위기 단락, (마)~(바) 단락이 절정 단락, (사),(아) 단락
이 대단원 단락이다. 이 글은 짜증이 나는 여러 가지 현상에 대하여,
마치 질풍노도(疾風怒濤)와 같은 격정을 드러내면서도 말미에 가서는 이를
다시 통제하고 있다. 글을 쓰는 과정이 훌륭한 인격을 연마할 수 있는
매우 중요한 절차임을 여실히 보여 주는 경우라고 할 것이다.
  (가)의 ●표한, 첫 번째 월은 열거가 쓰였고, 두 번째 월은 의인법이
쓰였다. 또한, (가) 단락에서는 그러면서도 월 ①보다는 월 ②가, 월
②보다는 월 ③이 점차 길게 형성되어 자연스러운 리듬을 갖게 된다.
그런 과정을 겪으면서 '짜증'에 대하여 차근차근 '설명'하고 있다. 결국
(가) 단락에서는 수사법 '의인법', '열거법' 등과, 진술의 방식 중 '설명',
그리고 자연스런 리듬을 부여하는 '순차적으로 조금씩 긴 월들이 되도
록 월들을 배열한 단락' 형성 등의 제 요소가 복합적으로 나타나고 있음
을 알 수 있다.

(나) 단락은 수사법으로는 '의인법'과 '빗댐법', 진술방식으로는 '묘사법'이 쓰였다. 그러면서 '순차적으로 조금씩 긴 월들이 되도록 월들을 배열한 단락'을 형성하여 약한 리듬을 주면서 구체적으로 밝히고 있어서, (나) 단락도 여러 요소가 복합적으로 나타나고 있음을 알 수 있다.

(다) 단락은 수사법으로는 '내 그림자', '아이들의 빨갛게 충혈된 눈', '터벅 걸음' 등의 '열거'가 쓰이면서, 진술방식으로는 '묘사'가 사용되고 있다. 그러면서도 월 ①보다는 월 ②가, 월 ②보다는 월 ③이 점차 길게 형성되어 자연스러운 리듬을 갖게 된다. 그런 과정을 겪으면서 속살은 구체적으로 진술된다. 그리하여 (다) 단락도 여러 요소가 복합적으로 나타나고 있음을 알 수 있다.

(라) 단락의 세 번째와 네 번째 월에서는 '열거'를 통하여 강력하게 '주장'하는 진술방식을 택하고 있다.

(마) 단락의 ③에서는 '수업', '위압감', '졸음', '수많은 공식들' 등으로 수사법 상으로 '열거'이고, 역시 '순차적으로 조금씩 긴 월이 되도록 월들을 배열한 단락'을 형성하였다. (바) 단락에서는 '구조적 되풀이'가 나타나지만, 이 두 단락에서는 모두 월 ①보다는 월 ②가, 월 ②보다는 월 ③이 점차적으로 길게 형성되고 있음을 볼 수 있다.

(사) 단락에서도 월들이 점차적으로 길어져서 '순차적으로 조금씩 긴 월이 되도록 월들을 배열한 단락'을 형성하여 지속적인 리듬을 보여주고 있다. (아)는 열거를 통한 주제 단락이다.

이 글에서는 빗댐, 열거, 되풀이, 의인법 등을 잘 섞어서 전체적으로 월 ①보다는 월 ②가, 월 ②보다는 월 ③이 순차적으로 조금씩 긴 월들이 되도록 월들을 배치하면서 짜증나는 현실을 자연스럽게 묘사 또는 주장하는 단락을 형성하고 있다. 이처럼 순차적으로 조금씩 긴 월들이 되도록 월들을 배열하는 것은 덤덤하기만 한 글에 약한 리듬을 주기도 하고, 또 되풀이와 열거 등을 통해서 강한 리듬을 주기도 하는 구실을 지닌다.

한 편의 글은 그 단락 속에 이처럼 '설명의 방법' 또는 '진술'과 '수사법적 요소'만 복합적으로 나타나는 것이 아니라, 토씨(조사)와 이음씨끝(연결어미)의 열거·되풀이, 낱말의 열거·되풀이, 월의 구조적 열거·되풀이 등의 요소가 필자의 표현 의도에 따라 취사 선택되어 복합적으로 나타나는 것이다.

결국 한 편의 글을 펼쳐나갈 때 그 형태 구조면에서 가장 많이 사용되는 방법은 '열거'와 '되풀이', 그리고 '점층'이라고 할 수 있다. 이 글에서는 '짜증이 나는 상황과 그에 대한 극복'이라는 선명한 주제를 부각시키면서 이를 잘 뒷받침하기 위해 여러 가지 방법들이 복합적으로 사용되어 이 글에 큰 힘을 부여하고 있다. 글짓기를 위한 월·단락을 유형화한다는 것이 매우 어려운 일이기는 하지만, 글짓기에서 가능한 월·단락 구성의 유형을 알아보는 것은 매우 유익할 것이다.

이상 제1장에서는 글짓기의 특성에 대하여 알아보았다. 특히 글짓기는 자신과 현상을 새롭게 바라보는 계기가 될 수 있음을 살펴보았다. 또한 글짓기는 행동을 전제로 하고, 입체적으로 펼쳐지는 일이라는 사실과 글짓기의 복합성에 대하여도 알아보았다. 다음 제2장에서는 제대로 된 글을 써 나가기 위해서 갖추어야 할 요건과 좋은 글의 속살 특성에 대하여 이야기해 보고자 한다.

2

글짓기의 요건과
좋은 글의 **속살**

진리에 대한 탐색이 시작되는 곳에서 항상 인생은 시작된다. 진리
에 대한 탐색이 중단된다면 인생도 거기서 끊어지고 만다.
(존 허스킨)

제1절 글짓기의 요건

집필(執筆)이란 말을 그대로 풀이하면 '붓을 들어 글을 쓰는 것'을 의미한다. 집필의 요건 즉, 글짓기의 요건은 매우 중요하다. 충실한 속살도 없는데 표현기교에만 정력을 소비한다는 것은 우스운 일이기 때문이다. 글을 쓸 적에는 쓰고자 하는 글의 속살이 우선 읽을 가치가 있는 것이어야 한다. 또한 창의성과 명확성, 전체성이 있어야 한다. 그리고 목적에 맞는 것이어야 한다. 여기에서는 이러한 요건에 대하여 살펴보고자 한다.

첫째, 읽는 이가 읽을 만한 가치가 충분히 있는 속살이어야 한다. 글을 쓰는 이는 문자로 발표하지 않으면 안 될 정도로 가치 있는 속살이 떠올랐다고 판단될 때 집필해야 한다. 가치 있는 속살의 글이란 실생활에 도움을 줄 수 있는 속살이 담겨져 있든지, 문제를 해결할 수 있는 속살을 담고 있는 글이어야 한다. 새로운 안목을 제시해 주는 것이거나 창의적인 것을 담고 있거나 사고력을 길러 주는 속살을 간직한 글이 되어야 한다. 나아가 읽는 사람 모두가 그 글을 읽을 때 행복을 느낄 수 있는 감동적인 속살이어야 할 것이다.

둘째, 쓰지 않으면 못 견딜 정도로 간절히 쓰고 싶은 독창적인 속살이 있어야 한다. 많은 사람들이 그 글을 읽게 되면 매우 유익하게 될 것이라고 판단될 뿐만 아니라 뜻있는 사람들에게 물어 보아도 크게 공감하거나 동의할 것으로 판단되는 창의적인 속살을 담고 있을 때, 비로소 붓을 잡아야 한다.

셋째, 글쓰기 전에 쓰고자 하는 속살을 분명히 파악하고 있어야 한다. 글 쓰는 이는 자기가 쓰고자 하는 글의 속살이 무엇인지를 뚜렷하게 확인하고 글을 써야 한다. 그래야만 읽는 이가 그 글을 읽고 그 글을 쓴 필자의 의도를 쉽게 파악할 수 있을 것이다. 속살이 분명한 글을 쓰기 위해서는 비슷한 말·반대말 사전을 활용하는 것이 좋다. 지금까지 분명하지 않았던 생각이 이 사전(辭典)을 찾아보는 순간 자기가 쓰고자 하는 정확한 낱말 또는 마디를 선택할 수 있는 경우가 많기 때문이다.

넷째, 사물과 현상에 대하여 전체(全體)를 환하게 보는 안목이 있어야 한다. 그렇게 되기 위해서는 계속하여 어떤 사물과 글감에 대하여 전체성을 염두에 두고 관찰하여야 한다. 글을 쓰는 이가 스스로 감동적인 것이라고 생각하는 속살도 자세히 살펴보면 그 글 전체가 지향하는 속살과는 방향이 다른 경우가 많다. 그렇게 되면 해당 글의 나머지 부분과 속살과의 균형이 깨어져 버린다. 통일성과 일관성이 없는 글이 감동을 주기는 힘들 것이다.

다섯째, 목적에 맞는 속살을 구상한 후에 글을 써야 한다. 글을 실용적인 글과 문학적인 글로 나누어 볼 때, 실용적인 글은 새로운 정보를 전달하는 것이 목적인 글과 남을 설득시키는 것이 목적인 글로 나뉠 수 있다. 정보를 전달하는 글은 쉽고 바르고 정확하게 표현된 글 즉, 군더더기가 없는 글이 되어야 하며, 읽는 이에게 어떤 대상에 대한 새로운 지식을 제공할 수 있어야 한다. 설득하는 글의 경우는 쉽고 바르고 정확하게 표현된 글로써 주장하는 속살이 합리적이고 타당하며 사실(事實)에 근거한 글로써 삶의 문제를 해결할 수 있는 방안을 지닌 글이 되어야 한다.

예술성이 있는 문학적인 글의 속살 특성은 다음 제2절에서 자세히 다룰 것이다.

제2절 좋은 글의 속살

　　일상 생활에서 얻은 감흥을 한 편의 글이 되도록 엮어나갈 때 그것이 감동을 주는 글, 즉 예술 작품의 경지에 이르도록 하기 위해서는 따로 공부를 많이 해야 할 것이다. 왜냐하면 '수필 문학'과 같은 예술의 경지에 들어갈 수 있는 좋은 글은 '읽는 이에게는 언뜻 볼 때 쉽게 읽혀지지만 작가에게는 매우 힘든 과정을 거쳐서 쓰여지는 글'이기 때문이다. 일반적으로 훌륭한 글을 많이 쓴 전문 수필가들의 작품을 보면 다음과 같은 특성이 나타나 있음을 본다.

　　첫째, 아름다움을 다시 찾을 수 있는 글이다. 누구든지 보고 느낄 수 있는 평범한 사실들에서 아름다운 가치를 찾게 하는 글이다. 그러기 위해 낯선 소재를 통하여 친숙하게 느낄 수 있는 어떤 면을 소개하거나, 친숙한 소재를 통하여 낯선 관점이나 시각을 제시하여 읽는 이로 하여금 새로운 가치를 찾게 하는 경우가 많다.

　　둘째, 사색(思索)을 통하여 관조(觀照)할 수 있는 글이다. '사색(思索)'은 '깊이 생각한다'는 뜻이다. 그리고 '관조(觀照)'란 '아름다움을 직접적으로 인식한다'는 뜻을 지닌다. 글을 쓰는 사람은 스스로 좋아해서 하는 사색이기는 하지만 사색에는 고통이 따른다. 고통이 따르는 사색을 통하여 아름다움을 몸소 인식하는 기쁨을 맛볼 수 있는 글이다.

　　셋째, 자기를 성찰(省察)하는 글이다. 즉 참된 자아(自我)를 찾기 위해 진지하게 고뇌(苦惱)하는 글이다. 수필은 자신의 내면세계(內面世界)를 탐색하는 과정이 매우 중요하다. 좋은 글은 자신에 대하여는 겸손하게 말하면서 세계에 대하여는 넓은 안목(眼目)을 갖게 하는 글이다. 글을 쓰는 사람은 자기의 모자라는 점에 대해서도 솔직하게 밝혀서 자신의 진실(眞實)된 모습을 보여 주어야 한다.

넷째, 삶을 풍성하게 할 수 있는 글이다. 글 속에 감동을 받을 수 있는 소재가 풍부하다는 것은 삶을 넉넉하게 한다는 것을 뜻한다. 글을 쓰는 이는 체험을 통하여 소재를 주제와 관련시키게 된다. 좋은 글을 쓰는 사람은 여러 가지 글감 가운데에서 주제와 밀접한 관련이 있는 부분을 뽑아낸다. 좋은 글은 사물에 대한 애정이 있어야 한다. 나아가 글 쓰는 이의 영혼이 담긴 글이 되어야 값진 글이 된다. 쓰는 사람과 읽는 사람이 행복하게 살아가는 방법을 모색하게 하는 글이다.

지금까지 제2장에서는 글짓기의 요건과 좋은 글의 속살에 대하여 알아보았다. 감동을 주고, 아름다운 향기를 풍기는 글을 쓰기 위해서는 여러 차례 고심(苦心)하면서 새로운 모습으로 생각을 다듬고 고쳐나가야 할 것이다. 다음 제3장에서는 글감의 선택에 대하여 알아보고자 한다.

3

글감을 자랑하자

좀더 자자 좀더 졸자 손을 모으고 좀더 눕자 하면 네 빈궁(貧窮)이
강도(强盜) 같이 오며 네 곤핍(困乏)이 군사(軍士) 같이 이르리라.
(잠언 6장 10절)

글감을 골라 보자

좋은 글을 잘 쓰기 위해서는 자기가 쓰고 싶은 글감을 골라야 한다. 글감이라고 하는 보배를 찾기 위해 노력하는 일은 매우 중요하다. 쓰고 싶은 글감을 즐거운 마음으로 그러나 오래도록 생각하면서 애써 골라야 한다.

우리 생활 주변에는 아름다운 자연을 비롯하여 유형무형(有形無形)의 많은 글감들이 있다. 우리는 마치 백화점에서 값진 물건을 고르듯이 이들 글감을 고르기 위해 관심을 갖게 된다. 꼭 쓰고 싶은 글감을 둘 또는 셋을 골라보자. 며칠 뒤 그 중 하나만 선택하자. 나머지 글감은 다음 기회로 미루어야 한다. 글감을 잘 고르기 위해서는 다음과 같은 여러 가지 자료에 관심을 가지면 도움이 될 것이다.

(1) 아름다운 자연을 몸소 찾아보자

1) 풀과 꽃을 바라보자

(1) ㉠ **봄 풀** : ⓐ 노란 꽃– 돌나물(돋나물), 염주괴불주머니, 씀바귀, 뱀딸기, 고들빼기, 노랑제비꽃, 민들레, 쇠뜨기, 애기똥풀 / ⓑ 흰 꽃 – 바위취, 흰 팽이밥, 냉이, 흰 붓꽃 / ⓒ 붉은 꽃–맥문동, 달래, 엉겅퀴, 자주괴불주머니, 할미꽃 // ㉡ **여름 풀** : ⓐ 노란 꽃– 해바라기, 달맞이꽃, 노랑상사화(相思花) / ⓑ 흰 꽃– 부추, 옥잠화, 마름 / ⓒ 붉은 꽃– 질경이(배부쟁이, 차전초 車前草), 메꽃, 우엉, 참나리, 망초, 박주가리, 엉겅퀴, 연꽃, 수련, 접시꽃 ⓓ 자주색 꽃 : 더덕, ⓔ 하늘색 꽃 : 닭의장풀(달개비) / ㉢ **가을 풀** : ⓐ 노란 꽃– 부들, 피마자(아주까리), 닥풀, 목화, 국화, 도깨비 바늘(도둑놈풀 귀침초 鬼針草), 쇠비름, 여주(여지, 여자, 고과 孤瓜),

수세미, 토란 / ⓑ 흰 꽃- 미나리, 메밀, 풍선덩굴, 꽈리꽃, 박꽃, 토끼풀(크로바, 흰토끼풀), 바위솔(지붕지기, 와송 瓦松, 와연화 瓦蓮花) 자리공(장록, 상륙 商陸) / ⓒ 붉은 꽃- 마디초(九折草), 코스모스, 익모초(益母草), 도꼬마리, 박하(薄荷), 독말풀(만다라화 曼陀羅花), 물봉선(野鳳仙), 백일홍, 분꽃, 맨드라미, 나팔꽃, 채송화(菜松花), 봉선화, 다알리아, 새콩, 물억새, 잔대(딱쥐) // ⓓ 겨울 풀- 수선화(水仙花), 지면패랭이꽃(꽃 잔디)

2) 나무와 숲을 바라보자

① 떡갈나무, 잣나무, 플라타나스, 향나무, 참나무, 소나무, 전나무, 주목, 목련, 철쭉, 천리향(千里香), 박태기나무, 대나무, 등(藤)나무, 히말라야삼나무, 매화(梅花), 동백(冬栢) / ② 새순이 돋아나는 봄날의 나뭇잎 ③ 늦은 봄의 짙은 연두색 나뭇잎, 아이보리색 참나무 나뭇잎, 담록(淡綠), 농록(濃綠) 등의 색채를 띠고 있는 숲 속의 나뭇잎들 ④ 햇볕이 내리쬐는 여름날의 무성한 수풀 ⑤ 가을 단풍(丹楓)에 물든 산의 정경 ⑥ 눈 덮인 겨울 산 ⑦ 안개 낀 숲과 그 주변의 자연 경관

3) 자연 현상을 바라보자

안개, 해일, 눈, 비, 소나기, 구름, 바위, 산

(2) 다양하게 생각하여 보고 느낀 것을 적어 보자
1) 생활 주변에 흔하게 있는 두 사물들을 관련지어 써보자

연필 두 자루, 두 그루의 나무, 냉장고와 석빙고, 라디오와 컴퓨터, 소나무와 대나무, 매화와 난, 두 친구

2) 몸소 경험하자, 경험한 것을 회상해 보자

새 소리 듣고 구별하여 보기, 만져보기, 향기 맡기, 맛보기, 이야기 나누기, 위·아래·옆에서 바라보기, 물에 젖으면 어떻게 될까 생각하기, 생긴 모양 살피기, 무게·거리·높이·넓이·깊이 짐작하기, 걷기, 물방울 튀기기

3) 비교·분류·분석·가정, 인과 관계 찾기를 해 보자

사랑했을 때와 미워했을 때 비교하기 / 길모퉁이에 서 있는 신호등이 되었다고 가정해 보기, 어느 날 내가 아침에 일어났을 때 한 마리 벌레로 변했다고 가정하기, 내가 메뚜기라고 가정하기, 모든 사람이 다 부자라고 가정하기 / 지금의 내 처지가 된 근거 찾기, 나에게 적당한 별칭을 짓고 그 타당성 생각하기 / 훌륭한 친구 또는 이웃 사람의 좋은 점 발견하여 분류·분석하기

4) 꼭 말하고 싶은 감정을 적어 보자
 • 나를 슬프게 하는 것은_____.
 • 기쁘게 하는 것은_____.
 • 내가 싫어하는 것은_____.
 • 내가 사랑하는 것은_____.
 • 내 생애 가장 큰 사건은_____.
 • 내 생애 가장 큰 행복한 일은_____.
 • 무엇보다도 매혹적인 것은_____.
 • 무엇보다도 아름다운 것은_____.
 • 무엇보다도 괴로운 것은_____.
 • 무엇보다도 즐거운 것은_____.
 • 무엇보다도 화나게 하는 것은_____.

• 무엇보다도 마음 편한 것은_____.

5) 빗댐말(比喩語)을 사용하여 사물의 모습을 표현해 보자

• 내 어머니의 아름다운 표정은_____.
• 내 아버지의 훌륭한 모습은_____.
• 내 여동생의 귀여운 표정은_____.
• 내 누나의 정다운 모습은_____.
• 내 남동생의 기뻐하는 표정은_____.
• 내 형님의 의젓한 모습은_____.
• 공부할 때의 내 두 눈은_____.
• 내 친구의 의로운 모습은_____.

6) 관심거리를 생각해 보자

• 스포츠, 야구, 축구, 배구, 스크린, 음악, 컴퓨터 정보, 정치, 경제, 패션, 의학, 건강, 자동차, 명승지, 환경, 사회 문제, 인테리어, 음식, 영화, 건축, 과학, 신간 서적, 테니스, 해외 토픽, 입학, 졸업, 교육 개혁, 좋은 집, 농업, 축산업, 관광

이러한 쓸거리를 자랑삼아 적어 보자. 그러면 어떻게 자랑할 것인가. 일단 진열을 해 놓고 보자. 자기가 쓰고 싶은 글감으로 보배를 펼쳐보자.

* 딴전을 피우던 일을 적어 보자. ─ 어떤 일을 할 때 그 일에 몰두하지 않고 딴전을 피우는 일은 보통의 경우는 바람직하지 않을 것이다. 그러나 평소에도 무슨 일을 할 때 그 일보다는 자꾸 끊임없이 떠오르던 상념들, 잡(雜) 생각들 그것을 공책 위에 옮겨 놓는 일은 글 쓰기에 큰 도움이 된다.
* 자기가 좋아하는 만화나 그림을 보고 꼭 쓰고 싶은 자기의 생각과 느낌을 연결 지어서 써 보자.

제2절 마그마와 같은 상태의 속살을 펼쳐보자

(1) 떠오르는 낱말이나 토막 글을 최대한 많이 종이 위에 옮겨 보자

* 글을 쓰고자 하는 사람이 느낌을 표현하고자 하는 욕구가 충만하게 된 상태에 이르게 되면 거침없이 떠오르는 낱말을 종이 위에 옮겨 적어야 한다(free writing : 글을 쓰고 싶은 대로 마음껏 쓸 수 있는 글 쓰기 방법). 생각이나 느낌이 도망가지 않도록 무조건 적어 놓고 보자. 혹시 정확한 낱말이 아니라도 일단 적어 보자. 종이라는 운동장에 낱말들이 마음껏 뛰어 놀도록 자기의 생각과 느낌을 적어 보자. 임자말(주어) 챙기기, 풀이말(서술어), 부림말(목적어), 꾸밈말(수식어) 등 문장 구조나 문법적인 요소 등에 대하여도 지나치게 생각하지 말고 떠오르는 낱말이나 마디를 최대한 많이 종이 위에 써 나가자. 실제로 사용할 양보다도 두 배 또는 세 배가 되도록 자료를 모으자. 버리기는 쉽기 때문이다.

(2) 마음속 지도를 만들어서 속살을 펼쳐 보자

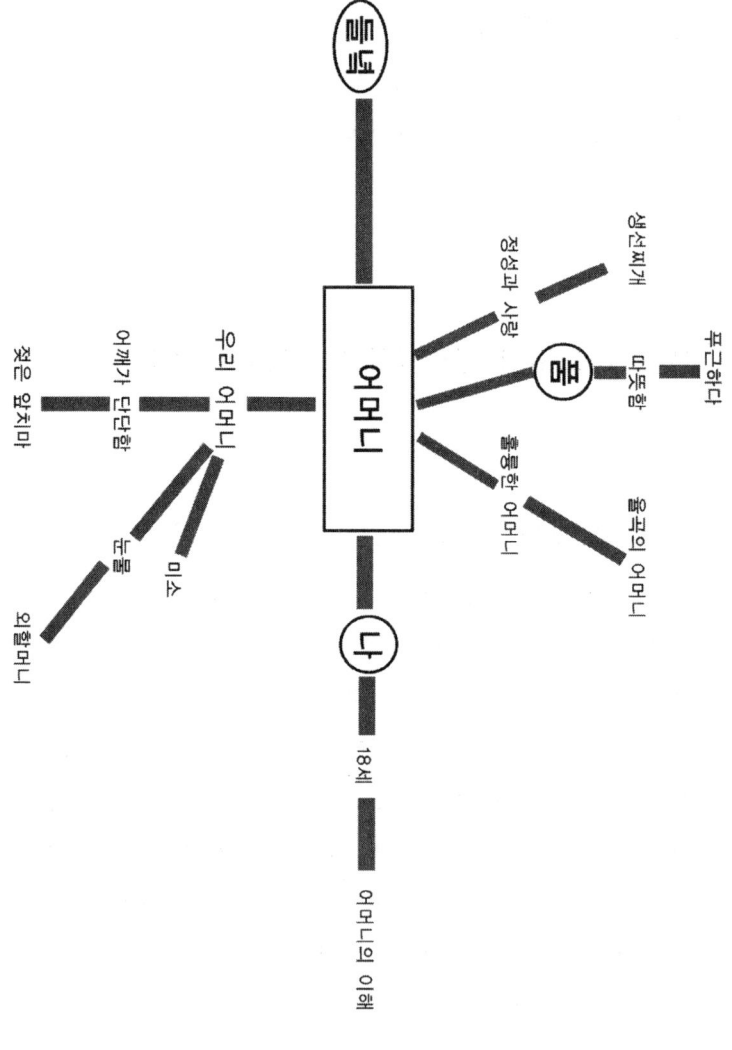

〈도표 1〉

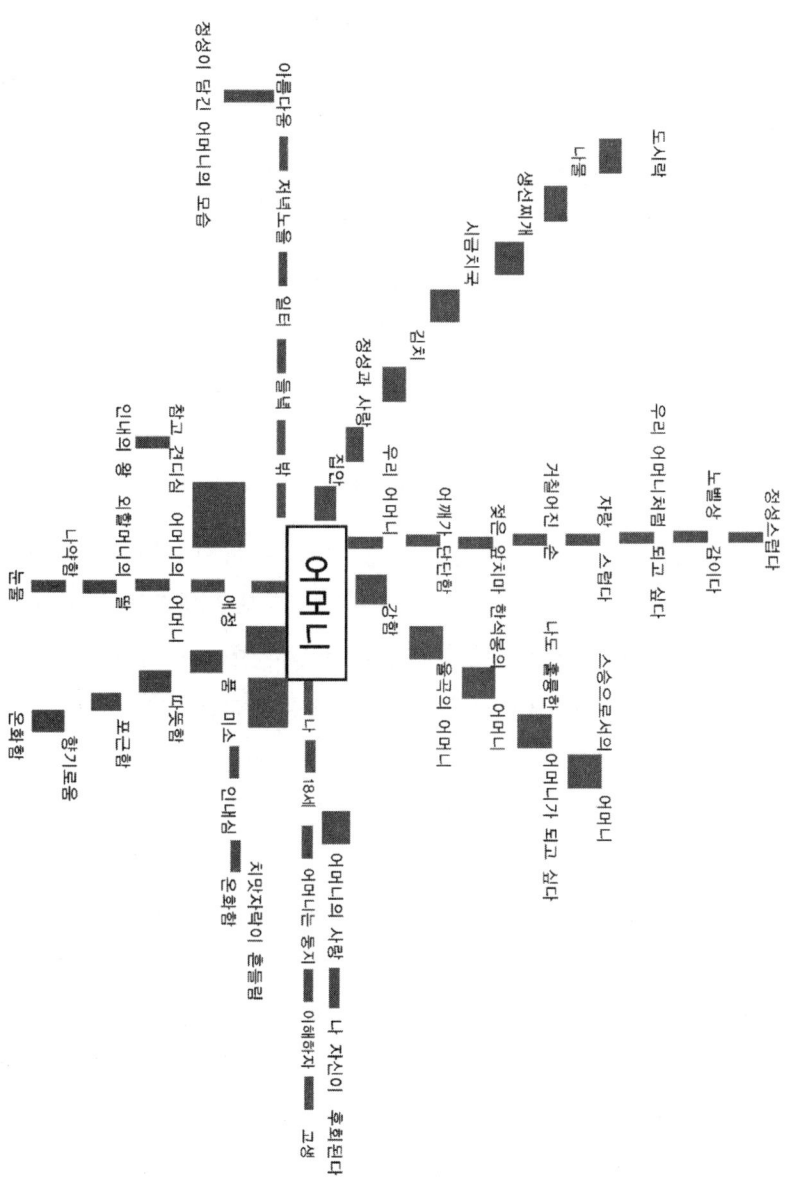

〈도표 2〉

위의 〈도표 1〉은 안은수 학생의 글 '어머니의 미소'를 마음속 지도로 정리한 것이고, 〈도표 2〉는 〈도표 1〉의 마음속 지도를 보완하고 수정하여 만든 것이다. 이와 같은 마음속 지도는 줄거리(개요)를 만든 것과는 달리 매우 시각적이어서 글 쓰기에 크게 도움이 될 것으로 여겨진다. 그러나 글의 속살을 만드는 일 그 자체보다는 선 모양을 가늘게 또는 굵게 하거나, 선에 예쁜 색을 칠하기 위하여 고민하는 등의 마음속 지도를 도식화(圖式化)하는 일 그 자체에만 너무 얽매여 시간을 허비하는 것은 바람직하지 않다고 생각된다.

(3) 마그마 상태의 속살을 펼쳐 보자

처음에는 뒤를 돌아보지 말고 글을 쓰자. 흔히 처음부터 자기가 쓴 글을 자꾸 읽어보고 보완하면서 글을 써야 된다고 생각하는 사람들이 많다. 이는 바람직하지 못하다. 창의적인 생각이 도망가기 전에 그냥 종이 위에 옮겨 놓아야 한다. '독서와 작문'이라는 말이 있다. '책을 많이 읽어야 좋은 글을 쓴다'라는 말이다. 그러나 맨 처음 글의 속살을 만들어낼 때에는 그런 생각에 얽매일 필요가 없다.

오랜 고민 끝에 이미 머리 속에 구상(構想)된 것이 있고, 이를 글로 옮겨 써야 하겠다고 결심을 했으면, 오직 떠오르는 창의적인 생각을 옮겨 적는 일에만 몰두해야 한다. 이 때에는 마음속 지도의 기법에도 얽매일 필요가 없다. '들머리, 중심, 마무리'의 구성에도 얽매일 필요가 없다. '시작은 어떻게 한다', '중간에는 무엇을 쓴다', '제목은 어떻게 정한다', '마무리는 어떤 방식으로 한다'는 등에 대하여도 지나치게 생각하지 말고 마그마 같은 상태의 글을 거침없이 써 보자. 바로 본론부터 마구 써나가도 된다. 내가 쓰는 글은 내가 가장 전문가라고 생각하자. 나는 읽는 이가 아니고 작가라는 자부심을 갖고 즐겁게 글을 쓰자.

다음 글 (9) 「나의 생활」은 어느 여자중학교 2학년 학생의 글이다. 이 마그마 상태와 같은 글에 대하여 전문가들은 여러 가지 측면에서 다양하게 비판할 수 있을 것이다. 그러나 이 글도 매우 어색하게 보이지만 나름대로 좋은 생각과 느낌을 표현하기 위해 애를 쓴 흔적이 엿보인다. 생각을 빨리 붙들기 위하여 연달아 써야 하는 초고의 경우에는 글을 잘 쓰는 사람도 이와 비슷한 사례의 결과물이 얼마든지 만들어질 수 있는 것이다. 이런 의미에서 다음 (9)는 일단 글 쓴 학생의 보배스런 생각과 느낌을 자랑한 속살이 있고, 또 그 보배를 진열하였다고 볼 수 있다. 이 글은 글 쓰는 이가 '시사적(時事的)인 것에서 글감을 구하여 그것을 꼬집거나 빈정거리는 투로 써나간 글'이 아니라는 점에서 매우 바람직하다고 생각된다.

그러나 안타깝게도 속살을 분명하게 정돈하지 못하고 있다. 보기 글 (9)는 (가) 2번 월이 26어절, (다) 1번 월이 41어절의 매우 긴 월로 이루어져 있다. 이를 미루어 볼 때 보기 글 (9)는 글쓴이가 복합적 사고를 하기 위해 고심한 결과물임을 알 수 있다. 그러나 만일 여러 날 뒤에도 보기 글 (9)에서 더 이상 글의 진전이 없다면 이 학생은 그의 생각들을 자세히 엮어서 글을 펼쳐나가는 힘이 부족하다고 말할 수 있을 것이다.

(9) 나의 생활

(가) 1. 내가 생활하는 데에서는 먼저 공기가 있고 푸른 산 푸른 강이 있다. 2. 그 반면에 꽃들이 돋다 나듯이 나도 모르게 예쁜 꽃처럼 나의 생활이 그저 아름다워지면서 꽃도 방긋 웃고 나도 언제나 정다운 하루의 생활을 보내고 꽃들도 나처럼 명랑하게 보내지요.(26어절)

(나) 1. 나는 언제나 아름다운 장미들 보면 잊지 않는 뜨거운 정열이 우람스럽게도 나의 하루 생활을 보내지요.

(다) 1. 나는 언제나 보아도 장미의 그 꽃에 그 잎 장미처럼 예쁜 눈 그 향기가 나의 생활에 그 리듬이 가슴에 사무치고 바야흐로 넘어가는 석양빛을 받아 찬란히 빛나며 하늘거리던 빨간 잎 그 잎들의 순간 즐거움과 행복을 잇게 하고 이것이 동화 나라의 공주처럼 즐겁기만 했다. (41어절) 2. 내가 생활하는 데서 도움은 어떤 것들인지 내가 이 글을 쓰므로 느낀다.

(라) 1. 초등학교에서의 일이다. 2. 친구와 싸우고 3년이 넘어도 말을 하지 아니니 참말로 말을 하지 않고서는 못살 지경이었다.

(마) 1. 나의 생활은 참말로 흐뭇하기만 하다.

2. 그러나 아름다운 꽃을 보면 나는 언제나 바야흐로 흐르는 물인가 한다.

(바) 1. 나는 언제나 나의 생활이 짧고 흐뭇함을 느낀다.

2. 나는 이제 11월을 보내고 12월 달을 맞이하는데 아무런 생각도 없다.

3. 이제야 말로 나도 언제나 장미를 꿈속으로도 그릴지도 모른다.

[※ 띄어쓰기만 고치고 맞춤법 관련은 그대로 옮겼음.]

그러면 보기 글 (9)와 같은 글이 지닌 문제점을 해결할 수 있는 방법은 무엇일까. 가락글이 아니고 줄글인 위의 글을 해결할 수 있는 방안은 없을까. 해결책은 분명하다. 글을 치밀하게 엮어나가는 방법을 터득하는 일이다. 그러니까 각 단락의 작은 주제를 다양하게 뒷받침하는 월을 만들어내는 방법을 이해하고 이를 적용할 줄 알아야 한다. 그리고, 경제성의 원리에 의하여 이를 통제할 줄 알면 글을 자연스럽게 만들 수 있을 것이다.

　이 책에서는 다양하게 뒷받침 월을 만들어서 주제를 드러내는 방법에 대하여 살펴볼 것이다. 다음 제4장에서는 뒷받침 월의 특징 및 길이와 작은 주제를 드러내기 위해 뒷받침 월을 만드는 방법에 대하여 살펴보고자 한다.

4

|뒷받침 월을 알자|

땅에 작고도 가장 지혜로운 것이 넷이 있나니 곧 힘이 없지만 먹을
것을 여름에 예비하는 개미와 약하지만 집을 바위 사이에 짓는 바
위너구리와 왕이 없으되 다 떼를 지어나가는 메뚜기와 손에 잡힐
만하여도 왕궁에 있는 도마뱀이니라.

(잠언 30장 28절)

제1절 작은 주제 월과 뒷받침 월은 어떻게 다른가

작은 주제는 한 편의 글 전체와 관련되면서 또한 해당 단락의 알맹이가 되는 속살이 된다. 그러므로 우선 글 전체의 주제와 깊은 관련이 있어야 한다. 작은 주제가 아무리 가치 있는 것이라고 하더라도 한 편의 글 전체의 주제와 깊은 관련이 없으면, 오히려 그 글의 방해 요소만 될 가능성이 있다.

주제와 그것을 뒷받침하는 속살이 일치되어야 한다는 것은 통일성의 원리로 널리 알려져 있다. 이 원리에 의거하여 단락 글에서 작은 주제의 위치가 그 단락의 앞에 있느냐 뒤에 있느냐에 따라서 두괄식, 미괄식, 중괄식, 양괄식 등으로 나뉜다. 그런데 작은 주제를 제시하는 방법이 작은 주제 월의 위치 선정만으로 해결되기 힘든 특성이 있다. 상당히 많은 경우에 작은 주제 월의 위치 선정과는 무관하게, 단락 전체에 작은 주제가 녹여져 있는 경우가 많기 때문이다.

여기서는 작은 주제 월과 뒷받침 월은 어떻게 다른지에 대하여 살펴보고자 한다. 작은 주제 월은 작은 주제를 뚜렷하게 나타내는 명제(命題)라는 모습으로 표현된다. 그러므로 작은 주제 월은 단락을 펼쳐 나가기 위해서는 매우 중요한 요소가 된다.

작은 주제 월과 뒷받침 월은 생긴 모양에서 얼마간 차이가 난다. 작은 주제 월은 대체로 속살이 간단하고, 월의 길이가 짧다. 이에 비하여 뒷받침 월은 작은 주제를 뒷받침하는 상황에 따라 다양한 모습을 하게 된다. 뒷받침 월은 길이가 짧은 것도 있고, 중간쯤 되는 것도 있고, 매우 긴 것도 있다.

작은 주제 월과 뒷받침 월은 하는 일이 다르다. 작은 주제 월은 사람의 신체에 빗대면 머리에 해당되는 부분이다. 읽는 이에게 관심의 초점이 되고, 단락을 이끌어 가는 구실을 한다. 자연히 꽃이 되고, 빛나는 역할을 하게 된다.

작은 주제 월은 기마전^(騎馬戰)을 할 때 맨 위에 서서 싸우는 선수^(選手)에 빗댐될 수 있다. 공중제비^(텀블링)를 할 때 꼭대기에 서서 곡예를 부리는 날렵한 선수에 빗댐될 수 있다. 한옥^(韓屋)에 빗댐하면 사각정, 오각정, 육각정, 팔각정에서 해당 기와지붕의 넷 또는 다섯 혹은 여섯, 여덟 개의 귀를 이루는 수막새 기와에 해당된다. 이 수막새 기와는 각각 하나의 마루와 연결되며 이러한 마루들은 위로는 가장 중요한 용마루와 연결된다.

이에 비하여 뒷받침 월들은 한옥^(韓屋)의 기와지붕에 빗댐하면 그저 암키와와 수키와처럼 평범한 월들에 해당된다. 작은 주제라고 하는 꽃을 보호하고 지탱해 주는 꽃대 또는 가시에 해당된다. 기마전을 할 때 선수를 떠받치는 힘든 역할을 하는 마부에 빗댐될 수 있다. 텀블링을 할 때 맨 밑 또는 중간층에서 맨 꼭대기의 곡예^(曲藝)를 하는 선수를 애써 지탱해 주는 사람들에 빗댐될 수 있다.

뒷받침 월들은 작은 주제를 잘 드러내기 위해 온갖 장애물에 대하여 당당하게 버텨내는 방패의 역할을 하게 된다. 그러므로 뒷받침 월들은 간단한 월일 경우도 있지만 다양한 월로 이루어질 경우가 더 많다.

단락이 나타내는 작은 주제 중 어떤 것은 한 편의 글 전체를 대표할 수 있는 큰 주제가 될 수 있다. 이러한 큰 주제는 전달하는 속살이 매우 뚜렷하다. 이는 마치 옛 궁전이나 공원 등지에서 볼 수 있는 팔각정^(八角亭) 혹은 사각정^(四角亭)의 용마루 한 중앙에 세워져서 지붕 전체를 두드러지게 모양을 내는 절병통^(節瓶桶)기와에 빗댐될 수 있을 것이다.

제2절 뒷받침 월의 길이를 살펴보자

　학자들은 글의 속살을 이해하기 쉬운 정도를, 월을 이루는 단어의 수(數)로 파악하기도 한다. 이러한 태도는 매우 바람직하다고 여겨진다. 뒷받침 월의 길이에 대하여 그 규모를 일률적으로 말하기는 어렵겠지만 여기서는 어절(語節)의 수를 기준으로 하여 다음과 같이 제시하고자 한다.

> (1) 1. 아주 짧은 뒷받침 월 : 10 어절 이하
> 　　2. 짧은 뒷받침 월　　 : 11 ~ 14 어절 정도
> 　　3. 보통인 뒷받침 월　 : 15 ~ 19 어절 정도
> 　　4. 제법 긴 뒷받침 월　: 20 ~ 24 어절 정도
> 　　5. 아주 긴 뒷받침 월　: 25 어절 이상

　사람들은 짧은 뒷받침 월과 길이가 보통인 뒷받침 월을 자유스럽게 섞바꾸어서 쓰기도 한다. 이는 사고(思考)의 집합을 전제로 하여 펼쳐지는 논술문에 주로 사용된다. 논술문에서는 어떤 정보를 바탕으로 하여 글 쓰는 이의 논지를 펼쳐나가는 것이 목적이기 때문이다. 신문 글도 새로운 정보를 제공하는 그 자체가 목적이기 때문에 뒷받침 월들을 짧게 만드는 것이 좋다. 그러나 감동을 전달하기 위한 글에서는 단락의 주제, 즉 작은 주제를 읽는 이에게 잘 드러낼 수 있도록 하기 위하여 뒷받침 월의 길이를 논술문의 경우보다도 더 다양하게 사용해야 한다.
　짧은 월만 사용하면 시원시원하고 또렷하게 속살 전달이 된다. 그러므로 읽는 이가 속살을 간결하게 정리할 수 있고 그 속살들을 오래 기억할 수 있다. 읽는 이로 하여금 맑고 경쾌한 느낌을 갖게 해 준다.

짧은 월들은 움직임과 변화를 빠르게 보여 준다. '서사'의 방법에 많이 활용된다. 그러나 짧은 월만 사용하게 되면 읽는 이로 하여금 글이 단조롭게 펼쳐진다는 느낌을 주게 된다. 긴 월 위주로 글을 쓰면 침착하고 중후(重厚)한 느낌을 준다. 그리고 생각과 느낌을 심도 있고 충분하게 펼칠 수 있는 좋은 점이 있다. 흔히 속살을 요약하거나 복잡한 속살을 다양하게 정리할 때에 긴 월이 많이 사용된다. '묘사'의 방법에 많이 활용된다. 그러나 긴 월만 사용하면 지루한 느낌을 줄 가능성이 있다.

길이가 다양한 뒷받침 월들은 글 전체를 때로는 강하게, 때로는 부드럽고 섬세하게 하는 구실을 한다. 뒷받침 월들을 잘 만들기 위해서는 그 표현 의도에 따라 다양한 길이를 취사선택(取捨選擇)하는 방법을 터득해야 할 것이다.

제3절　마그마 상태의 글, 이렇게 펼쳐보자

1. 생각과 글의 거리

생각과 글은 거리가 있다. 글은, 특히 정서적인 글은 설계도 그대로만 만들어지는 것이 아니다. 제3장에서 보인 보기 글 (9)의 어느 여자중학생의 글은 질풍노도(疾風怒濤)와 같은 청소년 시기의 생각과 느낌을 마구 종이 위에 토해 놓은 상태의 다듬어지지 않은 글이다. 글짓기의 단계에 적용해 보면 이 글은 '속살 생성 단계'에 해당되는 글에 가깝다. 무질서하게 진열되어 있는 이 마그마와 같은 상태의 글을 질서를 세워서 새롭게 펼쳐 나가는 일은 매우 중요한 일이 된다. 이는 또 하나의 창의적인 일이라고 말할 수 있다.

그러면 제3장 제2절에서 보인 보기 글 (9) 즉, 어느 여자 중학생의 글에 나타나 있는 정서적인 속살을 바탕으로 하여 체계적인 한 편의 글이 되도록 자연스럽게 펼쳐나가는 다양한 작문 활동을 살펴보고자 한다.

2. 작은 주제(小主題)를 찾으라

다음은 제3장에서 보인 보기 글 (9) 「나의 생활」을 보고 1991학년도 경남과학고등학교 제3학년 학생들의 글 중 새로이 조직하고 정리하여 표현한 세 편을 중심으로 하여 글을 펼치고자 한다. 먼저 「갑(甲)」학생은 각 단락에 들어갈 작은 주제문을 다음과 같이 파악하였다.

(2)

> (가) 아름다운 생활 → (나) 장미의 정열적인 인상 → (다) 장미의 혜택 → (라) 장미와 사람 → (마) 장미의 혜택

3. 뒷받침 월을 만들자

한 편의 글을 만들려면 몇 개의 단락을 엮어나가는 일이 필요하다. 그리고 단락을 만들려고 하면 반드시 작은 주제가 있어야 한다. 작은 주제는 줄 사이에 숨어 있는 경우가 많지만 이를 뒷받침하는 월은 표면에 반드시 드러나 있어야 한다. 작은 주제를 잘 드러내기 위해서는 뒷받침하는 월들을 글 전체의 규모와 잘 어울리게 만들어야 할 것이다.

한 편의 글을 짜임새 있게 펼치려고 하면 월의 길이를 가능한 한 짧게 하는 것이 좋다. 대체로 짧은 월로 이루어진 글이 알기 쉬운 글이

되기 때문이다. 그러나 작은 주제를 잘 뒷받침하기 위해서는 글의 규모(規模)와 성격에 맞게 이음씨끝(연결어미)와 토씨(조사) 등의 구조낱말을 사용하는 경우가 많다. 글 쓰는 이는 이러한 구조낱말을 포함한 월의 구조를 되풀이하면서 완결성(完結性)의 원리에 의하여 풍성하게 글을 펼쳐나가는 경우가 많기 때문이다.

작은 주제를 뒷받침하기 위해서는 작은 주제의 특성에 맞게 1차 뒷받침 월, 2차 뒷받침 월, 3차 뒷받침 월, 4차 뒷받침 월 등으로 그 규모를 결정하여 만들어나가게 된다. 일반 사람들의 경우 같은 수준의 속살이라고 한다면 '어떤 속살에 대하여 독서를 하는 것'보다는 '창의적으로 글을 써나가는 것'이 더 힘들 것으로 여겨진다. 그러므로 자기의 생각과 느낌뿐만 아니라 평소의 경험, 지금까지 읽은 책, 부모님과 주위 사람들로부터 들은 지식 등에 대한 속살을 바탕으로 하여 글 쓰는 이는 힘을 모아서 글을 몸소 엮어나가야 할 것이다.

주제를 뒷받침하기 위해 단락으로 구분하여 치밀하게 엮어나가게 되면 간결한 글을 만들 수도 있고, 평온하고 자연스러운 글을 만들 수도 있으며, 부드러운 분위기에 젖는 글을 만들 수도 있고, 때에 따라서는 환상적인 힘과 폭발적인 힘을 지닌 글을 만들 수도 있다. 글 쓰는 의도를 고려하여 단락을 다양하게 만들어 글을 펼치면 그저 앞뒤 월(문장)의 논리 위주로 글을 펼칠 때보다는 월을 훨씬 더 자연스럽게 표현할 수 있고, 감동을 줄 수 있는 좋은 점이 있다. 그러므로 글의 규모와 말하고자 하는 속살을 조화롭게 잘 표현하기 위해서는, 토씨와 이음씨끝과 같은 구조낱말의 되풀이를 적절하게 구사하기도 하고 때로는 통제하기도 하여야 한다.

앞에서 소개한 「갑(甲)」학생은 앞의 (2)에서 보여준 다섯 개의 작은 주제문을 각 단락에 배치한 뒤 이를 뒷받침하는 월들을 만들어서 다음

(3)과 같이 '장미와 생활'이라는 글을 만들었다. 설명의 편의를 위해 필요한 문자와 부호를 사용하고자 한다. (가),(나),(다) 등은 단락을 표시한 것이다. ①,②,③,④ 등은 그 단락 내부에서 월의 길이를 순차적으로 조금씩 긴 월들이 되도록 배열 한 월들임을 보이기 위해 사용된 문자들이다. 밑줄을 그은 부분은 낱말과 월 구조의 되풀이를 표시한 것이다. 그리고 경우에 따라서는 관심을 가져야 할 부분을 표시한 것이기도 하다. ● 표는 탄력적인 월임을 표시하고, ○ 표는 탄력적인 월과는 관련이 없음을 나타낸 것이다.

(3) 장미와 생활
1991학년도 경남과학고 제3학년 갑(甲) 학생

(가) ① 장미는 <u>아름다운</u> 생활을 가르쳐 준다.
　　② 장미가 있는 곳은 우선 그 정경이 <u>아름답다</u>.
　　③ 또 장미는 그 방긋 웃는 듯한 얼굴이 보는 사람으로 하여금 저절로 <u>아름다운</u> 생각이 들게 한다.

(나) ① 장미는 정열적인 생활을 가르쳐 준다.
　　②● 그 빨간 빛깔이 마치 피를 <u>보는 듯하고</u>, 여배우의 손톱에 칠한 <u>매니큐어를 보는 듯하고</u> 용광로의 쇳물을 <u>보는 듯하다</u>. (17어절)
　　③● 이렇듯 빨간 빛깔을 보고 있으면 저절로 심장이 고동을 치고, 무엇인가 자기 일을 하고 싶어지고, 아무리 소극적인 사람이라도 적극적으로 일을 할 수 있게 된다. (23어절)

(다) ① 장미는 생활에 <u>리듬을 준다</u>.
　　② <u>그 짙은 향기가</u> 생활에 상쾌한 느낌을 <u>준다</u>.
　　③● <u>그 모습이</u> 마치 내가 동화 나라의 공주가 된 듯한 느낌을 <u>주고</u> 그 빛깔이 축 쳐져 있던 내 몸과 마음에 생기를 불어넣어 준다. (22어절)

(라) ○ 장미는 <u>사람을 생각나게 한다.</u>
　　● 장미꽃 선물을 주었던 <u>사람을 생각나게 한다.</u>
　　● 장미처럼 정열적인 <u>사람을 생각나게 한다.</u>
　　● 장미처럼 아름다운 <u>사람을 생각나게 한다.</u>

(마) ○ 이렇듯 장미는 나의 생활에 많은 영향을 미친다.
　　● 삶의 자세<u>를</u> 가르쳐 <u>주고</u> 신선한 충격<u>을 주어</u> 내 생활을 흐뭇하
　　 게 만들어 <u>주는</u> 장미는 음식에 있어서 양념이 꼭 필요하듯이
　　 내 생활에 있어서도 없어서는 안 될 존재이다. (25어절)

　위 글 (나) 단락의 ②번 ③번 월과 (다) 단락의 ③번 월, (마) 단락의
마지막 월이 보통이거나 제법 긴 월이고, 나머지 월들은 대체로 짧은
월들이다. 그러므로, 위의 글에 나타난 각 단락들은 월의 길이를 적당
하게 만들어서 자연스럽게 표현 효과를 올리고 있다. 글 전체의 분량이
많지 않으면서 주제가 선명하게 나타나 있고, 각 단락의 작은 주제를
뒷받침하는 월들을 규모 있게 잘 배치했다고 말할 수 있다.
　위 글에서는 이음씨끝과 토씨 등의 구조 낱말을 포함한 월의 구조를
되풀이하거나, 앞 월 구조를 되풀이한 뒷받침 월들을 배치하고 있음을
본다. 위 글의 각 단락은 굳이 말하면 두괄식(頭括式)으로 작은 주제를
제시하고 있다. 첫 번째 월이 작은 주제 월이고 나머지는 뒷받침 월들이
다. 각 단락의 뒷받침 월들의 수는 (라) 단락이 세 개이고 마무리 단락인
(마) 단락이 한 개이며, 나머지 단락에서는 두 개씩이다.
　위 글에서 뒷받침 월들이 구조적으로 되풀이된 예를 보이면 (나) 단
락의 ②번 월에서 '~를 보는 듯하고'가 세 번 되풀이되었고, (나) 단락
의 ③번 월에서 '~을 ~하고'의 구조가 되풀이되었다. (다) 단락에서는
앞 단락인 (가),(나) 단락의 첫 번째 월과 (다) 단락의 각 월에서 사용된
월 구조인 '~(을) 준다'를 계속하여 되풀이하고 있다. (라) 단락에서는

앞 월의 구조인 '~(한) 사람을 생각나게 한다'를 세 번 되풀이하고 있다. (마) 단락에서는 '~(을) 주다'의 구조를 세 번 되풀이하고 있음을 본다.

이러한 다양한 구조는 '장미로부터 받은 정열적인 모습을 통하여 장미처럼 정열적이고도 아름다운 삶을 사는 사람이 되고 싶다'라는 주제를 잘 드러나도록 뒷받침하고 있는 것이다.

위 보기 글 (3) '장미와 생활'은 어구(語句)가 복잡하지 않고 월 형태가 간결하다. 그리고 '예컨대, 이를테면' 등의 이음말이 없고 월이 짧다. 그러므로 위 글의 문체는 간결체라고 말할 수 있다.

4. 글은 반드시 계획대로 속살이 만들어지고, 짜여지고 꾸며지는 것이 아니다

위에서 보인 어느 여자중학교 2학년 학생이 애를 써서 만든 속살인 제3장 제2절의 보기 글 (9) '나의 생활'은, 보통 학생들도 애를 쓰면 가능한 글이라고 생각된다. 사실 제3장의 보기 글 (9)는 글이라기보다는 '마그마와 같은 생각의 기록'이라고 볼 수 있다. 이 마그마와 같은 생각은 「갑」 학생이 만든 보기 글 (3) '장미와 생활'로만 펼쳐질 수 있는 것이 아니다. 다음 「을(乙)」 학생이 만든 보기 글 (4) '가시의 의미'로도 정리될 수가 있다.

(4) 가시의 의미
1991년 경남과학고 제3학년 을(乙) 학생

(가) ○ '이 한 세상 살아서 무엇하나!' 하고 탄식하는 사람이 있다고 하자.
○ 그러면, 난 그에게 가서 이렇게 말하리라.
○ 세상은 그렇게 허무하거나 무의미한 것이 아니라고.
(나) ○ 글쎄, 어떤 사람들은 내 말에 많은 반문을 던지려 들지도 모른다.

① 그러나, 난 그에게 다시 한번 곰곰이 생각해 보라고 말하고 싶다.

② 물론, 나의 생활에서 그들처럼 슬퍼하거나 허무해 할만한 일들이 없다는 것은 아니다.

③ 단지 허무하다는 느낌으로 나의 생활을 표현하기엔 너무도 부족한 감이 있다는 것이다.

(다) ① 모두들 장미를 본 일이 있을 것이다.

② 누구도 장미의 아름다움에 대해선 이의를 가지지 않는다.

③ 비단결 같은 꽃잎을 감추듯 싸안은 봉오리에서부터 자랑스레 함박 웃음 띤 모습에 이르기까지 그야말로 꽃의 여왕다운 면모를 가졌다고나 할까. (18어절)

(라) ○ 그러나, 그렇게 아름다운 장미도 그 아름다움 속에 가시를 가지고 있다.

○ 장미의 부드러운 꽃잎과 뾰족하고 투박한 가시의 모습은 좀체 어울리려고 해야 어울릴 수가 없다.

(마) ○ 그런데 그 누구도 가시 때문에 장미의 아름다움을 깎아 내리지는 않는다.

① 나의 생활도 이 장미와 마찬가지이다.

② 나의 생활 속에서도 이 가시와 같은 것들이 있다.

③ 어떻게 보면 보기 흉해지기도 하는 슬픔과 고난들이 무수히 돋아나 있는 것이다.

(바) ○ 그러나, 나는 나의 생활에서 그 가시들을 빼려고도 아니 하고, 싫어하며 얼굴을 찌푸리지도 않는다.

① 오히려 두 팔을 내밀어 다소곳이 감싸 안아 주고자 한다.

② 그 가시들은 나의 생활에 아름다움을 가져다 주는 중요한 것이기 때문이다.

③ 장미에 가시가 없다면 그것이 아무리 아름답다고 할지라도 장미라고 할 수가 없을 것이다.

④● 마찬가지로 나의 생활에도 고난과 역경이 없다면 진정한 아름다움을 나는 아름답다고 느끼지 못하게 되리라.

(사) ○ 나의 생활은 항상 변해간다.

● 마치, 봄이 가면 여름이, 여름이 가면 가을이 오듯이 따스하고

풍요로움이 지나면 추위와 눈보라를 맞이해야 하는 것이다.
○ 나는 나의 고난과 역경에 좌절하거나 절망의 바닥에 주저앉진
   않으리라.
○ 추운 겨울은 항상 따스한 봄을 기약하고 다가오는 것이리라.
○ 희망을 품으면서 말이다.
(아) ① 눈을 감고 가만히 풍겨 오는 장미 향기를 맡아보자.
   ②● 그러면 은은한, 그리고 기분 좋은 향기가 풍겨 오리라.
   ③● 석양빛을 받아 찬란히 빛나며 하늘거리던 빨간 꽃잎들이 풍겨
      내는 고운 향기가 나의 생활을 휩싸고 돌 것이다.

위 보기 글 (4)는 짧은 월들로 이루어져 있다. 그러면서 '고난극복의
의지를 가지자'라고 하는 주제를 힘있게 제시하고 있다.

위 글 (바) 단락의 월 ④는 바로 앞 월인 월 ③의 '~가 없다면 ~못한
다(부정어)'라는 구조를 되풀이하여 '가시를 싫어하지 않는다'라는 작은
주제를 충분하게 뒷받침하고 있음을 알 수 있다. 마찬가지로 (사) 단락
에서는 '현실의 긍정'이라는 큰 주제를 부각시키기 위해 '~이 가면 ~이
오듯이'의 구조를 활용하고 있다. 또한 (아) 단락에서는 앞 단락의 작은
주제이자 이 글 전체의 주제인 '현실의 긍정'을 드러내기 위해서 '장미의
향기가 풍겨오다'라는 구조가 사용되고 있다.

이 글의 각 단락에 나타나 있는 월들의 길이는 대체로 짧다. 이러한
점을 근거로 하면 이 글의 문체는 형태상으로는 간결체라고 말할 수
있다. 위 「을(乙)」 학생 글 '가시의 의미'의 속살을 단락별로 살펴보면
다음과 같다.

(5)

> (가) 세상살이가 허무하다는 태도 → (나) 그에 대한 반론 → (다)
> 장미의 아름다움 → (라) 장미의 가시 → (마) 생활 속의 가시 →
> (바) 가시를 싫어하지 않는다 → (사) 현실의 긍정(큰 주제) → (아)
> 부연 마무리

「을(乙)」학생의 글 '가시의 의미'는 (다), (라), (마), (바)에서 제시한
속살을 (사) 단락에서 요약하고 있다. 그리고 이를 (아) 단락에서 뒷받
침하고 있다.

제3장의 보기 글 (9) '나의 생활'에서 보여준 글쓴이의 생각은, 다음
「병(丙)」학생이 만든 글 보기 글 (6) '장미 예찬'으로도 정리될 수가
있다.

(6) 장미 예찬

1991년 경남과학고 제3학년 병(丙) 학생

(가) ① 내가 생활하는 곳엔 아름다운 것들이 많다.

② ● 아침 이슬처럼 맑은 공기<u>가</u> <u>있고</u> 푸르기만 한 강<u>이</u> <u>있고</u>, 산<u>이</u>
<u>있다</u>.

③ ● 그리고 이 속에서 아름다움만 먹고 자라 아무도 모르게 꽃봉오
릴 피우고 웃음으로 날 즐겁게 하는 꽃들<u>이</u> <u>있다</u>.

(나) ① 이들은 그 몸짓만<u>으로</u>도 나의 생활을 향기롭게 한다.

② 그들 중에서 내가 가장 좋아하는 꽃은 피보다도 붉은 빛을 한
장미이다.

③ 자신의 피로서 온 생을 붉게 타오르게 하는 것 같은 그 정열<u>을</u>
<u>사랑하는</u> 까닭이다.

④ ● 난 달콤한 벌꿀 냄새 같은 장미의 향기<u>를</u> <u>사랑하고</u> 춤추듯

흔들리는 가지 사이로 새어나오는 보일듯 말듯이 경쾌한 리듬을 사랑하고 석양이 온 세상을 붉게 물들일 때 또 다른 그리움으로 자신을 불태우며 꿈결처럼 하늘거리는 그 붉은 꽃잎들을 사랑한다.(35어절)

(다) ● 그리고 장미꽃 잎들이 속삭이는 기쁨과 즐거움과 슬픔의 이야기들을 사랑한다.

● 그 이야기들은 때론 날 알 수 없는 기쁨으로 감격하게 하고, 때론 내 가슴에는 꺼지지 않는 불꽃처럼 사무쳐 내 심장을 고동치게 하고 또 때로는 이루어질 수 없는 첫사랑의 슬픔처럼 날 안타깝게 하지만 난 그 이야기에 내 잃어버린 동심의 한 조각들을 찾아내고 아름다운 동화나라의 어떤 이처럼 행복해 한다. (46어절)

○ 이것은 진정 내가 살아 숨쉬는 만큼이나 고마운 너무도 기쁜 신의 선물이리라.

(라) ① 지금은 5월.

② 내가 사랑하는 장미가 피어나는 5월이다.

③ 장미는 갓 피어날 때 가장 싱싱하고 지려할 때 가장 붉다.

④ 5월에 피어난 장미처럼 한결같이 싱싱하게 나의 생을 살고 싶다.

⑤ ● 그리고 이제 막 지는 장미처럼 가장 붉게 가장 뜨겁게 나의 생을 불사르고 싶다.

위 글 (나)의 ④번 월과 (다)의 두 번째 월은 그 길이가 매우 길다. 그런데 글 전체의 분량에 비하여 긴 월은 두 개밖에 되지 않는다. 그리고 (가), (나), (라)의 단락에서는 각 월들의 길이가 순차적으로 조금씩 긴 월들이 되도록 배열하여 속살들을 자연스럽게 뒷받침하고 있다.

(가) 단락에서는 '~가(이) 있다'라는 구조를 되풀이하여 작은 주제인 '아름다운 자연과 꽃'을 부각시키고 있다. (나) 단락의 월 ④는 앞 월인 월 ③의 '~을 사랑한다'라는 구조를 되풀이하여 작은 주제인 '장미를 사랑한다'를 뒷받침하고 있다. (다) 단락의 첫 번째 월은 '기쁨, 즐거움, 슬픔'이라는 이름씨(명사)를 열거하여 힘을 모으면서, 또 두 번째 월은

'때론 ~하게 하고'라는 구조를 되풀이하여 작은 주제인 '장미로부터 받은 좋은 감정'을 드러내 주고 있다. (라) 단락에서는 '5월'이라는 계절을 되풀이하면서 한 편으로는 월 ⑤에서 '가장 ~하게'라는 구조와 '나의 생을 ~하고 싶다'라는 앞 문장 구조를 되풀이하여 이 글 전체의 주제인 '장미의 예찬'을 끝까지 뒷받침함을 알 수 있다.

보기 글 (6)의 월 구조는 그렇게 복잡하지 않다. 이 글에 나타나 있는 낱말들을 보면 '이슬, 강, 꽃, 장미, 석양, 첫 사랑, 행복……' 등의 대체로 매우 서정적인 느낌을 주는 낱말(語彙)들이 많음을 알 수가 있다. 그리고 '이슬처럼 맑은 공기', '달콤한 벌꿀 냄새 같은 장미의 향기', '춤추듯 흔들리는 가지 사이로 새어나오는 보일 듯 말듯이 경쾌한 리듬', '5월에 피어난 장미처럼 한결같이 싱싱하게 나의 생을 살고 싶다.' '이제 막 지는 장미처럼 가장 붉게 가장 뜨겁게 나의 생을 불사르고 싶다.' 와 같은 직유법이 사용되어서 분위기를 무르익게 만든다고 할 수 있다. 이러한 요소들은 이 글 전체를 부드러운 분위기를 자아내는 요인이 된다. 그러므로 이 글의 문체는 우유체로 볼 수 있으며, 이 글은 전체적으로 '장미로부터 받은 좋은 감정'을 표현하고 있음을 알 수 있다.

위 「병」 학생의 글 '장미 예찬'의 속살을 정리해 보면 다음과 같다.

(7)

> (가) 소재(아름다운 자연과 꽃) → (나) 장미를 사랑한다 → (다) 장미
> 로부터 받은 좋은 감정 → (라) 정열적인 삶

이상에서 보인 갑(甲), 을(乙), 병(丙) 학생들은 마그마와 같은 생각을 드러낸 제3장의 보기 글 (9) '나의 생활'을 바탕으로 하여 다양한 단락을 만들어서 한 편의 수필을 만드는 데 성공하였다. 이 세 편의 작품들은,

각 단락마다 작은 주제문과 뒷받침 월들이 잘 조화되어 있다. 그리고, 이 글을 쓴 학생들은 경제성의 원칙에 의거하여 각 단락을 만들 때마다 뒷받침 월들을 쉽고 빠르게 형성하고, 다시 규모 있게 통제하는 방법을 효율적으로 적용하고 있음을 알게 된다.

우리는 제4장에서 작은 주제월과 뒷받침 월의 차이, 뒷받침 월의 길이, 마그마 상태의 글을 펼쳐나가는 방법 등에 대하여 살펴보았다. 다음 제5장에서는 지금까지 설명해 온 배경 지식을 활용하여 작품을 이루는 원리에 대하여 말해 보고자 한다.

5

작품을 이루는 원리

내일 일을 너희가 알지 못하도다. 너희 생명이 무엇이뇨. 너희는
잠간 보이다가 없어지는 안개니라.
(야고보4장 14절)

아래 보기 글 (1)은 전소영 학생이 스스로 맨처음 완성한 '안개'라는 글이다. 이 글은 좀 엉성하지만 서정적인 분위기를 자아내고 있다고 여겨진다.

(1) 안개 1

전소영 (1998년, 삼가고 제2학년 알찬반)

○ 이른 새벽 뿌옇게 끼인 안개를 보면 기분이 좋아진다.
○ 그래서 안개가 끼인 날이면 나는 평소보다 더 부지런을 떨어 밖으로 나와 안개를 맞는다.
○ 한치 앞을 분간할 수 없는 안개 속에서는 불안하다고 말하는 사람도 있지만 나는 안개 때문에 주위의 모든 물체들이 가리워지기[가려지기] 때문에 안개를 더 좋아한다.
○ 마치 안개가 나를 감싸서 이 험악한 세상으로부터 보호하려는 것처럼 느껴지기도 한다.
○ 하얀 안개가 너무 아름답다.
○ 세상은 너무 시끄럽다.
○ 매일 사고가 나든지 싸움 또는 전쟁이 곳곳에서 일어난다.
○ 혹은 환경 오염의 관한 문제의 심각성으로 세계가 시끄러워지고, 혼란스러워 하고 있기도 하다.
○ 그리고 우리 고등학생들에게는 대학 입시문제로 머리를 혼란하게 만드는 세상이기도 하다.
○ 이런 험악한[복잡한] 세상에 나를 보호하기 위해서인지 안개는 세상을 덮어준다.
○ 나에게 이 험악한[힘든] 세상을 어떻게 살아가야 할 것인지 생각할 여유를 주는, 그런 고마운 휴식 공간을 제공해 준다.
○ 이렇게 나만의 휴식공간에서 이런저런 생각을 하고 나면 새로운 용기가

솟는다.

○ 세상을 꿋꿋하게 살아갈 수 있는 용기, 바쁘게 생활하느라 잠시 동안
잊었던 아름다운 추억들을 다시 안개 속에서 되찾아낼 수 있다.

○ 생활 속에서 활력소를 찾을 수 있을 것[힘을 얻을 수 있을 것] 같다.

○ 세상을 아름답게 보기 위해 오늘도 열심히 살아가고 있기 때문에 내일도
열심히 살 것이라는 나의 신념을 다질 수 있을 것 같다.

○ 나의 활력소이자 휴식공간 그리고 나만의 안식처인 안개를 사랑한
다.

글쓴이는 보기 글 (1)에서 '안개를 통해서 혼란스러운 세상을 신비스
럽게 느끼고 삶에 용기를 얻고 활력을 얻었다'고 말하고 있는 것 같다.
이 글은 '안개'라는 환상적 분위기를 자아내는 속살을 다루고 있다. 이
러한 분위기는 읽는이의 관심을 끌 수 있기 때문에 수필의 제재로서
매우 가치가 있다고 생각된다.

그런데 이 글은 안개에 대한 묘사가 없다. 안개로부터 받은 감격을
말하기 위해서는 안개에 대한 묘사가 있어야 글이 살아날 것이다. 다음
(1)-1은 묘사 부분을 덧붙여 넣은 것이다.

(1)-1   안개 2
전소영 (1998년, 삼가고 제2학년 알찬반)

이른 새벽 뿌옇게 끼인 안개를 보면 기분이 좋아진다. 안개가 산발치 아래에서
위로 서서히 올라가는 모습은 장관(壯觀)을 이룬다. 아침 이슬방울이 풀잎에 촉촉하게
젖어 있을 때, 하늘과 잿빛 구름과 온갖 나무들이 울창한 푸른 숲을 배경으로 하여
안개는 특유의 신비스러운 분위기를 만들어낸다. 안개는 푸른 하늘을 향하여 천천히
위로, 위로만 은빛 커튼을 옮겨가는 것이다.

안개가 끼인 날이면 나는 평소보다 더 부지런을 떨어 밖으로 나와 안개를
맞는다. 한치 앞을 분간할 수 없는 안개 속에서는 불안하다고 말하는 사람도
있지만 나는 안개 때문에 주위의 모든 물체들이 가려지기에 안개를 더 좋아

한다.

마치 안개가 나를 감싸서 이 험악한 세상으로부터 보호하려는 것처럼 느껴지기도 한다.

하얀 아침 안개를 보면 공상세계를 보는 것 같다. 아침 일찍 강가에 서서 안개 낀 모습을 바라본 사람은 평소에는 그저 그런 모습으로 보이는 풍경들이 안개로 인하여 얼마나 감격스러운지 깨닫게 될 것이다. 물안개가 모락모락 피어오르는 강물을 바라보면 푸른 강물은 갑자기 동화세계로 우리들을 인도하여 그 신비감에 넋을 잃게 만든다. 평소에는 그저 예사롭게 보여지던 강 건너 정경이 얼마나 부드럽고 환상적인 모습으로 바뀌어지는지 감탄하게 된다.

세상은 시끄럽다. 매일 사고가 나든지 싸움 또는 전쟁이 곳곳에서 일어난다. 혹은 환경 오염의 심각성으로 세계가 시끄럽고, 혼란스럽기도 하다. 그리고 우리 고등학생들에게는 대학 입시문제로 골치 아픈 세상이기도 하다.

이런 복잡한 세상을 살아가는 내 마음을 안개는 차분하게 가라앉히기에 충분하다. 나에게 이 힘든 세상을 어떻게 살아가야 할 것인지 생각할 여유를 준다. 안개는 고마운 휴식 공간을 제공해 준다.

은근하게 몸을 밀착시켜 오는 안개는 현실세계와 환상세계의 경계를 지우고 꿈꾸듯이 발걸음을 옮기게 하는 것이다. 이렇게 나만의 휴식공간에서 이런저런 생각을 하고 나면 새로운 힘이 솟는다. 세상을 꿋꿋하게 살아갈 수 있는 용기와, 바쁘게 생활하느라 잠시 동안 잊었던 아름다운 추억들을 다시 안개 속에서 찾아낼 수 있다.

생활 속에서 힘을 얻을 수 있을 것 같다. 세상을 아름답게 보기 위해 오늘도 열심히 살아가고 있기 때문에 내일도 열심히 살 것이라는 나의 신념을 다질 수 있을 것 같다. 나의 활력소이자 휴식공간 그리고 나만의 안식처인 안개를 사랑한다.

다음 보기 글 (2)는 정희정 학생이 스스로 맨 처음 완성한 '그때 그 사건'이라는 글이다. 보기 글 (2)는 시간적 흐름에 따라 행동이나 사건을 펼쳐 나가고 있는 '서사'라는 방법을 쓰고 있다. 이 글은 각 월들의 길이가 짧은 것이 특징이다. 길이가 짧은 형태의 월을 활용하면, '서사(敍事)'를 효과적으로 표현할 수 있다.

(2) 그 때 그 사건

정희정 (1998년도, 삼가고 제2학년 알찬반)

○ 나의 나이 다섯 살 때의 일이다.
○ 어릴 적 기억은 별로 나지 않지만 그때 그 일은 나의 기억 속에 유난히도 남아있다.
○ 그 이야기를 하기 위해 시간은 1986년도로 되돌아간다.
○ 그 날은 온 식구가 다 모였다.
○ 엄마가 있는 솜씨 없는 솜씨를 다 동원해서 맛있는 **짜장면**을 만들어 주기로 하셨다.
○ 그 날 엄마와 언니가 부엌에 모여 정신없는 사이에 나는 대문 밖으로 나갔다.
○ 대문밖에 혼자 쪼그리고 앉아서 공기놀이를 하고 놀았다.
○ 그때 지나가는 어떤 **아주**머니께서 "우리 집에 가자 응"? 하고 나를 꼬셨다.
○ 나는 그 꼬임에 넘어가 그 아주머니 집에 갔다.
○ 그 아주머니는 나를 아주 귀여워하고 **예뻐했다.**
○ 그 이유는 아주머니는 아이가 없어서 자기 딸처럼 귀여워했던 것이다.
○ 그때 집을 잊은 체 아주머니하고 놀았다.
○ 그 당시 집에서는 날 리가 났다.
○ **짜장면**이 다 됐다고 나를 찾으러 나온 언니가 내가 없다는 사실을 알고 집에 들어가 아버지께 꾸중을 듣고, 나를 찾아오라는 불호령을 듣고, 나를 찾으러 나왔다.
○ 언니는 나를 찾아 온 동네를 헤메어 다니는 동안 나는 아주머니 집에서 저녁을 먹고 한참 TV를 보고 놀다가 아버지 얼굴이 갑자기 스쳐지나 갔다.
○ 아주머니께 집에 가야겠다고 이야기하니 아주머니는 자기 집에서 자고 가라고 이야기 하셨다. 나는 안 된다고 아버지께 혼난다고 말을 했다.
○ 그때 아주머니께서 집에 보내 주신다고 같이 가자고 하셨다.
○ 아주머니는 보내주기 싫은 것 같았지만 나를 데리고 집밖으로 나갔다.
○ 누군가가 나를 찾아 울먹이는 소리가 들렸다.
○ 바로 막내 언니였다.

○ 막내 언니 손에 이끌려 집으로 간 나는 아버지께 **회초리**를 맞았다.

○ 아버지께 손이 발이 되도록 빌었다.

○ 그 날 하도 많이 울어서 새우 눈이 되었다.

○ 그 일로 나는 어디를 가면 꼭 말을 하고 간다.

○ 그 날은 아버지가 미워서 증오를 했지만 지금 생각하면 그때 아버지의 마음을 이해할 것 같다.

  보기 글 (2)를 쓴 학생은 이 글에서 어렸을 때 겪었던 "그 때 그 사건"을 기억하는 데 힘을 쏟고 있다. 그러나 이 학생은 이러한 체험(體驗)을 통하여 다음 보기 글 (2)-1에서는 세상살이에서 누구든지 겪는 '유혹'으로 주제를 구체적으로 파악하게 된 것이다. 이처럼 글은 글 쓴 이 스스로를 돌아보게 한다. 자기를 살펴보기 위해서는 고뇌(苦惱)하지 않으면 안 된다. 사람들은 고뇌를 통하여 현실을 바로 보게 된다. 현실을 바로 보는 것은 자기를 성장하게 하는 원동력이다. 다음 보기 글 (2)-1은 위의 글을 수정·보완하고 마지막 두 단락을 더 보탠 것이다.

(2)-1 유혹
정희정 (1998년도, 삼가고 제2학년 알찬반)

  다섯 살 때의 일이다. 어릴 적 다른 일은 별로 기억나지 않지만, 그때 그 일은 나의 기억 속에 유난히도 남아 있다. 그 이야기를 하기 위해 시간은 1986년으로 되돌아간다. 그 날은 온 식구가 다 모였다. 엄마가 맛있는 자장면을 만들어 주기로 하셨다.

  엄마와 언니가 부엌에서 일하느라 정신없는 사이에 나는 대문 밖으로 나갔다. 대문 밖에 혼자 쪼그리고 앉아서 공기놀이를 하고 놀았다. 그때 지나가는 어떤 부인이 "우리 집에 가자 응?" 하고 나를 꼬드겼다. 나는 그 부인을 따라 그 부인의 집으로 갔다. 그 부인은 나를 아주 귀여워하고 예뻐했다.

  그 부인은 아이가 없어서 나를 자기 딸처럼 귀여워했던 것이다. 그때 나는 집에 대한 일은 까마득히 잊은 채 함께 놀았다.

그 무렵 집에서는 난리가 났다. 자장면이 다 됐다고 나를 찾으러 나온 언니가 나를 발견할 수가 없게 되었다. 언니는 집에 들어가 아버지께 꾸중을 심하게 들었다. 그리고 나를 찾아오라는 불호령을 듣게 되었고, 또 나를 찾으러 나섰던 것이다.

언니가 나를 찾기 위해 온 동네를 헤매어 다니는 동안 나는 그 부인 집에서 저녁을 먹고 한참 텔레비전을 보고 놀다가 아버지의 얼굴이 갑자기 스쳐지나 갔다.

그 부인께 집에 가야겠다고 이야기를 하니 자기 집에서 자고 가라고 말씀하셨다. 나는 아버지께 혼난다고 말을 했다. 그러자 부인께서 집에 보내 주신다고 같이 가자고 하셨다. 부인은 보내 주기 싫은 것 같았지만 나를 데리고 자기 집 밖으로 나갔다. 누군가가 나를 찾아 울먹이는 소리가 들렸다. 바로 막내 언니였다. 막내 언니 손에 이끌려 집으로 간 나는 아버지께 회초리로 맞았다. 아버지께 손이 발이 되도록 빌었다. 그 날 하도 많이 울어서 새우 눈이 되었다. 그 일로 나는 어디를 가면 부모님께 꼭 알린다.

세월이 지난 지금은 그때 아버지의 마음을 이해할 것 같다. 이제 고등학교 2학년도 다 지나고 곧 3학년이 된다. 어렸을 때부터 나는 주변의 유혹에 잘 넘어갔다. 고등학생이 되어서도 나는 내 마음을 유혹하는 잡다한 일들에 얼마나 쉽게 넘어갔던가. 잡담하기, 늦잠자기, 계획성 없는 하루하루, 목표의식 없는 행동 등. 이제 나는 내 정신을 차리도록 깨우쳐 주었던 막내 언니도 없다. 아니 막내 언니의 도움이 필요 없는 나이가 되었다.

나는 홀로 서기를 해야 한다. 그때 그 부인의 유혹은 구체적이고 분명했다. 그러나 지금의 나는 스스로가 어떤 모습을 하고 있는지도, 누가 어떻게 나를 유혹하는지도 모르고 있는 것이다. 나는 이미 숱한 유혹에 빠져 있어서 도저히 헤어나지도 못할 것 같은 기분이 든다. 그러나 나는 그 옛날 다섯 살 먹은 그때 어떤 한 순간 아버지의 모습이 떠올랐던 것처럼 이제 나는 참된 나 자신의 정체를 분명히 깨달아야 하겠다.

다음 보기 글 (3)은 논설문이다. 글의 앞 단락에 해당되는 이탤릭체로 된 네 개의 월은 상당히 시간이 지난 뒤에 이 글을 쓴 학생이 자신의 글을 읽고 나서 수정하고 덧붙이기한 부분이다.

(3) 광기 1

김태희(1998년, 삼가고 제2학년 알찬반)

○ *광기(狂氣), 근대에는 광기가 인간의 정신병리로서 격리 또는 치료의 대상으로 생각하고 있었지만 고대 그리스 이래로 광기는 창조성과 관계 있는 것으로 중요시되어 왔다.*

○ *플라톤은 신에게 받은 것 중에서 광기(狂氣)는 좋은 것 중에서도 가장 좋은 것이라고 극찬하였다.*

○ *현대 문화에 공헌하는 광기의 양상은 천재성이라는 말과 관련되어 불리어 왔고, 그 반대 양상인 광기와는 구별되어왔었다.*

○ *문화에 이바지하는 천재보다는 정신환자인 광기가 우리주의에는 더 많이 존재해 있다고 본다.*

○ 사람의 내면에는 약간의 광기가 잠재해 있다고 본다.

○ 나를 보면서 느낀다.

○ 잘 있다가도 빨간불이 휭하니(휑하니) 지나가고 난 뒤면 난 황소처럼 씩씩 거리며, 매 보다 더 강한 눈으로 돌변하고, 내 목소리에선 생전 어색해서 못 썼던 말까지도 아무렇지 않게 튀어나온다.

○ 이런 무서운 일이 있고 조금의 시간이 지나면 '내가 왜 그랬을까'라는 반성이 날 괴롭힌다.

○ 꼭 내가 딴 사람이 되었다가 지금의 나로 바뀐 것처럼.

○ 난 이세상의 모든 범죄가 내면에서 잠재해 있는 광기의 역할이 무척 큰 것 같다.

○ 사람이라고서야 하지 못하는 일들, 혹 이런 일들도 세상에 만무하다.

○ 자식이 부모를 죽이고, 부모도 자식 죽이고, 칼 들고 강도 짓하며 거기도 (거기에다) 인육까지 먹는 사람이 있다니. 정말 놀라운 일이 아닐 수 없다.

○ 그리고 요즘 청소년을 위협하는 자살행위, 만일 자살을 하기 위해 높은 빌딩의 옥상 난관에 서 있다고 가정해 보자.

○ 정신이 맑다면 어찌 뛰어 내릴 수 있는가? 이때 광기가 몸에서 베어나면(배어나면) 자신도 모르게 다리를 한발 짚었다가 큰 일이 터지는 것이다.

○ 세상이 어렵고 혼란스럽고 이기주의로 꽉 차다보니 광기는 더 활발하게 인간의 생활들을 어렵게 만들고 불행하게 만든다.

○ 하지만 반면에 광기로 이 험악한 세상을 사는 사람들이 있다.

○ 광기로 인해 한 사회를 손아귀에 넣고 전쟁을 일으켰던 나치스의 히틀러, 알렉산더나 나폴레옹, 풍신수길 등 그들은 정신병자라고 불러 마땅할 것이다.

○ 세상의 사람은 모두 순하지도 않을 것이며, 바보처럼 착하지도 않을 것이다.

○ 이 세상에 광기가 존재하는 한.

아래 보기 글 (3)-1은 글 쓴 이가 보기 글 (3)을 다시 부분적으로 다듬은 것이다. 그런데 보기 글 (3)의 맨 앞쪽에 이탤릭체로 기록된 단락은 한편의 글 전체를 요약하는 속살이다. 이런 요약형 단락은 들머리 부분에 설정하는 것보다도 마무리 부분으로 옮기기하는 것이 더 타당하다. 아래 보기 글 (3)-1은 (3)과 비교해 볼 때 균형이 맞는다고 여겨진다. 이 글의 첫머리는 제목과 관련된 속살로 시작되고 있으며, 첫 월이 비교적 짧은 월로 이루어져 있다.

(3)-1 광기 2

김태희(1998년, 삼가고 제2학년 알찬반)

사람의 내면에는 누구나 약간의 광기가 잠재해 있다고 생각된다. 먼저 나 자신의 경우를 보면, 잘 있다가도 빨간 불이 휑하니 내 마음을 지나가고 난 뒤면 난 황소처럼 씩씩거리며, 눈은 매보다 더 날카롭게 돌변하고, 목소리에선 평소에 어색해서 못 썼던 말까지도 아무렇지 않게 튀어나온다. 그러나, 이런 무서운 일이 있고 난 뒤에는, 정말로 잠시만 지나면 "내가 왜 그랬을까" 하는 생각이 날 괴롭힌다. 꼭 내가 딴 사람이 되었다가 다시 지금의 나로 바뀐 것처럼.

이 세상의 모든 범죄가 내면에 잠재해 있는 광기의 영향을 받는 것 같다. 사람으로서는 도저히 할 수 없는 일들. 자식이 부모를 죽이고, 부모가 자식을 죽이고, 칼 들고 강도짓하며, 정말 열거하기조차 싫은 일들이 우리 주위에는 심심찮게 일어나고 있다.

요즘 청소년을 위협하는 자살 행위의 경우도 그렇다. 만일 자살을 하기 위해 높은 빌딩의 옥상 난간에 서 있다고 가정해 보자. 정신이 맑다면 어찌 뛰어 내릴 수 있겠는가?

요즈음은 사회가 혼탁하여 이기주의로 꽉 차다보니, 광기가 기승을 부려서 우리의 생활들을 망치고 있으며, 불행하게 만들고 있는 것 같다. 참으로 광기는 어떤 사회든지 혼란스럽게 만들고 마는 나쁜 특성을 지니고 있는 것 같다. 광기로 인해 한 사회를 손아귀에 넣고 전쟁을 일으켰던 나치스의 히틀러, 알렉산더나 나폴레옹, 풍신수길 등 그들은 정신병자라고 불러 마땅할 것이다.

광기(狂氣). 근대에는 광기가 인간의 정신병리로서 격리 또는 치료의 대상으로 생각하고 있었지만 고대 그리스 이래로 광기는 창조성과 관계 있는 것으로 중요하게 여겨왔다. 플라톤은 「신이 준 것 중에서 광기(狂氣)는 가장 좋은 선물」이라고 극찬하였다고 한다. 현대 문화에 이바지하는 광기의 양상은 천재성이라는 말과 관련지어졌고, 그 반대 양상인 광기와는 구별되어 왔다. 문화에 이바지한 천재보다는 정신질환인 광기에 사로잡힌 사람들이 우리 주위에는 더 많이 존재하는 것 같다. 아무튼 이 세상에 광기가 존재하는 한 사람들이 순수하지도 않을 것이며, 착하지도 않을 것 같다.

제3절 알맹이 말의 단락별 고르게 나누어 놓기 원리

이는 통일성의 원리와 통한다. 한 단락의 뒷받침 월들이 작은 주제에 의하여 통일되어야 하듯이, 한 편의 글 전체의 주제를 드러내기 위하여 각 단락의 작은 주제도 통일성이 있어야 한다. 읽는 이 편에서 볼 때는 단락별로 작은 주제를 파악하는 데 중점을 둔다면, 글을 쓰는 이 쪽에서 볼 때는 각 단락별로 알맹이 말이나 그 비슷한 말을 배치하는 일에 중점을 두게 된다. 이는 곧 한편의 글에 동원되는 모든 글감을 적당한 위치에 적당한 분량으로 배치하는 일이 된다. 이 일은 각 단락을 잇는 한 방법이 되기도 한다.

앞의 제4장 제3절 3항의 보기 글 (3)「갑(甲)」학생의 글을 자세히 살펴보면, 알맹이 말을 단락별로 배치하고 있음을 발견할 수 있다. 즉, 「갑(甲)」학생의 글에서는 '장미(薔薇)'라는 알맹이 낱말이 각 단락마다 배치되고 있다. 제4장 제3절 4항에서 보여준 보기 글 「을(乙)」학생의 글에서도 '장미(薔薇)'라는 알맹이 낱말이 글 전체로 볼 때 특히 중요한 부분인 (다)~(바)의 네 개 단락에 걸쳐 배치되어 있다. 그리고 「병(丙)」학생의 글에서도 들머리 부분인 첫 단락을 제외한 나머지 단락에 '장미(薔薇)'가 빠짐 없이 배치되어 있다. 이는 아무리 같은 말 되풀이를 피하고자 하더라도 그 글의 소재는 그 글 속에서 중요한 낱말로 사용되는 것이 자연스럽기 때문에 나타나는 현상이라고 할 수 있다.

알맹이 말과 관련된 낱말이나 그 아랫자리 말(하위어)을 잘 활용하면 알차고 간결하고 정교하게 표현할 수 있게 된다. 한 편의 글에 알맹이가 빠져버리면 얼마나 혼란스러울 것인지 상상해 보면 쉽게 알 수 있을 것이다.

글 전체를 비추어 볼 때에 알맹이 낱말 또는 그것과 비슷한 뜻을 지닌 낱말, 또는 알맹이 말과 관련된 낱말을 단락별로 고르게 나누면 한 편의 글을 통일성과 일관성, 그리고 강조성을 지니면서 마무리 짓는 데 유익한 경우가 많다. 다음은 손혜진 학생이 쓴 보기 글을 통하여, 한 편의 글을 이루는데 어떻게 알맹이 낱말 또는 그와 밀접하게 관련된 낱말, 혹은 아랫자리 말을 단락별로 고르게 나누어 효과를 얻고 있는지 살펴보고자 한다.

(4) 언니

손혜진(1997년, 삼가고 제2학년 알찬반)

① ① 79년 8월 11일 생, 고등학교 3학년인 나와 연년생인 언니.
  ② 그래서인지 우리는 지금까지도 사소한 것에 목숨을 걸다시피 싸운다.
  ③ 장난기 어린 웃음으로 항상 나를 대하는 언니는 누구에게나 밝고 귀엽다는 소리를 들을 정도로 앳되고 순수하다.
② ① 난 가끔 언니랑 있으면서도 말없이 앉아 있을 때가 있다.
  ② 그럴 때면 살며시 다가와 장난을 거는 언니가 내 동생 같을 때가 많다.
  ③ 서로 다투고 나서 등돌려 잠을 잘 때도 있지만 아침엔 아무 일도 없었던 것처럼 빙긋 웃는다.
  ○ 서로에게 마음 아프게 했을 때는 미안하다고 사과하고 그 외에는 웃음으로 풀어 버린다.
  ○ 금방 옆에 있다가도 서로가 없어지면 온 집안을 다 뒤지고 찾아다닌다.
③ ○ 우리는 친구에게 말하지 못할 비밀도 스스럼없이 한다.
  ○ 고민을 의논할 때나 슬픈 일이 있을 때, 그리고 기쁜 일이 있을 때 우린 서로 가까운 곳에 있다.
  ○ 고민스러운 일과 기쁜 일을 함께 나눌 수 있는 기쁨이 얼마나 행복한

지 모른다.

○ 비록 나보다 키가 작고 뚱뚱하다고 많이 놀리기도 하지만, 나에겐 언제나 언니 값을 톡톡히 한다.

○ 언니의 단점이 있다면 평소엔 무엇이든 내게 곧잘 양보하면서도 간혹 잔심부름을 시키는 점이다.

○ 그럴 때면 난 꼭 이렇게 말하곤 한다.

○ "움직이지 않고 시키기만 하니깐 미련하게 살이 디룩디룩 찌지"

④ ○ 언닌 때론 삐치기도 하지만 웃으며 넘길 때가 대부분이다.

○ 솔직히, 언니가 나에게 부탁을 해도 그 부탁을 잘 들어 주지 않는 나로서는 할 말이 없는 셈이다.

○ 며칠 전에 공부하던 언니가 커피 한잔 끓여달라고 부탁했는데 그냥 자 버렸다.

○ 아침에 일어나서 지친 언니를 보니 너무 미안했다.

⑤ ○ 언니는 매사에 긍정적이고 목표가 뚜렷하며 자기 주장이 강하다.

○ 뒤 끝없고 화끈한 언니를 닮아 가야 하겠다.

○ 언니는 건망증이 조금 있는데 언니가 잊어버리는 것을 내가 기억했다가 잘 챙겨 주어야 하겠다.

○ 나로 인해 눈물 맺힌 언니를 봤을 때 제일 슬펐다.

○ 이젠 우리 사이에 슬픔을 만들지 말아야 하겠다.

○ 내가 아플 때 늘 엄마만큼 걱정하면서 내 곁에서 간호해 줄 때, 그 때의 언니는 엄마가 곁에 안 계실 때도 든든하고 믿음직하다.

⑥ ① 누구보다 마음이 넓고, 착한 우리 언니가 제일 좋다.

② 난 고등학교 들어와서 거짓말을 많이 해서 언니를 속상하게 했다.

③ 또 약속을 지키지 않든지 내 맘대로 행동해서 언니의 마음을 아프게 했다.

○ 고등학교 3학년이라 바쁜 언니, 이젠 내가 도와주어야 할 차례이다.

위의 보기 글에서는 알맹이 낱말인 '언니'를 각 단락마다 한 번 이상씩 벌여 놓고 있다. ①은 이 글의 들머리 부분이다.

②, ③은 펼치기 부분으로 '언니와 친함'을 말하고 있다. ④는 '언니'와

친한 속살을 좀더 구체적으로 풀이하고 있다. ⑤는 이 글의 중심 부분으로 '언니를 칭찬하는 속살'이고, ⑥은 마무리 부분이다.

다음은 일반인이 쓴 아래 보기 글을 통하여, 한 편의 글을 이루는데 어떻게 알맹이 낱말 또는 그와 밀접하게 관련된 낱말, 혹은 그 아랫자리 말을 단락별로 고르게 나누어 효과를 얻고 있는지 살펴보고자 한다.

(5) ① ○ 요즈음 언론에서 접하게 되는 소식들은 하나같이 어둡기만 하다.
 ① 만물이 소생한 5월이건만 마음만큼 풍요롭지 못하다.
 ② 나라 안으로는 정치가 어지럽고 경제가 흔들리며 사회는 점점 혼란스럽기만 하다.
 ③ 나라 밖으로는 개방 압력이 더욱 거세져 무역 적자가 커지고 북쪽 동포들은 기근을 견디지 못하고 쓰러져 가고 있다.
 ○ 이렇게 모든 것이 어둡고 썩어 병들었건만 우리 사회가 쓰러지지 않고 유지되는 것이 신기하기만 하다.
 ○ 그 이유는 어디에 있을까.
 ○ 소리 없이 눈에 안 띄게 빛과 소금의 역할을 해 온 사람들이 있었기 때문에 이 사회가 유지되고 있다.
 ② ① 탐욕과 광분이 판치는 이 세상에 이런 사람들이 있다는 것이 참으로 감동적이다.
 ② 68세의 짧은 삶을 마감하면서 그분은 처음 빈손으로 왔던 그대로 전셋집에서 표표히 세상을 떠났다.
 ③ 평생 독신으로 모은 55억 전 재산을 대학 발전을 위해 써 달라는 유언을 남기고 떠나신 강 처녀 할머니의 모습에서 빛과 소금을 찾을 수 있다.
 ③ ○ 또 어려운 환경을 극복하며 열심히 공부하여 육군사관학교에 입학한 이 중령의 이야기가 갈 곳을 잃고 방황하는 이들에게 경종을

울리고 있다.

○ 19년 동안 24 차례나 셋집을 전전하면서도 과거 어린이시절 자신과 같은 처지에서 방황하는 청소년들에게 용기와 희망을 주기 위해 생도 때부터 22년 동안 넉넉지 못한 박봉에서 남몰래 장학금을 마련하여 매년 2명씩 송금하여 주었다는 소식은 정말 이 사회를 지키는 빛과 소금이 아닐 수 없다.

④ ○ 지하철 속에서 술에 취해 토해낸 음식물의 악취가 진동하는 일이 있었다.

○ 타는 사람마다 코를 피하기만 한다.

○ 그러나 그 중에서도 단 한 사람 구토물을 치우는 시민이 있었다.

○ 안양에 사는 이창우씨가 지난 2월 14일 충무로 역에서 4호선을 탔다.

○ 퇴근시간이라 승객들이 붐볐으나 한 곳은 텅 비어 있었다.

○ 그 곳에 가보니 고약한 냄새가 진동하고 있었다.

○ 모든 사람들이 보고서 피한다.

○그러나 이창우씨는 주위 신문을 모아 손수 그 구토물을 치웠다.

○신문이 부족한 이창우씨는 오물을 손으로 퍼 담다시피 했다.

① 열차가 멈추자 이창우씨는 오물을 들고 내렸다.

② 그 모습이 하도 아름다워 뒤따라 내린 정년 퇴임 노교수가 이름을 묻자 밝히기를 거부한다.

③ 몇 번이고 설득하여 알아낸 이 교수가 4월 15일 일간신문에 사진과 함께 기고하면서 세상에 알려졌다.

○ 47세 이창우씨, 얼마나 깨끗한 마음과 깨끗한 손을 소유한 시민인가.

○ 이런 모습들이 바로 이 사회를 지탱해 줄 수 있는 빛과 소금이다.

⑤ ○ 진정 우리는 미래의 주인공인 청소년들에게 무엇을 기대한단 말인가!

○ 조상님들이 가르친 옛 말씀이 귓가에 쟁쟁한데…

○ "윗물이 맑아야 아랫물이 맑다."

○ '어른들이 모범을 보여야 아이들이 본을 본다'라는 뜻을 실천은 못할망정 청소년들로부터 "믿을 사람 하나도 없어" 라는 탄식 어린

소리를 들어서야 되겠는가!

○ 우리 모두 가슴에 손을 얹고 반성하여야 한다.

① 정말 막막하기만 하다.

② 그러나 우리에게는 희망이 있다.

③ 지금도 매스컴이나 남을 의식하지 않고 이 사회와 아름다운 삶을 위하여 빛과 소금이 된 강 할머니와 이 중령 그리고 이창우씨같은 분이 우리 주위에 많이 있기 때문에 우리에겐 희망이 있다고 확신한다.

6 ○ 우리 모두 마음을 비우고 빛과 소금이 되자.

○ 이 길만이 이 난국을 타개 하는 국민의 도리가 아닌가 곰곰이 생각해 본다. (『빛과 소금』, 월간 『보건세계』 1997. 5. 대한결핵협회. 김집(전 체육부장관))

위의 보기 글에서는 알맹이 낱말인 '빛과 소금'을 각 단락별로 한 번씩, 모두 여섯 번 되풀이하고 있다. '빛과 소금' 대신에 비슷한 말을 사용하여 2 단락에서는 '거룩한 모습', 3 단락에서는 '희생적 태도', 4 단락에서는 '봉사하는 태도' 라는 말로 각각 바꿀 수도 있을 것으로 여겨진다.

제4절 없애기의 원리

아래 보기 글 (6)은 어미선 학생의 '아버지의 삶'이란 글의 줄거리(개요)이다. 부자유친(父子有親)이라고 하는 아름다운 감정을 말하려고 하는 것 같다.

(6) 아버지의 삶 1
어미선 (1997년, 삼가고 제2학년 알찬반)

○ 나의 아버지는 지금 시대와는 아주 다른 시대에서 험난한 길을 걸어오신
  분이다.
○ 그래서 아비지께서 여태껏 걸어오신 길이 새롭게 느껴질 때가 있다.
○ 요즘은 아버지의 삶을 다시 한 번 되새겨 보고 싶어진다.
○ 아버지의 삶이 힘들었다면 그 아버지의 힘든 삶을 내가 닮았을 터이고,
  아버지의 삶이 행복했다면 나도 행복한 아버지의 삶을 닮았으리라.
○ 내가 살아가는데 밑거름이 되어온 아버지의 삶을 나는 존경하고 싶다.

위의 줄거리(개요)를 바탕으로 하여 위의 학생은 아래 보기 글 (6)-1을
만들어 냈다. 이 글은 문학성이 있는 수필이라기보다는 평범한 생활작
문이다. 다만 '아버지의 삶의 변화'와 글 쓴 이와 관련지으면서 글 쓴
이가 아버지에 대하여 효도하려는 마음을 글로 표현하려는 노력은 가치
있는 행동이라고 여겨진다. 아래 글은 초고(草稿)를 여러 번 스스로 고친
글을 열흘쯤 있다가 스스로 완성한 것이다. 그런데도 불구하고 아래
보기 글 (6)-1 중 [   ] 부분은 없애는 것이 좋을 것 같다. 글을 잘
쓰는 사람의 글에서도 속살을 줄이는 것이 더 나은 경우를 가끔 본다.
'없애기'는 경제성의 원칙에 입각한 매우 중요한 원리이다.

(6)-1 아버지의 삶 2
어미선 (1997년, 삼가고 제2학년 알찬반)

세상을 살아가면서 [내가] 느끼는 감정들은 아주 많다. [다른 사람들도 아마
그럴 것이다. 하지만 내가 느끼는] 그 수많은 감정들 가운데 아버지에게서
풍겨오는 따뜻한 감정은 가장 많이 느껴왔고 또 느끼고 싶다. 어렸을 때부터
아버지는 꽤 완고하신 편이셨다. 그래서 내 생각과 행동을 쉽사리 아버지께

표현하질 못하였다. 그런 아버지에 대한 불만이 있었지만 어머니의 충고에 마음을 고쳐먹곤 했다. 지금 아버지의 어깨는 축 처지고 무거워 보인다.

여태까지 결코 순탄하게 살아오지 못하셨던 아버지. 우리 자식들 때문에, 젊었을 때는 튼튼하고 가벼우셨던 그 어깨가 지금은 우리의 눈가에 이슬을 맺히게 하는 것 같다. 아버지의 모습이 어떨 땐 창피하게 느껴졌을 때도 있었고, 왜 나는 이런 아버지의 말씀을 거역하면 안 되는 것인가 하는 반항하는 마음도 또한 많았다.

요즘은 더욱더 바빠진 농사일에 아버지의 허리가 한 번 더 굽어져 보일 때가 있다. 공부한답시고 학교로 팽하니 가버리는 내가 아버지와의 사이를 멀게 한다는 생각도 해 본 적이 없지 않아 있다. [그래서 아버지와의 거리가 점점 멀어지는 것 같다.] 지금 난 아버지[, 아니 나만의 아버지]를 나의 삶 속에서 영원히 지울 수 없는 분으로 모시고 싶다. 앞으로의 아버지의 모습이, 아버지의 삶이 어떠할지는 모른다. 다만 내가 어떠한 모습으로 살아가는지에 따라서 아버지 얼굴에 그늘진 날이 많을 수도 있고, 주름살이 패인 얼굴이 환하게 밝을 수도 있다는 사실밖엔…

아버지 옆에서 큰 기둥이 되어 드리지 못하는 것이 항상 죄송스럽기만 하다. [매일 마음은 안 그런데 겉으로 마음놓고 드러내지 못하는 나 자신이 정말이지 앞으로는 달라졌으면 좋겠다. '사랑'이라는 단어를 내가 살아가면서 아버지에게 얼마나 많이 썼는가? 아버지, 그 이름을 내가 또 얼마나 많이 불렀던가?] 내가 어렸을 때 아플 적엔 나를 따뜻하게 안아 주셨던 아버지께서는, 어머니께 혼이 났을 때에도 애정 어린 말씀으로 달래 주셨던 것이다. 항상 어진 마음씨를 지니신 아버지의 사랑을 이제야 알 것 같다. 어느새 내 마음 속에 아버지의 큰 자리를 비워버렸던 나 자신이 한없이 부끄러울 따름이다. [아버지의 무한한 사랑을 내가 진작 알지 못한 것을 후회한다. 평소에 애정 표현을 잘 하지 못했던 나로서는 일 년에 편지라고는 한 번 할까말까 했다. 그것도 어버이날 학교에서 보내는 편지로 그 동안 쌓아 두었던 말들을 한꺼번에 옮기곤 하였다. 이젠 좀더 적극적인 태도로 아버지에게 다가가고 싶다. 만약에 지금 아버지가 계시지 않는다고 생각해 보라. 얼마나 끔찍한 일인가? 지금 나는 아버지의 자리가 너무도 크다는 것을 새삼 느낀다. 아버지라고 하는 그 소중한 이름을 나는 얼마나 많이 되새기며 불렀던가? 그런데도 나는 아버지의 그 무한한 사랑의 손길을 얼마나 외면하였던가? 이젠 죽는 한이 있더라도 아버지의 뜻을

어기지 않을 거라고 다짐한다.]

　비록 크신 사랑을 다 갚아드리지는 못하겠지만, 내 가슴속에 배어 있는 그
많은 아버지의 사랑을 이젠 조금이라도 내가 갚아 드려야 할 차례인 것 같다.
[나에게 앞으로 남은 시간들, 그리고 아버지에게 남은 시간들이 내가 아버지에
게 빚진 것을 갚아드릴 수 있는 시간들이 되었으면 한다.]

　다음 제6장에서 설명할 뒷받침 월들을 형성하여 단락을 만들었을
경우에는, 그 단락의 작은 주제를 타당하고 알맞게 효율적으로 뒷받침
했는지 살펴보아야 한다. 글 전체를 꼼꼼히 따져보고 반드시 필요한
부분만 남겨두고, 군더더기에 해당되거나 주제에 벗어났거나 덜 중요
한 부분은 과감하게 없애야 한다. 현대 사회의 특징이 무엇인가를 생각
해 볼 때에 참으로 경제와 관련된 이 원칙은 중요하다고 말할 수 있다.
　이상 제4장에서는 작품을 이루는 원리에 대하여 알아보았다. 작품을
이루는 원리에는 덧붙이기의 원리, 옮기기의 원리, 알맹이 말의 단락별
고르게 나누어 놓기 원리, 없애기의 원리가 있음을 살펴본 셈이다. 다
음 제5장에서는 단락 글을 만들 때 반드시 거쳐야 하는 뒷받침 월 만들
기에 대하여 살펴보고자 한다.

6

뒷받침 월,
이렇게 만들자

천국은 마치 사람이 자기 밭에 갖다 심은 겨자씨 한 알 같으니
이는 모든 씨보다 작은 것이로되 자란 후에는 나물보다 커서 나무
가 돼매 공중의 새들이 와서 그 가지에 깃들이느니라.

(마태13장 31-32절)

제1절 「뒷받침 월」의 구실

한 편의 글은 한 포기의 화초나 한 그루의 나무와 같다. 식물은 뿌리가 있고, 줄기가 있고 잎이나 꽃이 있다. 글의 속살은 뿌리의 양분이 될 것이고, 글의 주제는 잎이나 꽃이 될 것이며, 속살을 주제와 잘 연결하기 위한 글의 형태 구조는 줄기에 해당될 것이다. 그러므로 주제인 잎이나 꽃을 잘 지탱하기 위해서는, 그리고 뿌리의 양분에 해당되는 속살을 제대로 주제와 연결짓기 위해서는, 그 식물에 알맞은 튼튼한 둥치와 줄기가 있어야 하듯이 한편의 글에는 그 글의 성격과 규모에 적합한 얼개가 있어야 한다.

그러면 특성과 규모에 맞는 글을 만들기 위해서는 어떻게 그에 적합한 얼개를 만들어야 할까? 아마 이는 창의와 개성에 관련되는 문제로 글을 쓰는 사람이라면 누구나 안고 있는 영원한 숙제가 될 수밖에 없을 것 같다.

글이라고 하는 나무에는 중요한 요소인 큰 줄기 즉, '처음, 중간, 끝', 혹은 '들머리, 펼치기, 중심, 마무리' 등의 구조가 있기 마련이다. 그러나 글은 그렇게 단순하고 굵직한 구조로만 되어 있지 않고 마치 식물의 큰 줄기가 다양하고 정교한 수많은 잔가지로 자연스럽게 이어져서 잎과 꽃에 연결되듯이, 섬세하고 치밀한 구조를 필요로 하는 것이다. 즉 한 편의 글에는 그 글을 이루는 여러 가지 단락들이 있고, 그 단락들은 다양하고 정교한 형태의 월들로 이루어져야 하는 것이다.

만일 어떤 꽃 집 주인이 한 양동이에 가득 담긴 장미꽃이 생겼다면 어떻게 처리할까. 아마 꽃꽂이의 원리를 적용하여 꽃 광주리나 꽃다발을 만들고자 할 것이다. 만일 개업을 하는 가게로부터 국화꽃 주문을 받았다면 꽃집 주인은 어떻게 할까. 광주리를 활용하거나 꽃다발을 놓을 장소에 적합한 대나무 얼개를 만들고 또 나무 판자나 해면을 이용하여서 꽃을 안전하게 꽂아서 작품을 규모 있게 만들 것으로 짐작된다. 글도 이런 얼개가 필요하다. 글 쓰는 이의 개성에 따라 이음씨끝(연결어미) 와 토씨(조사)를 근간으로 하는 다양한 얼개가 필요한 것이다.

이 장에서는 자연스럽게 식물의 큰 줄기에서 잎과 꽃으로 잇는 구실을 하는, 다양하고 정교한 수많은 잔가지와 같은 '뒷받침 월들'에 대하여 알아보고자 한다. 엄청나게 다양한 뒷받침 월들의 구조를 파악하기는 참으로 힘들 것이다. 그러나 한 편의 글이 자연스럽게 잘 짜여진 작품이 되기 위해서는 다양한 '뒷받침 월들'을 몇 가지로 나누어 볼 필요가 있을 것이다. 그리고 글을 잘 쓰려면 이들 다양한 '뒷받침 월들'의 갈래를 알고, 이를 활용할 줄 알아야 할 것이다.

단락을 만들려고 하면 당연히 뒷받침 월의 특성을 알아야 한다. 단락은 한편의 글 전체와 관련된 작은 주제문과 그 속살이 일치되는 뒷받침 월로 이루어진다. 작은 주제는 줄거리 속에 은연중에 녹아 있는 경우가 많다. 단락을 만드는 일은 보석을 끈으로 꿰어 보는 일과 매우 비슷하다. 작은 주제에 대하여 뒷받침하는 월을 생성하기 위해서는 분명한 의미를 전달하는 낱말도 필요하지만 이들 낱말을 잇는 이음말이 필요하기 때문이다. 이 장에서는 이음말을 활용하여 뒷받침 월을 엮어서 단락을 만드는 과정을 살펴보고자 한다.

제2절 「단순한 형태의 뒷받침 월」 만들기

　　　뒷받침 월에는 「단순한 형태의 뒷받침 월」과 「탄력적인 월 형태의 뒷받침 월」이 있다. 「탄력적인 월 형태의 뒷받침 월」에는 「월의 한 부분을 강조하는 형태의 뒷받침 월」과 「단락 중의 한 월 전체를 강조하는 형태의 뒷받침 월」과 「단락 전체를 강조하는 형태의 뒷받침 월」이 있다. 제2절에서는 「단순한 형태의 뒷받침 월」에 대하여 알아보고자 한다.

　월은 단순할수록 좋다. 읽는 이가 이해하기가 쉽기 때문이다. 글 쓰는 이는 단순한 월로 글을 펼칠 수 있는 힘을 기를 필요가 있다. 「단순한 형태의 뒷받침 월」이란 대체로 짧은 월로 뒷받침 월을 이루는 기본 형태의 월을 말한다. 「단순한 형태의 뒷받침 월」은 생각과 느낌을 펼쳐 나가는 과정에서 매우 많이 나타나는 월의 한 형태이다. 그리고 이 「단순한 형태의 뒷받침 월」들은 글 쓰는 이의 개성에 따라 자연스럽게 진행되는 중에 항시 나타날 수 있는 월들이기도 하다. 이런 월들은 탄력적인 월들을 연속적으로 펼쳐 나가던 중일 경우에도 자연스럽게 나타나는 뒷받침 월들이다.

　「단순한 형태의 뒷받침 월」들로만 이루어진 단락은 월의 리듬 같은 것은 전혀 없고 속살을 간결하게 전달하는 의사소통을 위한 기본적인 단락이 된다. 이런 「단순한 형태의 뒷받침 월」들로 이루어진 「단순한 단락」은 그 단순한 형태의 월들끼리도 상황을 평범하게 설명만 하면 되기 때문에 뒷받침 월들을 순차적으로 조금씩 긴 월들이 되도록 벌여 놓는, 월 배열의 의도와는 상관이 없다고 할 수 있다.

　아래 보기 글 (1)은 글 전체의 구성상 '펼치기'에 속하는 단락을 따온 것이다. 작은 주제인 '아버지와 만날 시간이 적음'을 설명하기 위해 네 개의 비교적 짧고 거의 비슷한 월들로 뒷받침 월을 만들고 있다. 즉 보기 글 (1)은 네 개의 「단순한 형태의 뒷받침 월들」을 만들어서 작은 주제를 뒷받침하고 있다고 말할 수 있다.

> (1) '우리 가족'의 펼치기 단락 / 강재선(1997년, 삼가고 제2학년 알찬반)
>　　작은 주제 : 아버지와 만날 시간이 적음.
>
> ○ 아버지께서는 아침 일찍 일어나서 소들에게 먹이를 주시고, 요일마다 바뀌는 장(場)날에 소를 몰고 가신다.
> ○ 아버지께서는 엄하셔서 무서우시지만, 우리들을 잘 이해해 주신다.
> ○ 요즘은 그런 아버지의 얼굴을 뵐 시간이 없다.
> ○ 내가 야간자율학습을 한 뒤로부터는 아버지를 뵐 수 있는 시간이 토요일, 일요일 밖에 없다.

아래 보기 글 (2)는 글 전체의 구성상 '중심' 부분에 속하는 단락이다. 이 단락에서도 평범한 속살을 설명하기 위해서 굳이 다양한 펼치기의 방법들을 동원하여 힘을 모으지 않고 단순한 월들로 작은 주제를 뒷받침하고 있다. 보기 글 (2)는 작은 주제인 '어머니의 건강을 걱정함'을 설명하기 위해 모두 7개의 뒷받침 월들로 이루어져 있다.

> (2) '어머니'의 중심 단락 / 이재경(1997년, 삼가고 제2학년 힘찬반)
>　　작은 주제 : 어머니의 건강을 걱정함
>
> ○ 어머니는 허리가 심하게 아파서 결국 수술을 받으셨다.
> ○ 그리고 약 한 달 가량 입원하셨다.
> ○ 그 한 달이 왜 그렇게 길게 느껴졌는지 정말 하루가 일년같이 힘이 들었다.

○ 어머니는 퇴원하셨지만 자유로이 움직이지는 못했다.
○ 그런 어머니를 보면서 난 정말로 안타깝게 느껴졌다.
○ 나 때문이라고 생각하니 나도 모르게 화가 났다.
○ 어머니는 아프셔도 아픈 기색을 하지 않으셨다.

아래 보기 글 (3)은 글 전체의 구성상 '펼치기' 단락에 해당된다. 그리고 작은 주제인 '클로버 밭을 바라본 감격'을 드러내기 위해서 6개의 「단순한 형태의 뒷받침 월들」로 구체적으로 밝히고 있다.

(3) '네 잎 클로버'의 펼치기 단락 / 전순남(1997년 삼가고 제2학년 일천반)
    작은 주제 : 클로버 밭을 바라본 감격

○ 친구들을 데리고 네 잎 클로버를 찾으러 간 적이 있다.
○ 갈 때마다 느끼는 것이지만, 정말 새로웠다.
○ 나의 눈앞에 펼쳐진 푸르고 싱싱한 클로버 밭의 정경은 어떤 말로도 형용할 수 없을 정도로 아름답다.
○ 이 세상의 고풍스런 멋은 다 갖추고 있다.
○ 내가 수집한 네 잎 클로버들이 기뻐하는 듯한 모습이 이심전심으로 전해지는 것 같다.
○ 클로버를 한 묶음 뽑아 친구들끼리 둘러앉아 반지와 목걸이를 만든 기억이 난다.

단락을 만들 때 사람들이 이상에서 보인 「단순한 형태의 뒷받침 월」들을 사용하는 까닭을 생각해 보면, 한 편의 글 중 어느 부분에서 평범한 속살을 설명하기 위해서, 혹은 꼭 필요한 정보만 전달하기 위해서 굳이 복잡한 펼치기의 방법들을 동원할 필요가 없다고 판단했기 때문인 것 같다. 그러나 글을 쓰는 사람의 다양한 의도를 자유롭게 드러내기 위해서는 '단순한 형태의 뒷받침 월'들만으로는 표현하는 데 어려움이 있게 마련이다. 다음 제3절에서는 '탄력적인 월 형태의 뒷받침 월'을 만드는 방법에 대하여 살펴보고자 한다.

제3절 「탄력적인 형태의 뒷받침 월」 만들기

'구슬이 서 말이라도 꿰어야 보배다'라는 말이 있다. 이 말의 의미는 아무리 중요한 속살을 담은 낱말이라도 그 낱말을 이어주는 '이음토씨^(연결조사)'나 '이음씨끝'처럼 이어주는 말이 없으면 제대로 된 월 구실을 못한다는 뜻으로 해석할 수 있을 것이다. 여기에서는 여러 가지 탄력적인 월 형태의 뒷받침 월들에 대하여 알아보고자 한다. 이는 단락의 원리 중 '강조성의 원리'와 관련이 있다.

사물의 이름 즉, 낱말들을 열거하는 형태의 월은 열거 그 자체로서 뒷받침 월의 구실을 한다. 이음말을 되풀이하여 만든 뒷받침 월들은 그 연결어의 잇는 구실 이외의 부수적인 구실이 작용하게 된다. 즉, 그 연결어의 되풀이로 인하여 「탄력적인 월 형태의 뒷받침 월」이 되는 것이다.

글짓기는 행동이라고 할 수 있다. 글을 앞으로 계속 펼쳐 나가야 하는 행동인 것이다. 이러한 점에서 글짓기는 자동차를 운전하는 행위와 같다고 할 수 있다. 즉, 「탄력적인 월 형태의 뒷받침 월」을 만드는 것은 운행 속도에 탄력을 붙이는 행위에 빗댐될 수 있는 것이다.

이 형태의 뒷받침 월을 만드는 일은 월의 단조로움을 피하기 위해 변화를 주는 방법 중 하나이기도 하다. 이러한 형태의 월은 뜻을 깊게 하고 힘차게 한다. 「탄력적인 월 형태의 뒷받침 월」에는 「월의 한 부분을 강조하는 형태의 탄력적인 뒷받침 월」과 「단락 중의 어느 한 월 전체를 강조하는 형태의 뒷받침 월」, 그리고 「단락 전체를 강조하는 형태의 탄력적인 뒷받침 월」이 있다. 먼저 「월의 한 부분을 강조하는 형태의 탄력적인 뒷받침 월」에 대하여 살펴보고자 한다.

1. 월의 한 부분을 강조하는 형태의 탄력적인 뒷받침 월 만들기

단순한 월만으로 이루어진 단락은 알기 쉽고 깔끔하여 읽는 이들이 좋아한다. 그러나 글 쓰는 이 쪽에서 보면 다양하고 복잡한 속살을, 구체적이고도 충분하게 뒷받침하기 위해서 필요한 만큼의 '탄력적인 월 형태의 뒷받침 월'을 만드는 것이 편리한 경우가 많다. 거시적으로 볼 때 이 '탄력적인 월 형태의 뒷받침 월' 또한 효율적으로 만들어지기만 하면 월의 수를 줄이는 점에서 경우에 따라서는 경제적이라고 할 수 있다.

「월의 한 부분을 강조하는 형태의 탄력적인 뒷받침 월」은 의도적이고도 구체적으로 월의 한 부분을 강조하는 형태의 월이라고 할 수 있다. 이 형태의 월에는 「이름 열거 형태의 뒷받침 월」과 「조사 되풀이 형태의 뒷받침 월」과 「이음씨끝 되풀이 형태의 뒷받침 월」이 있다. 여기에서는 이들 뒷받침 월을 만드는 방법에 대하여 살펴보고자 한다.

(1) 이름 열거 형태의 뒷받침 월

이 형태의 월은 자동차가 신호등 앞에 서서 기다리고 있다가 발로 가속페달을 일차적으로 밟는 단계의 행동에 빗댈 수 있는 뒷받침 월이다. 「이름 열거 형태의 뒷받침 월」은 말 그대로 사물의 이름을 열거하는 방식으로 만들어진 뒷받침 월이다. 이 형태의 월은 「탄력적인

월 형태의 뒷받침 월」 중 가장 초보적이고도 단순한 형태라고 말할
수 있다.

다음 보기 글 (4)는 '학교, 친구, 사랑' 등의 이름이, 보기 글 (5)는
'김치, 된장국' 등의 이름이 열거된 형태의 뒷받침 월들이다. 이 형태의
월은 뜻이 뚜렷한 사물의 이름을 열거힌다는 점에서 매우 확실하고
강력한 뒷받침이 된다. 그러나 뒷받침하는 분량이 적어서 풍성하지
않고, 은근하거나 느긋하게 뒷받침하는 효과를 내지는 못한다. 필요
이상의 '열거'는 역효과를 가져오기 쉽다. 이 형태의 뒷받침 월은 대체
로 간결하고 월의 호흡이 짧은 경우에 효과적이다.

> (4) 그럴 때면 으레 학교, 친구, 사랑, 죽음, 분노, 원망, 좌절 등 온갖 생각들이
> 머리 속을 꽉 채우곤 했다. (1997년 삼가고 제2학년 힘찬반, 김원주)
> (5) 어머니께서 손수 만드신 김치, 된장국, 생선찌개, 시금치 나물에는 어머니의
> 사랑이 묻어 있다. (1997년, 삼가고 제2학년 알찬반, 안은수)

(2) 토씨 되풀이 형태의 뒷받침 월

글짓기를 운전하는 행위에 빗댄다면, 이 형태의 뒷받침 월은 변속
기어를 넣어서 속도를 내는 단계의 행동에 해당되는 뒷받침 월이다.
토씨를 흔히 덜 중요한 요소라고 생각하는 사람들을 종종 볼 수 있다.
이는 매우 잘못된 생각이다. 토씨는 줄거리를 이끌어 가는 풍향계 구실
을 하기 때문이다. 토씨는 말과 말의 관계가 제대로 드러나도록 도와주
는 끈의 구실을 한다. 보통의 경우, 하나의 월 속에 같은 어구가 되풀이
되어 나타나면 간결하지 못한 점이 있다. 그러나 말과 말의 관계를
연결해 주는 토씨는 그 '관계성' 때문에 되풀이 형태를 피할 수 없는
경우가 생겨진다.

「토씨 되풀이 형태의 뒷받침 월」은 말 그대로 토씨를 되풀이하는 방식인데,「이름 열거 형태의 뒷받침 월」이 단순히 이름의 열거에만 국한시키는데 비하여 이 형태의 뒷받침 월은 그 범위가 '앞말과 뒷말의 관계'에까지 더 넓게 강조되는 형태의 열거라고 할 수 있다. 이 형태의 뒷받침 월은 「이름 열거 형태의 뒷받침 월」보다는 다소 풍성하며, 월의 호흡이 더 길다.

다음 (6)에서는 토씨 '~에도'가, (7)에서는 임자자리토씨(주격 조사) '~가'가 각각 되풀이되면서 탄력적인 형태를 지닌 뒷받침 문장이 되었다. 이 형태는 '이름 열거 형태'보다는 좀 느긋하게 탄력을 준다.

(6) 어머니의 정성은 교복 주름에도 , 도시락에도, 책가방에도 묻어 있었다. (1997년 삼가고 제2학년 알찬반, 안은수)

(7) 예전에 내가, 아무리 철이 없었다고 하지만 부모님의 분신이 되어야 할 내가, 부모님의 속만 썩여 드렸던 것이다. (1997년, 삼가고 제2학년 힘찬반, 김원일)

(3) 이음씨끝(연결어미) 되풀이 형태의 뒷받침 월

글짓기를 운전하는 행위라고 말한다면, 이 형태의 월은 부담 없이 천천히 나아가는 중에 서서히 가속페달을 밟는 단계에 빗댐될 수 있는 뒷받침 월이다. 이 뒷받침 월은 풀이말(서술어)끼리의 연결과 관련된다. 월 연결의 알맹이 요소인 풀이말과 풀이말의 관계를 제대로 드러나도록 도와 주는 끈에 해당되는 이음씨끝은 좀 느긋하게 탄력을 주는 월을 만드는 데 작용하는 중요한 요소가 된다. 그리하여 다음에 설명할 본격적으로 속도에 탄력을 붙이는 단계에 해당되는, 「구조적 되풀이 형태의 뒷받침 월」과 「마디를 점차 길게 해 나가는 형태의 뒷받침 월」과 깊은 관련이 있게 된다. 이 형태는 표현 의도에 따른 의미를 더하면서도 속살을 풀이하여 나가는 구실을 지녔기 때문에 '이름 열거 형태'나 '토씨 되풀이 형태'의 뒷받침 월보다 훨씬 더 풍성하게 뒷받침할 수 있는 특징이 있다. 그리고 월의 호흡이 비교적 길어서 여유 있고 느긋하게 탄력을 주는 구실을 가지기도 한다.

「이음씨끝 되풀이 형태의 뒷받침 월」은 한 월 내부에서 '동작'을 나타내는 움직씨(동사)나 '상태'를 나타내는 그림씨(형용사)의 줄기(어간 : '가다/예쁘다'의 '가~', '예쁘~' 등)에 이음씨끝 '~고, ~며/ ~면서/ ~거나, ~거든' 등을 같은말 되풀이하는 형태로 뒷받침하는 월이다. 그리고, '사물의 이름'을 나타내는 이름씨(명사 : 책, 사람, 동물 등)에 풀이하는 구실을 지닌 풀이자리토씨(서술격조사)의 줄기(어간 : '이다'의 '이~')에 이음씨끝 '~고, ~며/ ~면서/ ~거나, ~거든' 등을 되풀이하는 형태로 뒷받침하는 월도 이에 해당된다. 이 형태의 월은, 어떤 속살에 대하여 풀이하는 형태로 글 쓰는 이의 의도에 맞추어 이음씨끝을 사용하기 때문에 「토씨 되풀이 형태의 월」보다도 더 광범위하게 영향을 미치는 형태의 열거에 해당된다.

아래 보기 글 (8)에서는 '나열'의 의미를 지닌 전형적인 이음씨끝 '~고'가 되풀이되고 있으며, (9)에서는 '선택'의 의미를 지닌 '~거나' 이음씨끝이 되풀이되고 있다.

(8) 우리가 사랑하는 일 결코 쉬운 것이 아니지만, 참되고 가치 있고, 아름다운 사랑을 하기 위해서는 스스로를 돌아보고 자기 발전을 위해 꾸준히 노력하는 자세가 필요하리라고 생각된다. (1997년, 삼가고 제2학년 힘찬반, 강성호)

(9) 시골버스 안에서 나는 누구처럼 책을 읽거나, 잠자거나, 노래를 부르거나 하지 않고 사색을 즐긴다. (1997년, 삼가고 제2학년 알찬반, 이소정)

2. 「단락 중의 어느 한 월 전체를 강조하는 형태의 뒷받침 월」만들기

(1) 구조적 되풀이 형태의 뒷받침 월

글짓기가 운전하는 행위에 빗댐될 때 이 형태의 뒷받침 월은 가속(加速) 페달을 밟고 가던 자동차 운전자가 더욱더 그 속도를 몇 단계로 더 높이는 행위에 해당된다. 천천히 가던 중일 경우에도, 본격적으로 그 속도를 연속적으로 더 높이는 단계에 해당되는 뒷받침 월이다.

다음 보기 글 (10)은 '나의 어머니에 대한 고마움'을 표현하기 위하여, '~의 어머니가 ~(의 어머니)라서 감동적'이라는 구조로 되풀이되는 월을 만들고 있다. 그리고 (11)에서는 '건강 상태가 안 좋음'을 표현하기 위해 '~해야 했고'의 구조로 되풀이되는 월을 만들고 있음을 알 수 있다.

> (10) 한석봉의 어머니, 율곡의 어머니가 스승으로서의 어머니라서 감동적이라면 나의 어머니는 젖은 앞치마와 거칠어진 손, 단단한 어깨가 아름다워 감동적이다. (1997년, 삼가고 제2학년 알찬반, 안은수)
>
> (11) 나는 일주일에 한 번은 병원에 가야 했고, 며칠씩 조퇴를 해야 했고, 약은 머리맡에 항상 달고 있어야 했다. (1997년, 삼가고 제2학년 힘찬반, 김원주)

이 형태는 '이름 열거 형태'나 '토씨 되풀이 형태'를, 필요한 만큼 활용하면서 상당히 광범위하게 탄력을 가하는 형태의 뒷받침 월이라고 말할 수 있다. 그러므로 이 형태의 뒷받침 월은 「이름 열거 형태의 뒷받침 월」이나 「토씨 되풀이 형태의 뒷받침 월」, 「이음씨끝 되풀이 형태의 뒷받침 월」보다는 훨씬 더 월의 호흡이 길고 풍성하고 조직적으로 기교를 부리면서 여유 있게 탄력을 가할 수 있는 구실을 가진다.

(2) 마디를 차츰 길게 하는 형태의 뒷받침 월

자동차의 운전에 빗댈 때, 이 형태의 뒷받침 월은 천천히 가던 중이든지, 가속(加速) 페달을 밟고 가던 중이든지, 자동차 운전자가 그 속도를 연속적으로 더 높이는 단계에 나타나는 뒷받침 월이라는 점에서 「구조적 되풀이 형태의 뒷받침 월」과 비슷하다. 다만 「구조적 되풀이 형태의 뒷받침 월」보다도 그 정도를 차츰 강하고 오래도록 강조한다는 점에서 매우 풍성하고 강력한 뒷받침 월이라고 할 수 있다. 보기 글 (12)와 보기 글 (13)은 마디 ㉠보다는 ㉡을, ㉡보다는 ㉢을 더 길게 해 나가는 형태의 뒷받침 월이 되었다.

이 형태의 뒷받침 월은 「월의 구조적 되풀이 형태의 뒷받침 월」보다도 더 월의 호흡이 규칙적이고 규모 있게 탄력을 주며, 매우 체계적으로 여유 있게 탄력을 주는 특징을 지니고 있다. 보기 글 (12)에서는 '어머니가 가져다 놓은 들녘'을, 보기 글 (13)에서는 '평범한 쑥'을, 부각시키기 위하여 「마디를 차츰 길게 하는 형태의 뒷받침 월」이 사용된 것이다.

> (12) 학교를 마치고 돌아간 집에는 어머니가 가져다 놓으신 ㉠들녘이, ㉡노을이 담긴 들녘이, ㉢정성과 사랑이 담긴 들녘이 가득하다. (1997년, 삼가고 제2학년 알찬반, 안은수)
>
> (13) 땅 위로 돋아나는 파릇한 새싹의 쑥, 잡초들 사이에서 자라나서 ㉠그리 눈에 띄지도 않고, ㉡그렇게 남의 눈을 끌지도 못하고, ㉢그냥 땅 속에 파묻혀서 유난히 눈에 띄는 것이라고는 없는, 단지 부드럽기만 한 잎들만 무성한 모습을 볼 때면, 나는 쑥이 지니고 있는 평범함 속의 비범함을 느끼게 된다. (1997년, 삼가고 제2학년 알찬반 이선희)

3. 「단락 전체를 강조하는 형태의 탄력적인 뒷받침 월」 만들기
— 앞 월 구조 되풀이 형태의 뒷받침 월

「앞 월 구조 되풀이 형태의 뒷받침 월」은 앞 월 구조가 바로 그 다음의 월에까지 그대로 되풀이되는 뒷받침 월을 말한다. 그러므로 이런 형태의 뒷받침 월은 한 월 내부에서는 존재할 수 없고 오직 단락 전체에 영향을 주는 뒷받침 월이라고 말할 수 있다.

이 형태의 뒷받침 월은 자동차 운전에 빗대면 아예 고속도로상에서 질주하는 단계에 해당된다. 고속으로 달리는 중에도 기어를 바꾸어서 속도를 과감하게 더 높이는 과정에 해당되는 뒷받침 월이다.

이 형태의 뒷받침 월은 길이가 짧은 월들이라고 하더라도 앞 월에서부터 이미 탄력이 가해진 문장의 호흡이, 다음 월에서 다시 가해지기 때문에 그 가속화로 인해 힘차게 글을 뒷받침해 나갈 수 있게 된다. 탄력적인 뒷받침 월들의 규모와 월 구조의 되풀이 회수에 따라 그 뒷받침하는 정도가 더욱더 강해진다고 말할 수 있다.

다음 보기 글 (14)는 'j를 잃은 슬픔'을 표현한 글이다. 두 번째 월에서는 '~(때문)인지'라고 하는 앞 월의 구조를 되풀이하는 형태로 뒷받침 월을 만들고 있다. 보기 글 (15)는 '친구 사귐에 대한 나의 반성'을 표현한 것이다. (15)의 두 번째와 세 번째 월에서는 '~한 것 같다.'라는 앞 월의 구조를 되풀이하여 단락 형성에 기여하고 있다.

(14) ● 아픔 때문인지 슬픔 때문인지 굵은 눈물 방울 하나가 또르르 흘러 내렸다.
     ● j에 대한 그리움인지도 모른 채 두 눈 가득 고인 눈물의 호수에 작은 파문이 일었다. (1997년, 삼가고 제2학년 알찬반 나성화, '이별')
(15) ○ 나에겐 항상 즐겁고 유쾌하게 떠들 수 있는 친구들이 있지만 누구 하나 자신의 이야기를 솔직하게 나누어 본 적이 없는 것 같다.

● 서로에 대한 믿음이 부족한 것 같다.
● 나 자신부터 친구에게 솔직하지 않으면서 친구가 먼저 솔직하게 말하길 원하는 것 같다. (1997년, 삼가고 제2학년 알찬반 오한나, '친구')

이 「앞 월 구조 되풀이 형태의 뒷받침 월」은 전문 수필가의 글에도 자주 나타난다. 다음 보기 글 (16)은 작가 박완서 선생님의 수필 '꼴찌에게 보내는 갈채' 끝 부분에 해당된다. 보기 글 (16)의 두 번째와 세 번째 월의 '좋아하게 될 것 같다. ~때문에'라는 구조는 네 번째와 다섯 번째 월에도 고스란히 되풀이되어서 강하게 탄력을 준다. 보기 글 (16) 단락 글은 해당 작품 전체의 끝 부분이기 때문에 이처럼 강하게 탄력이 붙은 월들이지만 매우 자연스럽게 느껴진다.

(16)   ○ 그전까지만 해도 나는 마라톤이란 매력 없는 우직한 스포츠라고 밖에 생각 안 했었다.
       ○ 그러나 앞으론 그것을 좀더 좋아하게 될 것 같다.
       ○ 그것이 조금도 속임수가 용납 안 되는 정직한 운동이기 때문에.
       ● 또, 끝까지 달려서 골인한 꼴찌주자도 좋아하게 될 것 같다.
       ● 그 무서운 고통과 고독을 이긴 의지력 때문에.
         (박완서, '꼴찌에게 보내는 갈채' 끝 부분)

이상의 제6장에서는 뒷받침 월을 만드는 방법에 대하여 알아보았다. 그리고 뒷받침 월의 구실과 갈래에 대하여 알아본 셈이다. 뒷받침 월은 크게 두 가지가 있음을 말하였다. 하나는 「단순한 형태의 뒷받침 월」이고 또 하나는 「탄력적인 형태의 뒷받침 월」이었다. 「탄력적인 형태의 뒷받침 월」만들기에는 「월의 한 부분을 강조하는 형태의 탄력적인 뒷받침 월」만들기와 「단락 중의 한 월 전체를 강조하는 형태의 뒷받침 월」만들기, 그리고 「단락 속에서만 존재하는 탄력적인 월 형태의 뒷받침 월」만들기가 있음을 알아보았다.

먼저 「월의 한 부분을 강조하는 형태의 탄력적인 뒷받침 월」에는 「이름 열거 형태의 뒷받침 월」, 「토씨 되풀이 형태의 뒷받침 월」, 「이음씨끝 되풀이 형태의 뒷받침 월」이 있었고 「단락 중의 한 월 전체를 강조하는 형태의 뒷받침 월」에는 「구조 되풀이 형태의 뒷받침 월」과 「마디를 차츰 길게 하는 형태의 뒷받침 월」이 있었다. 또한 「단락 전체를 강조하는 형태의 탄력적인 뒷받침 월」에는 「앞 월 구조 되풀이 형태의 뒷받침 월」이 있었다. 다음 제7장에서는 이들을 활용하여 효율적으로 단락을 만드는 방법에 대하여 살펴보고자 한다.

7

효율적으로
단락을 만들자

학습의 과정은 구체로부터 추상으로 나아가고 또 반대로 추상으로
부터 구체로 돌아오는 영원히 멈출 수 없는 상호 운동이다.
(에드가 데일)

제1절 단락을 엮어 나가는 방식과 문체

'문체^(文體)'란 '글의 체재^(體裁)', 혹은 '글쓴이의 개성이나 사상이 나타나 있는 글의 특색'을 말한다. 이태준^(李泰俊) 선생님은 그의 「문장강화^(文章講話)」에서 문체의 갈래를 우유체, 강건체, 화려체, 건조체, 간결체, 만연체 등의 6 분법으로 나누었다. 일반적으로 사용된 낱말이 부드러운가 힘이 있는가에 따라 우유체와 강건체로 그리고 해당 단락의 분위기가 수식이 많은가 전혀 없는가에 따라 화려체와 건조체로 나뉘어지며, 월의 길이가 짧은가 아니면 쉼표가 많고 긴 월인가에 따라 간결체와 만연체로 나뉘어진다.

제6장에서 살펴본 '단순한 형태의 뒷받침 월'로 만들어진 '단순한 단락'의 글은 이들 모든 문체의 글을 상황에 따라 자유롭게 받아들이면서도 잘 조화를 이룬다. 그만큼 이 형태의 단락은 일반적이라고 말할 수 있다. 그러나 '탄력적인 월 형태'로 만들어진 뒷받침 월들은 선호하는 특정 문체가 있다. 여기서는 문체와 여러 가지 '단락을 엮어나가는 방식'을 연결 지어서 좀더 상세히 설명해 보고자 한다.

우유체^(優柔體)는 온화하고 부드러운 문체이다. 그리고 인간의 순수한 정서를 잘 드러낼 수 있는 문체이다. 그러므로 작은 주제를 드러내기 위하여 부드러운 느낌을 주는 낱말이 많이 사용된다. 이는 수필 문학에 나타나는 대표적인 문체이다. 그리고 표현 면에서는 주로 단순한 수사법이 사용된다. 글을 잘 쓰는 사람들은 우유체와 같이 온화한 분위기를 자아내는 글일수록 대단한 열정을 쏟아서 월을 다듬어야 한다는 사실을 알고 있다.

우유체^(優柔體)는 「단순한 형태의 뒷받침 월들을 순차적으로 조금씩 긴 월이 되도록 배열하는 형태의 단락」에서도 나타나고, 「탄력적인 월 형태를 지닌 단락」에서도 나타난다. 그러나 「'탄력적인 월'과 '월들을 순차적으로 조금씩 긴 월들이 되도록 배열하는 형태'까지 복합시킨 강력한 단락」 글에서는 우유체의 성격상 잘 나타나지 않는다.

강건체(剛健體)는 힘차고 세련되어 원숙한 느낌을 주며, 남성다운 호방(豪放)함과 강직(剛直)함을 지닌 글이다. 읽는 이의 마음을 사로잡는 문체이다.

이러한 특성으로 인해 「단순한 형태의 짧은 뒷받침 월들을 순차적으로 조금씩 긴 월들이 되도록 배열하는 형태의 단락」에서는 흔하게 나타나지 않는다. 「탄력적인 월 형태를 지닌 단락」에서나, 「탄력적인 월을 함께 넣어 뒷받침 월들을 순차적으로 조금씩 긴 월들이 되도록 배열하는 형태의 단락」에서는 이 형태의 문체가 자주 나타난다. 이러한 형태의 단락은 교훈적인 글이 때로는 잘 어울리기도 한다. 강건체의 글은 그 성격상 충동적이거나 독단과 관념에 빠지기 쉽다. 그러므로 글을 쓰는 이는 솔직하고 참된 속살을 지닌 글이 되도록 특별히 유의해야 할 것이다.(김봉군 선생님의 「문장 기술론」 참조)

화려체(華麗體)는 직유, 은유 이외에도 여러 가지 수식을 동원하여 글을 아름답게 표현하는 문체이다. 이 문체는 아름다운 감정을 마음껏 펼칠 수 있는 좋은 점을 지니는 문체이다. 그러나 글을 쓰는 이는 아름답게 표현하기 이전에 먼저 진실 되고 솔직한 속살을 담고 있는 글을 써야 감동을 준다는 점을 명심해야 할 것이다. 화려체는 그 특성 때문에 자연히 「단순한 형태의 뒷받침 월들을 순차적으로 조금씩 긴 월들이 되도록 배열하는 형태의 단락」에서는 자주 나타나지 않는다. 그러나 「탄력적인 월 형태를 지닌 단락」과 「탄력적인 월과 뒷받침 월들을 순차적으로 조금씩 긴 월들이 되도록 배열 형태까지 복합시킨 단락」 글에서는 흔히 볼 수 있다.

건조체(乾燥體)는 속살 그 자체의 정확한 전달에만 관심을 가진다. 글이 무뚝뚝하고 건조한 느낌을 주므로 감성적인 글에는 어울리지 않는다. 주장이 분명해야 하는 논문, 설득이 목적인 논설문, 이해가 목적인 설명문 등의 주지적인 글에 이 문체가 많이 쓰인다. 참신한 주장과 전문적인 지식을 발표하는 글이어야 하는 특성이 있기 때문에 분명하고 확실한 속살만 담은 글이 되어야 한다.

단락 글을 엮어나가는 방식과 관련지어 말해 보면 건조체의 글은 '단순한 월들을 순차적으로 조금씩 긴 월들이 되도록 배열하는 형태의 단락'에서도 나타나고, '탄력적인 월들을 순차적으로 조금씩 긴 월들이 되도록 배열하는 단락'에서도 나타나며, '탄력적인 월 형태를 지닌 단락'에서도 나타난다. 이런 현상이 일어나는 까닭은 '주장'이나, '설득', 혹은 '이해'라는 목적을 달성하기 위해서는 '작은 주제'를 뒷받침하여야 하고 그러기 위해서는 다양한 방법으로 그 '작은 주제'를 뒷받침해야 할 필요가 있기 때문이라고 생각된다.

간결체(簡潔體)는 외형적으로 만연체보다 한 월 안에서 사용된 낱말의 수효가 적고 뒷받침 월들의 길이가 짧다. 생략법이 많이 쓰인다. 이음 어찌말(연결부사어)이나 '이, 그, 저'와 같은 지시어도 잘 쓰이지 않는다. 간결체는 표현하고자 하는 어떤 대상인 사람의 '동작'과 '심리'를 간결하게 전달해 준다. 희곡의 글에 많이 쓰인다.

그러나 형태적인 측면에서 보면 월의 구조가 매우 단순한 월부터 월의 한 부분을 드러내고자하는 탄력적인 월에 이르기까지 다양하다. 이처럼 간결체에서도 얼마간의 구조를 필요로 하고, 탄력적인 월이 필요한 것은 '작은 주제'를 드러내기 위해서는 간결체의 글에서도 최소한의 뒷받침 월들을 만들어 내어야 함은 꼭 필요(必要)한 절차이기 때문이다. 한편, 똑 같은 길이의 짤막한 월들이 연속되면 글의 호흡이 절박해지는 약점이 있으므로 글을 쓰는 사람들은 주의해야 한다.

만연체(蔓衍體)는 글 쓰는 이가 말하고 싶은 속살을 마음껏 글로 펼치기에 가장 적합한 문체이다. 문장력이 있는 사람에게 적합한 문체이다. 펑론직 글에서 많이 쓰인다. 이 문체는 긴 뒷받침 월까지 자연스럽게 동원되기도 하지만, 긴밀성이 약화되기 쉽다. 지나치게 긴 월은 오늘날 기피하는 실정이다. 이 문체는 그 특성상 「단순한 형태의 짧은 뒷받침 월들을 순차적으로 조금씩 긴 월들이 되도록 배열하는 형태의 단락」에서는 자주 나타나지 않는다.

짧은 월들이 주류를 이루면서 조금씩 긴 월들을 배열하는 것도 어느 정도 허용하는 데 초점을 맞추면 간결체(簡潔體)가 되고, 월 구조의 되풀이와 마디를 차츰 길게 하는 방법 등을 사용하여 월의 길이를 길게 하는 쪽에 더 초점을 맞추면 만연체(蔓衍體)가 된다.

월의 길이가 짧은 간결체만 선호하는 태도가 반드시 바람직한 일만은 아닐 것 같다. 짧은 글이 제비의 날개 같은 민첩성의 미덕을 가지고 있다면 긴 글은 독수리의 비상(飛翔) 혹은 학(鶴)의 비행(飛行)처럼 긴 호흡과 참을성만이 줄 수 있는 값진 선물들을 가지고 있는 것이다. 정밀한 논의와 분석, 깊은 관찰과 묘사, 자세한 경험의 기술 등은 성질상 짧을 수가 없다. '짧고 쉽게'라는 것이 일기와 글짓기의 가장 현명한 전략이 된다면 그것은 개인이나 사회를 위해 매우 위험한 일이 될 수도 있다.(도정일 선생님의 '생각 넓히기', 동아일보, 2002년 4월 20일 참조)

제2절 작은 주제를 드러내자

한편의 글에 글 전체 주제가 있듯이 단락에도 작은 주제가 있다. 이 작은 주제를 단락 글 속에 드러내는 방법으로는 여러 가지가 있겠지만 미괄식, 두괄식, 양괄식 등을 들 수 있다. 여기서는 이에 대하여 알아보고자 한다.

1. 미괄식(尾括式) 단락

미괄식은 작은 주제를 단락의 뒷부분에 두는 방식이다. 즉 글의 중심 속살이 끝 부분에 오도록 그 위치를 설정하는 방식이 된다.

(1) ㉠ 구약시대에 죄악으로 가득하고 성 문란이 극에 달한 도시, 얼마 전에 영국의 성서학자 마이클 샌더스 박사가 이끄는 탐사 팀이 사해의 해저에서 그 흔적을 발견하여 확인 작업에 들어간 소돔과 고모라 성은 단 10명의 의인이 없어 하늘에서 떨어지는 유황불로 멸망했다.
㉡ 하느님이 처음 제시한 의인 50명을 찾는다는 것이 불안했던 아브라함은 하느님과 다섯 번에 걸친 흥정으로 단 10명으로 줄였지만 그곳에는 그 열 명의 의인도 없었다.
㉢ 오염된 환경에서는 의인이 자리할 곳이 없는가 보다. (노정숙 선생님의 수필 〈빗나간 과녁〉 중에서)

이 글에서는 ㉠ 월에서 '소돔과 고모라 성에 의인이 없어서 도성이 멸망되었음'을 구체적으로 상세하게 말한 다음에, ㉡ 월에서 이를 좀더 추상적으로 해석하고, ㉢ 월에서는 ㉠과 ㉡ 월을 바탕으로 하여 작은 주제를 제시해 나가고 있다. 이 글은 각 월 속살의 분량도 우연의 일치겠지만 ㉠ 월보다는 ㉡ 월이, ㉡ 월보다는 ㉢ 월이 조금씩 그 길이가 적어지고 있다. 아무튼 속살로 볼 때 ㉠ 월이 구체적 진술이고, ㉡ 월이 ㉠보다는 추상적이며, ㉢ 월은 매우 추상적인 진술이라고 말할 수 있다. 이처럼 주제는 대체로 추상적으로 진술된다. 미괄식은 위의 글처럼 작은 주제를 단락의 뒷부분에 두는 방식이다.

2. 두괄식(頭括式) 단락

두괄식은 작은 주제를 단락의 앞 부분에 두는 방식이다. 즉 글의 중심 속살이 첫머리 부분에 오도록 위치를 설정하는 방식이다. 앞의 보기 글 중 ㉢ 월을 단락의 맨 앞쪽에 두면 다음과 같이 두괄식 단락이 된다.

> (2)㉢ 오염된 환경에서는 의인이 자리할 곳이 없는가 보다.
> ㉠ 구약시대에 죄악으로 가득하고 성 문란이 극에 달한 도시, 얼마 전에 영국의 성서학자 마이클 샌더스 박사가 이끄는 탐사 팀이 사해의 해저에서 그 흔적을 발견하여 확인 작업에 들어간 소돔과 고모라 성은 단 10명의 의인이 없어 하늘에서 떨어지는 유황불로 멸망했다.
> ㉡ 하느님이 처음 제시한 의인 50명을 찾는다는 것이 불안했던 아브라함은 하느님과 다섯 번에 걸친 흥정으로 단 10명으로 줄였지만 그곳에는 그 열 명의 의인도 없었다고 한다.

이 글에서는 ㉢ 월에서 작은 주제를 제시하고 있다. 그리고 ㉠ 월에서 '소돔과 고모라 성에 의인이 없어서 도성이 멸망되었음'을 구체적으로 상세하게 말한 다음에, 다시 ㉡ 월에서 이를 좀더 추상적으로 해석해 나가고 있다. 이처럼 두괄식은 작은 주제를 단락의 앞부분에 두는 방식이다.

3. 양괄식(兩括式) 단락

양괄식은 작은 주제를 단락의 앞 부분과 뒷부분 양쪽에 다 두는 방식이다. 즉 글의 중심 속살이 앞뒤 양쪽에 오도록 그 위치를 설정하는 방식이 된다. 앞의 보기 글 (1) 중에서 작은 주제인 ⓒ 월과 비슷한 속살인 ⓔ 월을 만들어 단락의 맨 앞에 놓으면 다음과 같이 양괄식 단락이 된다.

> (3) ⓔ 의인(義人)이 살아가는 사회는 환경도 깨끗해야 될 것 같다.
> ⓖ 구약시대에 죄악으로 가득하고 성 문란이 극에 달한 도시, 얼마 전에 영국의 성서학자 마이클 샌더스 박사가 이끄는 탐사 팀이 사해의 해저에서 그 흔적을 발견하여 확인 작업에 들어간 소돔과 고모라 성은 단 10명의 의인이 없어 하늘에서 떨어지는 유황불로 멸망했다.
> ⓛ 하느님이 처음 제시한 의인 50명을 찾는다는 것이 불안했던 아브라함은 하느님과 다섯 번에 걸친 흥정으로 단 10명으로 줄였지만 그곳에는 그 열 명의 의인도 없었다.
> ⓒ 오염된 환경에서는 의인이 자리할 곳이 없는가 보다.

이 글에서는 ⓖ 월에서 '소돔과 고모라 성에 의인이 없어서 도성이 멸망되었음'을 구체적으로 상세하게 말한 다음에, ⓛ 월에서 이를 좀더 추상적으로 해석해 나가다가 ⓒ 월에서는 다시 작은 주제를 제시하고 있다. 그리고 이 단락의 앞부분에 ⓒ 월과 비슷한 속살을 표현을 달리하여 ⓔ 월로 드러내고 있다. 이처럼 양괄식은 작은 주제를 단락의 앞뒤 양쪽 부분에 모두 두는 방식이다.

제3절 '단락의 완결성'과 일반적 진술·특수 진술, 그리고 추상적 진술·구체적 진술

우리는 단락을 만들기 위해 고심할 경우가 많다. 단락을 만드는 일은 단순히 월을 계속 덧붙여 나가는 것을 의미하지 않고 대상을 파고드는 것을 의미한다. 대상 즉, 글감을 향하여 더욱 압축하여 펼쳐나가는 일이어야 한다.

글을 쓰는 사람들은 흔히 "주제를 표현하기 위해서는 일반적 진술(陳述)의 월로 단락 속에 꼭 기술(記述)되어 있어야 한다"라고 잘못 인식하는 경우가 있다. 그러나, 단락을 만들 때에 일반적 진술 월은 행간에 숨어 있고 특수 진술 월만 드러난 경우가 많다. '일반'과 '특수'라는 말은 상대적인 뜻을 지닌 말이다. 일반적 진술이란 어떤 무엇에 대하여 모든 것을 함께 넣어 언급하는 진술이라고 할 수 있기 때문이다.

가령 주제 제시 방법이 두괄식 단락으로 일반적 진술 월로 시작되었을 경우 이를 뒷받침하는 월들은 더욱더 구체화되어야 하고, 정확하고 상세하게 진술되어야 한다. 이를 두고 '단락의 완결성(完結性)'이라고 말한다. 생각과 느낌을 명확하고 뜻 있게 전달하기 위해서는 하나의 단락 안에서는 오직 하나의 글감, 하나의 중심 생각을 펼쳐나가야 한다.

작은 주제문을 잘 뒷받침하는 월을 만들기 위해서는 다음 〈도표 1〉과 〈도표 2〉처럼 펼쳐나가서는 안 되고 〈도표 3〉처럼 펼쳐나가는 것이 좋다. 〈도표 3〉은 속살을 점차 더 구체화시키면서 뒷받침 월의 분량을 조금씩 더 늘리는 방법으로 월들을 배치하고 있는 글의 모습이다.

〈도표 1〉

추상적 진술
추상적 진술
추상적 진술
추상적 진술

〈도표 2〉

일반적 진술
일반적 진술
일반적 진술
일반적 진술

〈도표 3〉

추상적 진술 /일반적 진술 (작은 주제문)

구체적인 진술/특수 진술 (1차 뒷받침 월) (큰 뒷받침 월)

더 구체적인 진술/더 특수 진술 (2차 뒷받침 월) (작은 뒷받침 월)

좀더 구체적인 진술/좀더 특수 진술 (3차 뒷받침 월) (더 작은 뒷받침 월)

다음은 이들 중 〈도표 1〉과 〈도표 2〉에 해당되는 보기 글을 살펴보고
자 한다.

(4) 우리 문학의 근대성의 해명은 주로 소설장르에 한정되어 다룰 수 있다.
현대 세계나 사회의 구조적 변하는 응당 작품 내재적 현실성으로 드러난
다. 작품 내재적 현실성으로서의 표현 형태는 유기적으로 또는 병행적으
로 조명이 되어야 할 것이다. 현대세계는 소설구조의 변혁과 직결된다고
말할 수 있다. 이 둘로 인한 관찰과 인식 방법의 변화에 대해서까지 유기적
으로 또는 병행적으로 조명이 되어야 할 것이다. (어느 책의 속살을 문장
들을 짧게 재구성함)

위의 글을 읽어보면 각 월들의 속살들이 〈도표 1〉에서 보인 바와
같이 매우 추상적임을 알 수 있다. 이와 같이 추상적인 속살만을 담고
있는 월들로 이루어진 글은 이해하기가 힘들 것이다.

다음 글은 〈도표 2〉에 해당되는 글이다. 이 보기 글을 보면 단락
전체가 일반적인 속살만을 담고 있어서 읽는 이로 하여금 무척 어리둥
절하게 만들 것으로 생각된다.

(5) ㉠건강해지기 위해선 우선 스트레스를 덜 받아야 한다.
㉡스트레스를 안 받을 수는 없는 것일까? 요즘은 초등학생까지 스트레스에
시달린다고 하지 않는가? ㉢현실이 이러하니 스트레스를 안 받을 순 없고
㉣어떻게 이 스트레스를 풀어야 할 것인가가 중요한 것 같다. (1998년, 삼가고
등학교 제2학년 힘찬반 어느 학생이 맨 처음 만든 글임)

위의 글의 ㉠~㉣의 월들은 일반적 진술로 되어 있다. 이들에 대한
이유를 밝히거나 설명을 하여 구체적으로 특수한 진술이 덧붙여져야
단락으로서 제 구실을 하게 된다.

지금까지 설명한 추상적 진술과 일반적 진술만으로 이루어진 월도 문제이기는 하지만 필요 이상의 구체적 진술을 장황하게 늘어놓는 것도 바람직하지 않다. 감동을 주기 위한 문예적인 글이라고 하더라도 경제성의 원리에 의하여 꼭 필요한 분량만큼 뒷받침 월을 사용해야 할 것이다.

　작은 주제를 드러내기 위해서는 뒷받침 월들이 있어야 한다. 여기서는 앞에서 소개한 '글을 펼쳐나가기 위한 단락'을 만들기 위하여 뒷받침 월들을 어떻게 엮어나가는지에 대하여 살펴보고자 한다. 다음 제4절(節)에서는 먼저 「단순한 형태의 뒷받침 월」로 「단순한 단락」만들기에 대하여 알아보고자 한다.

제4절　「단순한 형태의 뒷받침 월」로 　　　　「단순한 단락」을 만들어 보자

1. 논설문 단락의 보기 글

　앞에서 살펴본 대로 짧은 월은 읽는 이와 의사소통이 빠르게 이루어진다. 그러므로 읽는 이가 글의 앞뒤 맥락을 자세히 파악하지 않아도 속살을 알기가 쉽다. 그리고 읽는 이로 하여금 맑고 경쾌한 느낌을 갖게 한다. 그러나 짧은 글만 사용하게 되면 읽는 이로 하여금 글이 단조롭게 펼쳐진다는 느낌을 갖게 한다. 의사소통이 매우 중요한 과제인 설명문과 논설문의 경우에는 월의 길이가 짧은 것이 좋다. 다음 보기 글은 논설문이라고 말할 수 있다.

(6) 과학자와 미신

송미희 (1998년, 삼가고 제2학년 알찬반)

(가)

○ 인공위성이 발사되고 우주 탐사선이 하늘을 나는 첨단 과학 문명시대에
도 점(占)을 치고 토정비결을 알아보는 사람들이 많다.

○ 특히 미신과는 정 반대편에 있을 법한 과학자들조차 궁합을 믿으며
고사를 지내는 사람들이 있다.

○ 가장 과학적이어야 할 과학자들이 이런 미신적 행위를 하는 것이 과연
정당한 것일까.

(나)

① 우리가 미신에 의존하는 것은 미래에 대한 호기심과 불안감 때문일
것이다.

② 누구든지 앞으로 나의 운명이 어떻게 될 것인지 궁금하지 않은 사람은
없을 것이다.

③ 미래가 어둡거나 불확실한 사람의 경우에는 더 큰 불안감 때문에 미신에
쉽게 빠지게 될 것이다.

○ 과학자 역시 이러한 불안감을 해소하기 위해 미신을 믿는 것이라고
볼 수 있다.

(다)

① 그러나 과학자가 미신을 믿는다는 것은 확실히 모순에 해당된다.

② 과학자는 모름지기 이성적 사고와 객관적 실험을 통한 검증이라는 과학
적 절차에 의한 연구 태도를 지니고 있어야 한다.

③ 과학을 연구하는 사람이 정작 과학과 정반대인 미신을 믿는다는 것은
자신의 연구 활동인 과학적 삶 그 자체를 믿지 않는다는 태도와 같다.

○ 믿지도 않는 과학을 연구한다는 것은 말도 되지 않는다.

(라)

○ 미래에 대한 불안감은 모든 사람이 다 가지고 있는 현상이다.

○ 정상적인 교양인이라고 한다면 그의 미래가 어둡거나 불확실할 경우에, 그 문제를 해결하기 위해 바람직한 가치관과 종교관을 가지기 위해 노력할 것이다.
○ 미신(迷信)이란, 말 그대로 그의 신념체계가 혼미(昏迷)함을 의미한다.
○ 정상적인 사람은 그의 혼미한 체계를 바로잡기 위해서 노력한다.
○ 과학자가 확고한 신념을 가지고 그의 삶에 대한 믿음을 확보하기 위해서는 보편 타당한 종교(宗敎)를 가지는 태도가 바람직하다고 할 것이다.

(마)
○ 과학적 사고 방식은 연구 과제 해결에만 적용되는 것이 아니라 일상생활에도 드러나야 한다.
○ 만약 과학자가 합리성을 바탕으로 한 신앙 대신 미신(迷信)을 믿는다면 그의 삶은 '과학적 생활에 이바지한다'는 그의 신념체계의 붕괴를 의미하게 된다.
○ 삶에 대한 신념이 없는 과학자는 인류를 위해 봉사하겠다는 신념이 부족한 사람이 될 수밖에 없다.
○ 신념이 없는 과학자가 인류를 행복하게 하기는커녕 불행하게 할 것임은 너무나 분명하다.

(바)
○ 과학자는 현대 과학을 이끄는 선구자적인 위치에 있는 사람이다.
○ 오늘날의 문명이 과학의 힘에 의해 이루어진 것이 분명하다면 과학자는 미신(迷信)으로부터 과학을 보호해야 할 의무와 사명을 지니고 있다고 할 수 있다.

위에서 보인 글은 전체적으로 단락 내부에 탄력적인 월 형태라고는 전혀 없는 「단순한 형태의 뒷받침 월들」로 「단순한 단락들」을 만들어서 자연스럽게 글을 펼쳐나간 알기 쉬운 글이 되었다. (나),(다) 단락을 제외하면 월들을 순차적으로 긴 월들이 되도록 배열하고자 하는 의도가 전혀 없는 단순한 단락들로 구성되어 있다.

(가) 단락에서는 '문제 제기'를, (나) 단락에서는 '과학자들이 불안감을 해소하기 위해 미신을 믿는 것'에 대하여, (다) 단락에서는 '과학자가 미신을 믿는 일은 모순임'을, (라) 단락에서는 '미신 믿음의 타당하지 못함'을, (마) 단락에서는 '신념 없는 과학자의 부당함'을, (바) 단락에서는 '과학지의 사명'을 각가 자은 주제로 하고 있다. 이러한 작은 주제들을 지닌 각 단락들은 '원인과 결과' 또는, '논리적 근거'를 바탕으로 한 논리적 관계로 연결되어 있다.

이 보기 글은 빗댐과 수식이 없다. 자연히 월이 평범하고 단조롭다. 그러므로 이 보기 글은 건조체 월로 이루어진 단락들로 구성되어 있음을 알 수 있다.

2. 서정적 수필문 단락의 보기 글

다음 보기 글은 '네 잎 클로버'를 소재로 하여 쓴 글이다. 이 글은 '남자 친구와의 사귐'과 '네 잎 클로버를 바라보는 감격'을 잇는 것으로 보아 서정적 수필문이라고 말할 수 있을 것 같다. 이 글의 (다),(마) 단락은 「단순한 형태의 뒷받침 월」들로 「단순한 단락」들을 만들어서 자연스럽게 펼쳐진 글이다.

(가),(나),(라) 단락은 첫 번째 월보다는 두 번째 월, 두 번째 월보다는 세 번째 월이 점차로 조금씩 길어지고 있다. 이러한 형태의 글에 대하여는 다음 제5절에서 설명할 것이다. 그리고, (바) 단락의 마지막 두 개의 단락은 '~라고'의 따옴토씨(인용격 조사)를 사용하여 앞 월 구조를 되풀이하고 있다. 이에 대한 설명은 앞의 제6장 제3절에서 이미 다룬 바 있다.

(7) 네 잎 클로버

전순남 (삼가고등학교 제2학년 알찬반)

(가)

○ 네 잎 클로버는 우리에게 행운을 주는 것으로 알려져 있다.

○ 나폴레옹은 전쟁 때 네 잎 클로버로 인해 목숨을 건졌다고 한다.

① 나 또한 행운을 얻기 위해 열심히 모으는 중이다.

② 푸르고 맑은 느낌으로 언제나 나를 새로이 해 주는 나의 벗이기도 하다.

③ 클로버의 풋풋한 향기는 나의 아침 늦잠을 깨워 주고, 나의 삶을 신선하게 해 준다.

④ 하얗게 꽃을 피우는 클로버는, 푸르고 넓은 세상을 만들고자 항상 푸른 하늘을 우러러 보기에 여념이 없다.

(나)

① 나는 어릴 때부터 클로버를 좋아했다.

② 어떤 남자친구를 좋아한 계기로 클로버를 더욱 좋아하게 되었다.

③ 매일 짝사랑만 한 내게 행운이 따라 왔었기 때문에 네 잎 클로버를 아끼고 사랑한다.

○ 나는 네 잎 클로버를 영원히 사랑할 것 같다.

(다)

○ 친구들을 데리고 네 잎 클로버를 찾으러 간 적이 있다.

○ 갈 때마다 느끼는 것이지만, 정말 새로웠다.

○ 나의 눈앞에 펼쳐진 푸르고 싱싱한 클로버 밭의 정경은, 어떤 말로도 형용할 수 없을 정도로 아름답고, 마치 이 세상의 고풍스런 멋은 다 갖추고 있는 것 같았다.

○ 내게 수집된 네 잎 클로버들이 기뻐하는 듯한 모습을 하고 있었다.

○ 다른 사람들은 알 리가 없지만 이심전심으로 전해지는 것 같았다.

○ 클로버를 한 묶음 뽑아 친구들끼리 둘러앉아 반지와 목걸이를 만든 기억이 난다.

(라)

○ 네 잎 클로버는 마음 속 깊이 새겨둔 내 아름다운 추억을 되새기게
해 준다.

① 그때 나는 매일 마음 아파하고 속상해 하고 부모님께 화만 내었다.

② 비록 그 남자 친구와 친해지지는 않았지만 그때의 추억을 간직할 수
있어서 기쁘다.

③ 네 잎 클로버는 내 마음을 평온하게 해 주었고 나에게 무슨 일이 일어나든
침착(沈着)과 안정을 되찾게 해 주었던 것이다.

(마)

○ 사람들은 꽃이 아름다운 빛을 낸다고 하지만 난 클로버의 잎이 꽃보다
더 아름다운 빛을 발산한다고 생각된다.

○ 네 잎 클로버의 신선한 매력을 느껴 보지 못한 친구들이 불쌍하게
여겨진다.

○ 네 잎 클로버는 항상 나의 책꽂이에 꽂혀서 행운을 향기로 실어
전달해 줄 것 같다.

(바)

○ 내가 나중에 좋은 엄마가 되었을 때 네 잎 클로버의 추억을 나의 아이들에
게 이야기 해 주고 싶다.

○ 어떤 일을 한 뒤엔 깨달음이 있고 그 깨달음은 소중히 간직해야 한다고.

● 믿음과 기쁨을 동시에 맛보는 일은 정말 아름다운 것이라고.

(가) 단락에서는 '네 잎 클로버가 행운을 주는 것'에 대하여, (나)
단락에서는 '네 잎 클로버를 좋아한 계기'를, (다) 단락에서는 '친구와
함께 네 잎 클로버를 찾으러 간 일'에 대하여, (라) 단락에서는 '네 잎
클로버는 내 마음을 평온하게 해 줌'에 대하여, (마) 단락에서는 '네
잎 클로버를 좋아함'에 대하여, (바) 단락에서는 '네 잎 클로버의 추억을

어른이 되어서 자녀들에게 말해 주고 싶음'에 대하여 각각 말하고 있다. 이 글의 각 단락들은 시간의 진행과정을 풀이하는 시간적 관계로 연결되어 있다.

이 글에서 글 쓰는 이는 '남자 친구와의 사귐'에 대한 기대와 좌절을 '네 잎 클로버를 바라보는 감격'으로, 현실을 승화시키고 있다. 이 글은 부드러운 어감의 낱말이 많다. 그리고 풀이말도 부드러운 어투의 낱말이 쓰여지고 있다. 그러므로 이 글은 우유체 월로 이루어진 수필문이라고 말할 수 있다. '그리고', '또한', '그러나' 등의 이음말이 적고 월의 길이가 대체로 짧다. '이, 그, 저'와 같은 지시어도 쓰이지 않고 있다. 이러한 점을 참작하면 이 보기 글은 간결체로 이루어진 글로 볼 수도 있다. '단순한 형태의 뒷받침 월'로 이루어져 있는 '단순한 단락'이면서 서정적인 수필문 단락에 해당되는 (다)와 (마) 단락은 자세히 관찰하여 보면 앞의 '속살을 간추려서 제시'하는 특성이 있음을 발견하게 된다.

다음 보기 글은 전문 수필가가 쓴 서정적인 수필이다. 이 글에서는 우리에게 여러 가지 형태로 괴로움을 주는 '사슬'이 '때로는 지구를 지키는 훌륭한 구실을 한다'라고 말하면서 읽는 이 스스로 주제를 찾도록 상징적으로 기술(記述)하고 있다. 이 글의 (라) 단락도 '단순한 형태의 뒷받침 월들로 만든 단순한 단락'이다.

(8) 사슬
유병근 (1999년, 수필문학 7월호)

(가)
① 생선 두름을 보다가 하필이면 사슬을 떠올렸는지 모른다.
② 추녀 끝에 대롱대롱 매달린 채 생선은 비쩍 말라가고 있었다.
③ 맛깔스런 술안주 감이라면 좋겠는데, 그러지 못하고 나는 사슬에 끌려가

는 비참한 처형장의 모습을 연상하곤 했다.
○ 바람이 불 때마다 질겅질겅 사슬이 땅에 끌리는 환상에 젖기도 했다.

(나)
○ 언젠가 나는 사슬에 끌려 하염없이 길을 떠나는 노예들을 영상으로 본 적이 있다.
○ 생선 두름을 보았을 때 그 영상이 먼저 내 뇌리에 떠올랐을 것만 같다.
○ 지푸라기로 새끼 꼬듯 얽어맨 두름이 그런 생각을 하게 했는지도 모른다.
① 하지만 그런 이유만은 아닌 것 같다.
② 요 근래 왠지 사슬이란 말이 내 입안에 자주 돌곤 했다.
③ 내가 무슨 사슬에 얽매여 끙끙대며 있다는 생각마저 드는 것이었다.
④ 내 발목을 칭칭 휘감고 있는 무거운 무엇이 있다는 짐작으로 때론 걸음걸이조차 무거워지는 느낌이었다.

(다)
○ 미약하긴 하지만 이따금 병마의 사슬에 시달리고 있다는 사실을 감출 수 없다.
○ 감기를 앓거나 무릎이 시큰거려 때로 거동이 다소 불편하기는 하다.
○ 청력이 약한 귀가 다른 사람의 말을 잘 알아듣지 못하는 경우도 있다.
① 그러고도 짐짓 태연한 척한다.
② 사정을 모르는 사람은 아주 건강체라고 하면서 나를 추켜세운다.
③ 그 말을 위안 삼아 맞장구를 치면서 건강에 대해서 어느 만큼 자신이 있는 듯이 나불거린다.
○ 그게 어쩌면 병마의 사슬에서 벗어나려는 꾐수라는 생각이 든다.
○ 나에게 달라붙는 병마에게 거인 존재란 걸 깨닫는 것 같다.
○ 그러니 누굴 보고 사슬에 묶였다거나 어쨌다거나 흉볼 일은 물론 아니지 않는가.

> (라)
> ○ 나는 지금 사진 한 장에 눈을 팔고 있다.
> ○ 어느 환경 단체가 지구를 지키자는 슬로건으로 내 놓은 인간 사슬이란 이름의 사진이다.
> ○ 사슬은 때로 지구를 지키는 파수꾼 역할을 하는 것 같다.

위 글의 (가) 단락에서는 '생선 두름을 보다가 사슬을 떠올렸다는 것'에 대하여, (나) 단락에서는 '생선 두름이 사슬에 끌려가는 노예를 떠올리게 한다는 것'을, (다) 단락에서는 '병마의 사슬에 고통 당하는 것'에 대하여, (라) 단락에서는 '그러나 인간 사슬은 때로는 지구를 지키는 파수꾼 역할을 한다'는 속살에 대하여 각각 말하고 있다.

이 글에서는 '사슬'을 '처형장', '노예' 등의 강한 느낌의 말과 연결짓기도 했지만 '술안주', '병마', '사진' 등의 부드러운 느낌을 주는 말과 도 연결짓고 있음을 본다. 이러한 특징은 이 글의 문체가 우유체이고, 서정적 수필문임을 알게 해 준다. 이 보기 글을 자세히 보면 (라) 단락이 이 글 전체의 주제임을 알 수 있다. (라) 단락처럼「단순한 월로 이루어진 단순한 단락」은 글 전체의 주제를 요약적으로 자연스럽게 드러내는 데 사용될 수 있다. 이 주제 단락을 잘 드러내기 위해서 (가), (나), (다) 단락에서는「월들을 순차적으로 긴 월들이 되도록 배열하는 단락」이 사용되고 있다. 이런 형태의 글에 대하여는 다음 제5절에서 자세히 다룰 것이다.

3. 서사적 수필문 단락 보기 글

다음 보기 글 (9)는 이 글을 쓴 학생이 맨 처음 만든 것이다. 맞춤법과 띄어쓰기가 제대로 되어 있지 않지만, 말하고자 하는 속살이 있을 것으로 짐작되는 글이다. 글쓴이가 며칠이 지난 후에 이를 다시 수정 보완한 것이 보기 글 (9)-1이고, 또 다시 여러 날 뒤에 고심하여 사전을 찾고 다른 사람들의 도움을 받아 수정·보완하면서 단락을 나누어 놓은 것이 보기 글 (9)-2이다. 아래 보기 글 (9)-2의 (가),(나) 단락은 난순한 월들로 이루어진 단순한 단락이다. 보기 글 (9)-2는 일어난 사실을 그대로 순서 있게 기술하고 있다는 측면에서 서사적인 글이라고 말할 수 있다. 이 글을 쓴 학생은 '낚시'라는 체험을 통하여 자기의 삶에 대한 기쁨을 맛보고 있다. 이와 같이 속살을 간결하게 표현한 점은 수필로서의 요건이 된다.

(9) 기다림 끝에 기쁨이

석호용 (삼가고등학교 제2학년 알찬반)

○ 작년겨울 기나긴 밤을 나혼자 강가에서 낚시를하면서 지냈다.
○ 그기다림 끝에고기를 낚았다.
○ 거기쁨 아는사람은없을 것이다.
○ 내가간절이도 원하던고기 그기다림끝에 잡은기라서 더 기뻤는지모른다.

(9)-1 기다림 끝에 기쁨이

석호용 (삼가고등학교 제2학년 알찬반)

○ 작년 겨울 기나긴 밤을 나혼자 강가에서 낚시를 하였다.
○ 낚시란 아주 강인한 인내심이 필요하다.
○ 강주위로는 어떤 불빛조차 없이 고요하다.
○ 특히 겨울 밤은 더.
○ 꽁꽁 얼어붙어 버린 강가.
○ 물을 돌로 깨어 가며, 낚시대를, 깨어진 얼음밑 냇물에 휙 던졌다.
○ 난 무언가를 기대 하면서 어둠의 두려움을 이겨 나갔는지도 모른다.
○ 난 낚시 대만 보면서 밤을 지세우고 있었다.

○ 그 때 낚시대가 움직였다.

○ 난 아무 생각 없이 내 감정에 의해 낚시를 당겼다.

○ 그 때 무언가가 끌려 왔다.

○ 난 저절로 입이 벌어 지면서 웃었다.

○ 이렇게 기쁜이유가.

○ 기다림 끝에 잡은 거라서 더 기뻤던 것 인지도 모른다.

○ 기나긴 밤을 지세우며 그렇게도 원하든 물 고기.

○ 그 고기를 잡았다고 해서 내가 이룬 것이 무었인가

○ 거건 아마 고기 잡아서 기쁜 것이 아니고, 기다림 끝에 인생을 낚아서 기쁜지도 모른다.

○ 인내심.

○ 인적이 없는 밤을 무서움을 이겨가면서 있을 수 있는 것.

○ 추운 밤을 있을 수 있는 것.

(9)-2 겨울밤

석호용 (삼가고등학교 제2학년 알찬반)

(가)

○ 작년 겨울이었다.

○ 기나긴 밤을 나 혼자 강가에서 낚시를 하였다.

○ 낚시란 아주 강인한 인내심이 필요하다.

○ 주위에는 불빛이라고는 없이 고요했다.

(나)

○ 꽁꽁 얼어붙어 버린 강가.

○ 돌로 얼음을 깨었다.

○ 낚싯대를 휙 던졌다.

○ 두려운 생각이 났다.

○ 무언가를 기대하면서 어둠의 두려움을 이겨 나갔다.

○ 낚싯대만 바라보고 밤을 지새우고 있었다.

(다)

○ 낚싯대가 움직였다.

○ 아무 생각 없이 감정이 이끌리는 대로 낚싯대를 당겼다.

① 무언가가 끌려 왔다.

② 저절로 입이 벌어지면서 웃었다.

③ 기다림 끝에 잡은 것, 인생을 낚은 것 같아서 더 기뻤다.

○ 인적 없는 밤이 다시 고요해졌다.

보기 글 (9)-2의 (가) 단락은 이야기에 대한 들머리를, (나) 단락은 '인내심을 가지고 낚싯대를 바라보면서 어둠에 대한 두려움을 느꼈다'는 속살을, (다) 단락은 '물고기를 낚는 기쁨과 고요한 밤을 즐기는 정경'을, 각각 보여 주고 있다. 이 글은 '인적 없는 밤을 새우면서 낚시에 몰입하는 모습'을 보여 주는 데 초점이 맞추어져 있다. 이 글의 각 단락들은 시간의 진행과정을 풀이하는 시간적 관계로 연결되어 있다.

이 글은 '낚시'라는 에피소드를 통하여 설명을 줄이고 속살을 압축하고 있다. 그리하여 이 글은 서사로서 서정미를 살리는 효과를 올리고 있다. 이 글은 '그리고, 그런데, 물론' 등의 이음어찌말^(연결부사어)이 생략되어 있다. 월의 길이도 매우 짧다. 그리고 지시어 '이, 그, 저' 등의 사용도 없다. 그러므로 이 글은 간결체라고 말할 수 있다. 이러한 특성은 다음에 설명할 보기 글 (10)의 「달밤」에서도 그대로 나타난다.

이 글은 서사적 수필의 골격을 갖추고 있다. 그러나, 좀더 구체적으로 진술된 뒷받침 월들을 중간 중간에 더 만들어 넣어야 완결된 글이 될 것 같다. 보기 글 (9)-2를 통하여 볼 때, 계속하여 짧은 월을 사용하면 사건을 신속하게 펼쳐나가는 글을 만들 수 있는 좋은 점이 있음을 알게 된다. 이처럼 짧은 월을 사용한 글은 서사 단락을 만드는 데 많이 활용된다. '단순한 형태의 뒷받침 월'들로 이루어져 있는 서사적 수필문 단락에서 사용된 '단순한 단락'의 특성은 '동작과 심리 상태의 변화'를 표현하기에 적합한 점에 있다.

다음 보기 글은 전문 수필가이신 윤오영 선생님이 쓴 서사적 수필이다. 이 글의 (나)와 (라) 단락은 '단순한 형태의 뒷받침 월'들로 '단순한 단락'들을 만들어서 글을 자연스럽게 펼쳐나가면서 감동을 주고 있다. 이들 단락 역시 '단순한 형태의 뒷받침 월'들로 이루어져 있는 서사적 수필문 단락이다. 그리고 이들 단락은 '단순한 월들로 이루어진 글'에 많이 나타나는 현상 중 하나인 '동작의 이동'과 '심리 상태의 변화'를 잘 드러내고 있다.

  (10) 달밤 / 윤오영

   (가)
   ○ 내가 잠시 낙향(落鄕)해서 있었을 때 일이다.
   ① 어느 날 밤이었다.
   ① 달이 몹시 밝았다.
   ② 서울서 이사 온 윗마을 김군을 찾아갔다.
   ② 대문은 깊이 잠겨 있고 주위는 고요했다.
   ③ 나는 밖에서 혼자 머뭇거리다가 대문을 흔들지 않고 그대로 돌아섰다.

   (나)
   ○ 맞은편 집 사랑 툇마루엔 웬 노인이 한 분 책상다리를 하고 앉아서 달을 보고 있었다.
   ○ 나는 걸음을 그리로 옮겼다.
   ○ 그는 내가 가까이 가도 별 관심을 보이지 아니했다.
   ○ "좀 쉬어 가겠습니다."하며 걸터앉았다.
   ○ 그는 이웃 사람이 아닌 것을 알자 "아랫마을서 오셨소?" 하고 물었다.
   ○"네, 달이 하도 밝기에……."
   ○"음! 참 밝소." 허연 수염을 쓰다듬었다.

(다)

① 두 사람은 각각 말이 없었다.

② 푸른 하늘은 먼 마을에 덮여 있고, 뜰은 달빛에 젖어 있었다.

③ 노인이 방으로 들어가더니, 안으로 통한 문소리가 나고 얼마 후에 다시 문소리가 들리더니, 노인은 방에서 상을 들고 나왔다.

○소반에는 무청김치 한 그릇, 막걸리 두 사발이 놓여 있었다.

(라)

○ "마침 잘 됐소, 농주(農酒) 두 사발이 남았더니⋯⋯." 하고 권하며, 스스로 한 사발을 쭉 들이켰다.

○ 나는 그런 큰 사발의 술을 먹어본 적은 일찍이 없었지만 그 노인이 마시는 바람에 따라 마셔 버렸다.

○ 이윽고, "살펴 가우." 하는 노인의 인사를 들으며 내려왔다.

○ 얼마쯤 내려오다 돌아보니, 노인은 그대로 앉아 있었다.

위 글의 (가) 단락은 이야기에 대한 들머리 부분이고, (나) 단락은 '노인과 만나게 됨'을, (다) 단락은 '노인의 인정미(人情味)'를 (라) 단락은 '노인과 헤어짐'을 각각 말하고 있다. 이 짧은 글 안에서는 '달과 노인의 인정이 어우러진 정경'을 그려 보여 주고 있다.

위 글은 전체적으로 짧은 월이 주(主)로 이용되고 있다. 시간의 흐름에 따라 행동이 빠르게 움직여짐을 보여 주고 있는 글이다. (가) 단락에서는 (나) 단락의 사건 펼치기를 말하기 위해 월들을 순차적으로 긴 월들이 되도록 배치하고 있다. (다) 단락에서 짧은 월들을 순차적으로 조금씩 긴 월들이 되도록 배열한 까닭은 (라) 단락의 속살을 밝히기 위한 것으로 생각된다.

이상에서 설명한 「단순한 형태의 뒷받침 월」들로 이루어진 「단순한 단락」들의 특징은 '사건 펼치기' 그 자체를 드러내거나, 전달하고자 하는 정보의 속살 또는 주제 그 자체를 객관적으로 제시하기에 적합한 형태라고 생각된다. 다음은 「단순한 뒷받침 월들을 순차적으로 조금씩 긴 월들이 되도록 배열하는 형태의 단락」을 만드는 일에 대하여 살펴보고자 한다.

제5절 「단순한 뒷받침 월들을 순차적으로 조금씩 긴 월들이 되도록 배열하는 형태의 단락」을 만들어 보자

작은 주제문을 잘 뒷받침하기 위한 「단순한 뒷받침 월들을 순차적으로 조금씩 긴 월들이 되도록 배열하는 형태의 단락」을 만드는 일을 이해하기 위해 다음 〈도표 4〉를 참조하는 것이 바람직하다고 생각된다. 이 도표는 앞의 이 장(章) 제3절에서 설명한 〈도표 3〉을 다시 보인 것이기도 하다. S·I 하야까와는 그의 「의미론」에서 높은 수준의 추상이나 낮은 수준의 추상에만 머물러 있는 상태에서 이야기를 펼쳐나가는 것은 바람직하지 못하다고 하였다.

추상과 구체라는 말은 상대적이다. 다음 〈도표 4〉는 속살을 조금씩 구체화시키기 위해 월의 분량을 조금씩 더 늘리는 방법을 설명한 것이다. 이 방법은 어떤 단락에서 간단하고 짧은 월로 제시된 첫 번째 월의 속살을, 그 다음 월에서 조금씩 더 보충해 나가는 방식이다. 해당 단락의 작은 주제의 속살을 더욱더 튼튼하게 보완해 나갈 수 있는 방법이기도 하다.

<도표 4>

```
┌─────────────────────────────┐
│        일반적 진술            │
│      (추상적 진술)            │
│      (작은 주제문)            │
└─────────────────────────────┘
 ┌──────────────────────────────┐
 │     특수(구체적인) 진술        │
 │     (1차 뒷받침 월)           │
 │     (큰 뒷받침 월)            │
 └──────────────────────────────┘
  ┌────────────────────────────────┐
  │     더 특수(구체적인) 진술       │
  │     (2차 뒷받침 월)             │
  │     (작은 뒷받침 월)            │
  └────────────────────────────────┘
   ┌──────────────────────────────────┐
   │    좀더 특수(구체적인) 진술        │
   │    (3차 뒷받침 월)               │
   │    (더 작은 뒷받침 월)           │
   └──────────────────────────────────┘
```

이 방법은 흔히 말하는 수사법 중의 하나인 '점층법'과는 다르다. 수사법 중의 하나인 '점층법'은 '속살' 그 자체의 정도를 점점 더 강하게 표현하는 방법일 것이다. 그런데 여기서 말하는 방법은 '배열' 그 자체에 무게를 둔다. '배열'은 각 월들을 잇는 한 방법이다. 이를 연결성의 원리라고 말한다. 시간 순서나 공간 순서에 의한 배열, 주장과 근거에 의한 배열, 원칙과 적용의 배열, 과제와 해결의 배열 등이 모두 월들을 잇는 한 방법이 된다. 마찬가지로 단순한 사실에서 복잡한 사실로의 배열도 월들을 잇는 중요한 한 방법이 된다.

「단순한 월들을 순차적으로 조금씩 긴 월들이 되도록 배열하는 형태의 단락」을 만들어서 글을 펼쳐나가면 복잡한 속살을 간결하고 소박하며, 자연스럽게 표현할 수 있는 좋은 점이 있다. 이와 같은 단락은 간결체 글, 우유체 글, 건조체 글에 흔히 나타난다. 반면에 화려체 글, 만연체 글, 강건체 글에는 그 특성상 자주 나타나지 않는다.

「단순한 월들을 순차적으로 조금씩 긴 월들이 되도록 배열하는 형태의 단락」을 만드는 목적은, 글 쓴 이가 말하고자 하는 '작은 주제'를 특별히 읽는 이들이 의식하지 못하는 가운데 자연스럽고 충분하게 뒷받침하고자 하는 데 있다. 오늘날의 글은 간결체, 우유체, 건조체 글이 만연체, 강건체, 화려체 글보다도 더 일반적이기 때문에 이 방법은 널리 사용되는 방법이라고 말할 수 있다. 여기에서는 「단순한 월들을 순차적으로 조금씩 긴 월들이 되도록 벌여 놓는 형태의 단락」에 해당되는 보기 글을 살펴보고자 한다. 그리고 해당 단락을 포함하고 있는 한 편의 글 전체에 이바지하는 각 단락들의 구실에 대하여도 필요한 경우 설명해 보고자 한다.

1. 건조체로 이루어진 단락 보기 글

아래 보기 글은 앞에서 보여준 이 장(章) 제1항에서 보인, 송미희 학생이 쓴 보기 글 (6) '과학자와 미신'의 (나) 단락을 다시 옮긴 것이다. 앞에서 살펴본 대로 보기 글 (11)은 빗댐과 수식이 없고 월들이 단조롭기 때문에 건조체 글로 이루어진 단락이라고 말할 수 있다. 이 글은 「단순한 월들을 순차적으로 조금씩 긴 월들이 되도록 배열하는 형태의 단락」을 만들어서 글을 펼쳐나가고 있다.

(11)

> (나)
>
> ① 우리가 미신에 의존하는 것은 미래에 대한 호기심과 불안감 때문일 것이다.
> ② 누구든지 앞으로 나의 운명이 어떻게 될 것인지 궁금하지 않은 사람은 없을 것이다.
> ③ 미래가 어둡거나 불확실한 사람의 경우에는 더 큰 불안감 때문에 미신에 쉽게 빠지게 될 것이다.
> ○ 과학자 역시 이러한 불안감을 해소하기 위해 미신을 믿는 것이라고 볼 수 있다.

위의 보기 글 단락은 월 ①보다는 월 ②를, 월 ②보다는 월 ③을 조금씩 분량을 더 늘여서 펼쳐나간 글이다. 이 글의 작은 주제는 마지막 월이라고 말할 수 있다. 이 글에서는 작은 주제인 이 마지막 월의 속살을 뒷받침하기 위해서 세 개의 월을 차츰 길게 배열한 것이다.

2. 우유체의 서정적 수필문 단락 보기 글

아래 보기 글은 이인혜 학생이 '학교 가는 길'을 소재로 하여 시간의 흐름에 따라 펼친 글이다. 이 글을 보면 각 단락들마다 짧은 월들이 주류(主流)를 이루고 있다. 이 글에 사용된 낱말들은 등하교 길에서 자연스럽게 보고 느끼는 사물, 또는 현상과 관련된 낱말들이다. 즉 '세수, 버스, 공기, 풀, 들녘, 도시락, 햇살,……' 등이 그러하다. 그리고 '기다려지는 점심 시간 같이', '마치 은은한 빛을 뿜어내는 아침 햇살과 같아서' 등의 단순한 수사법을 사용하고 있다. 그러므로, 아래 글은 우유체 글로 된 서정적인 느낌을 주는 단락들로 짜여져서 전체적으로 부드러운 글이 되었다.

(12) 학교 가는 길

이인혜 (삼가고등학교 제2학년 알찬반)

(가)

○ 세수를 하고 아침 맑은 공기를 들이마시는 것이 하루의 시작이 된다.

○ 아침 일찍부터 학교 갈 채비를 한다.

○ 네모 반듯한 공책과 책, 갖가지 여러 필기 도구를 가방에 넣고, 엄마의 따뜻한 정성이 담긴 도시락을 들고, 깨끗한 교복 차림으로 버스 타는 곳까지 걸어간다.

(나)

○ 어느새 들녘에는 동네 아주머니들께서 벌써부터 호미와 괭이질을 하는 것을 볼 수 있다.

○ 아침 햇살에 이마에 맺힌 땀방울이 빛이 나서 그 모습이 너무나 아름다워 보인다.

○ 이분들과 아침 인사를 주고받기도 하고, 동네 꼬마들과 장난도 가끔씩 치면서 차를 타는 곳까지 내려온다.

(다)

① 우리 동네는 나무와 풀이 많다.

② 안개 낀 아침은 특히 풀 향기가 짙어서 그 상쾌함은 이루 말할 수 없다.

③ 안개가 뿌옇게 가리운 시골 국도 한쪽 가에 있는 버스 정류소에서 버스를 타기 위한 사람들이 한두 명씩 모인다.

○ 언제부터인지 자리잡힌 질서의식이 우리동네 사람들에게도 투철하게 배어 있다.

○ 버스 탈 때마다 마치 길게 늘어놓은 밧줄처럼 일제히 줄을 서서 탈 순서를 기다린다.

○ 요즈음은 자주 느끼는 것이지만, 이런 모습이 너무 아름답다.

(라)

○ 버스를 타고 창문을 열어 바람을 쐬어 본다.

● 유난히도 맑은 공기, 늘 풀 냄새 가득한 공기를 마시는 것은 값진 일이다.

○ 버스 안에서는 유행가 노랫말이 흐른다.

① 그 참에 나도 흥얼거리기도 한다.

② 학교에서 집으로 올 때는 항상 좌석을 거의 메운 버스를 탄다.

③ 내게는 이제 기다려지는 점심시간 같이 버스 타는 시간이 기다려진다.

(마)

○ 가방을 안고 편안하게 의자에 기대어 앉아서 창 밖으로 고개를
돌린다.

① 버스 안에서 창 밖을 보면 늘 시원하고 통쾌하다.

② 내 시야로부터 벗어나는 속도와 흔들림에 나 역시 동요되어 늘
나를 잃어버리기도 한다.

③ 어쩌다가 한번씩 노래를 흥얼거리기도 하지만 버스의 엔진소리에
나의 목청소리는 커져만 갔다.

(바)

○ 집으로 돌아가는 오후 막차를 타게 되면 산등성이 위로 저물어 가는
노을을 볼 수 있다.

○ 단 몇 분만에 사라지기도 하지만 마치 은은한 빛을 뿜어내는 아침
햇살과 같아서 기분이 황홀해진다.

○ 하루 종일 시끄러웠던 학교생활과는 달리, 달리는 차안에서의 평온함
은 이루 말할 수 없다.

○ 늘 혼자서 공상하는 곳이 차안인데 나 혼자서 생각할 수 있는 곳이라서
정말 좋다.

○ 저기 저 밖으로 보이는 새와 같이 창공을 푸른 날개로 날아간다든가
아니면 저 개울 속에 사는 물고기가 되어 언제나 깨끗하고 시원한
물 속에 살아가는 공상을 해본다.

(사)

① 나의 꿈은 열정 많은 미술 선생님이 되는 것이다.

② 미술 선생님이 되어 아이들을 열심히 가르치는 모습을 상상해본다.

③ 달리는 스릴을 느끼면서 창밖을 내다보면 갖가지 자연의 색채와 탁 트인 넓은 들판이 기분을 상쾌하게 한다.

④ 그런 유쾌한 감정을 느낄 때도 한 가지 아쉬운 점이 있다면 그런 명상을 느낄 수 있는 시간이 내게는 그리 길지 못하다는 사실이다.

○ 금방 마을에 도착되기 때문이다.

(아)

○ 언제나 기쁨을 느끼게 하는 학교로 오고가는 길은, 내가 어른이 되어 삶의 고통에 찌들려 살 때에도 결코 잊지 못할 것 같다.

위 보기 글의 (가) 단락은 들머리 부분이다. (나) 단락은 '사람들과 인사를 주고받으면서 등교함'을 말하고 있다. (다) 단락은 '버스 정류소의 질서 있는 풍경'을, (라) 단락은 '버스 내의 자유스런 분위기'를, (마) 단락에서는 '버스 안에서의 편안한 즐거움'을 말하고 있다. 그리고 (바) 단락은 '오후 막차 버스를 타고 바라본 저녁 노을과 공상(空想)'에 대하여, (사) 단락은 '미술 교사가 되고 싶은 소망'을 각각 말하고 있다. (아) 단락은 이 글의 마무리 부분이다. 이 글의 각 단락들은 시간과 공간의 이동을 통하여 연결되어 있다. 공간의 이동은 자연 풍경과 사물의 모습을 묘사하면서 펼쳐지고 있다.

이 글을 쓴 학생은 수채화처럼 맑은 정서를 글로 표현하려고 힘쓰고 있는 듯하다. 사물을 아름답게 볼 줄 아는 안목을 지니고 있다. 글짓기를 통하여 밝고 맑은 인격을 스스로 기를 수 있음을 알 수 있다. 이 글의 (다),(마),(사) 단락의 월을 엮어나가는 방식은 단순한 월들을 순차적으로 조금씩 긴 월들이 되도록 배열하여 하나의 단락을 만드는 형태이다. 이러한 방식은 추상적 진술을 점점 더 구체적으로 밝혀 나가기에 유리하다.

(다) 단락에서는 '버스 정류소의 질서 있는 풍경'을 말하기 위해서 '동네의 나무와 풀'을 가져오고 '안개, 국도'를 가져와서 '버스 정류소'를 언급하여 자연스럽게 구체적으로 풀이하여 나가고 있다. 이러한 목적을 달성하기 위하여 (다) 단락에서는 '단순한 월들을 순차적으로 조금씩 긴 월들이 되도록 배열하여 단락을 만드는 형태'를 적용하고 있는 것이다.

(마) 단락에서는 (바) 단락의 속살인 '버스 밖에서 불어오는 시원한 바람'을 자연스럽게 구체적으로 풀이하여 나가기 위해 창 밖을 내다보고 '차의 속도와 흔들림'을 느끼고, '엔진소리를 의식하여 목청을 돋우어 노래를 부른다'고 말한다. 이러한 (마) 단락의 서술은 '단순한 월들을 순차적으로 조금씩 긴 월들이 되도록 배열하여 단락을 만드는 형태'를 적용하면서 실현되고 있는 것이다. 이러한 자연스러운 분위기는 「등하교 길에 이용하는 버스는 '미래에 대한 꿈'을 설계하는 공간」이라는 작은 주제를 드러내는 데 기여하고 있다.

(사) 단락에서는 '나의 꿈은 미술 선생님'이라는 것과, '꿈이 실현된 모습을 상상해 봄'과, '창 밖의 풍경의 상쾌함', '명상의 시간을 느낄 수 있는 시간의 짧음' 등으로 각각 '단순한 월들을 순차적으로 조금씩 긴 월들이 되도록 배열하여 단락 만들기'를 하고 있다. 네 번째 월이 이 단락의 작은 주제가 된다.

(라) 단락은 '맑은 공기, 풀 냄새 가득한 공기'라고 하는, 정도는 약하지만 탄력적인 월이 제시된 다음에 월 ①보다는 월 ②, 월 ②보다는 월 ③으로 뒷받침 월들이 차츰 길게 배열된 형태이다. 이런

점에서 (다), (마), (사) 단락과는 구별된다. (라) 단락과 같은 형태의 유형에 대해서는 다음 제7절에서 설명할 것이다.

3. 간결체의 교훈적 속살을 담은 단락 보기 글

아래 보기 글은 교장선생님이 여름방학을 맞이하기 직전 학교신문을 통하여 학생들에게 한 인사말이다. 이 글은 '텔레비전과 도도새'를 소재로 하여 쓴 교훈적인 글이라고 생각된다. (가)의 월 ③과 (나)의 다섯 번째 월이 긴 편이고 나머지 월은 대체로 그 길이가 매우 짧다. '이, 그, 저'와 같은 지시어도 사용되지 않고 있다. 이러한 특성을 고려해 보면, 이 글의 문체는 간결체로 볼 수 있다. 주제가 매우 분명한 글이다.

(12) 텔레비전과 도도새

신두련 (양지마당 제2호, 2005년 7월, 교장 인사말)

(가)

① 예전, TV가 보편화되기 전 저녁 무렵의 집안 풍경입니다.

② 저녁상을 물리고 나면 가족끼리 이런저런 이야기를 나눕니다.

○ 아버지는 신문이나 책을 읽으십니다.

③ ● 가슴에 책을 가만히 떨어뜨리면 잠이 드신 것이고, 어린 아이들은 옛이야기 해달라고 칭얼대거나 그림책을 읽다 잠이 들고, 생각이 많아 간혹 잠들지 못하는 젊은이들은 잠을 청하기 위해 두꺼운 수학참고서나 과학책을 꺼내 읽기도 했습니다. (31어절)

○ 잠들기에는 지루한 수학 과학 책이 최고였지요.

○ 지금 생각해보면 하루 10분 책읽기운동은 그 시절에는 모두가 실천하고 있는 생활이었습니다.

(나)

○ 근래에 눈부신 미디어의 발달로 텔레비전 채널이 다양해지고 여러분이
  좋아하는 스타들이 온종일 TV화면에서 각가지 재주를 뽐냅니다.

○ 재미있습니다.

○ 영화채널에서는 초인적인 능력을 자랑하는 주인공이 사람을 구하
  기도 하지만 악인이라는 이유로 더 많은 수의 사람을 파리 죽이듯
  죽입니다.

○ 대화가 없습니다.

● 권총 끝에서 선악 판단은 끝나고 여러분의 머릿속에서 사람살이에는
  **이해와 배려와 양보와 보살핌이 필요하다는 평소의 배움은 어쩐지 시시
  해 보이고 정의를 가장한 폭력은 멋있어 보입니다.** (23어절)

○ 폼이 납니다.

(다)

○ 이제, 도도새 이야기를 하겠습니다.

○ 도도새는 인도양 모리티우스섬에서 살다가 18세기 초에 멸종한 새입
  니다.

○ 조류도감에만 존재합니다.

○ 적도 부근의 따뜻한 기후와 풍요로운 환경 속에서 몸집을 키우고
  살찌워 멸종 당시 몸길이 75cm에 몸무게가 25kg이었다고 합니다.

(라)

○ 풍요로움과 편리함에 젖어 날기를 포기함으로써 날개가 퇴화해 길짐승
  이 되었다가 결국은 멸종해 버린 비극의 새입니다.

① 새가 난다는 것은 가장 중요한 본질입니다.

② 본질을 포기하여 돌이킬 수 없는 결과를 얻었습니다.

③ 새에게나 사람에게나 본질을 지킨다는 것은 매우 중요한 일입니다.

● 편리함, 배부름, 편안함, 재미있음만이 최선은 아닐 것입니다.

○ 우리는 도도새 이야기에서 교훈을 얻고자 합니다.

(마)

① 사랑하는 양곡중학생 여러분!

② 곧 즐거운 여름방학이 다가옵니다.

③ 39일간의 방학은 여러분에게 중요한 시간입니다.

○ '보는 것을 얻을 것이다(To see is to get)'라는 격언이 있습니다.

④ ● 하늘을 보고 산을 보고 책을 보고 자신의 내면을 바라보고 그러나 TV는 꺼버립시다.

⑤ 적어도 일주일에 한번은 텔레비전 켜지 않는 날로 정해놓고 자신과 대화하는 시간을 갖도록 합시다.

(바)

① 그리고 책을 읽읍시다.

② 아침은 언제나 신선합니다.

③ 오늘도 보람찬 하루가 되기를 바라기 때문입니다.

④ 양곡중학생의 여름나기는 나날이 미래를 준비하는 신선한 아침이기를 기대합니다.

(가) 단락에서는 'TV가 보편화되기 전에도 하루 10분 독서 운동이 실천되었음'을, (나) 단락에서는 'TV 채널이 다양해져서 흥미는 주지만 유익하지 못한 내용들도 방영되고 있음'을, (다) 단락에서는 '멸종된 도도새 이야기'를, (라) 단락에서는 '도도새가 멸종된 이유'를, (마) 단락에서는 'TV는 보지 말자'는 속살을, (바) 단락에서는 '양곡중학교 학생들은 여름 방학 동안에 독서를 많이 하자'는 속살을 각각 작은 주제로 제시하고 있다.

(바) 단락은 간결체 글로 이루어진 교훈적 속살을 담은 단락으로「단순한 월들을 순차적으로 조금씩 긴 월들이 되도록 배열하는 형태의 단락」을 만들어서 글을 펼치고 있다.

4. 간결체의 서사 단락 보기 글

다음 보기 글은 수필가 피천득 선생님의 '은전 한 닢'이라는 수필이다. 이 글은 각 단락마다 대체로 월의 길이가 짧다. 또한 복잡하게 설명하기 위한 연결어가 없다. 그리고 시간의 흐름에 따라서 사건을 펼치고 있다. 그러므로 이 글은 간결체 글로 이루어진 서사 단락이 모여서 된 글이라고 할 수 있다.

아래 보기 글의 (가), (나), (마) 단락에서는 단순한 월을 단순하게 배열한 형태의 단락을 만들어서 이 글의 주제인 '소박한 욕심을 지닌 인간미'를 드러내고 있다. 그러나, 보기 글의 (다), (라) 단락에서는 대화체 월이 주류(主流)를 이루면서 「단순한 월들을 순차적으로 조금씩 긴 월들이 되도록 배열하는 형태의 단락」을 만들고 있음을 확인할 수 있다.

(13) 은전 한 닢
　　　피천득

(가)
○ 내가 상해에서 본 일이다.
○ 늙은 거지 하나가 전장(錢莊: 돈을 바꾸는 집)에 가서 떨리는 손으로 일원짜리 은전 한 닢을 내놓으면서, "황송하지만 이 돈이 못쓰는 것이나 아닌지 좀 보아주십시오." 하고 그는 마치 선고를 기다리는 죄인과 같이 전장(錢莊) 사람의 입을 쳐다본다.
○ 전장(錢莊) 주인은 거지를 물끄러미 내려다보다가 돈을 두들겨 보고 '좋소' 하고 내어준다.
○ 그는 '좋소'라는 말에 기쁜 얼굴로 돈을 받아서 가슴깊이 집어넣고 절을 몇 번이나 하며 간다.

(나)

○ 그는 뒤를 자꾸 돌아다보며 얼마를 가더니, 또 다른 전장을 찾아 들어갔다.

○ 품속에 손을 넣고 한참을 꾸물거리다가 그 은전을 내어놓으며, "이것이 정말 은으로 만든 돈이오니까?" 하고 묻는다.

○ 전장 주인도 호기심 있는 눈으로 바라다보더니, "이 돈을 어디서 훔쳤어?"

○ 거지는 떨리는 목소리로, "아닙니다. 아니예요."

○ "그러면 길바닥에서 주웠다는 말이냐?"

○ "누가 그렇게 큰돈을 빠뜨립니까? 떨어지면 소리는 안나나요? 어서 도로 주십시오."

○ 거지는 손을 내밀었다.

○ 전장 사람은 웃으면서 '좋소'하고 던져 주었다.

(다)

○ 그는 얼른 집어서 가슴에 품고 황망히 달아난다.

○ 뒤를 흘끔흘끔 돌아다보며 얼마를 허덕이며 달아나더니 별안간 우뚝 선다.

① 서서 그 은전이 빠지지나 않았나 만져 보는 것이다.

② 거치른 손가락이 누더기 위로 그 돈을 쥘 때 그는 다시 웃는다.

③ 그리고 또 얼마를 걸어가다가 어떤 골목 으슥한 곳으로 찾아 들어가더니, 벽돌담 밑에 쭈그리고 앉아서 돈을 손바닥에 놓고 들여다보고 있었다.

○ 그는 얼마나 열중해 있었는지 내가 가까이 간 줄도 모르는 모양이었다.

○ "누가 그렇게 많이 도와 줍디까?" 하고 나는 물었다.

○ 그는 내 말소리에 움칠하면서 손을 가슴에 숨겼다.

○ 그리고는 떨리는 다리로 일어서서 달아나려고 했다.

○ "염려 마십시오, 빼앗아가지 않소," 하고 나는 그를 안심시키려고 하였다.

(라)

○ 한참 머뭇거리다가 그는 나를 쳐다보고 이야기를 하였다.

"① 이것은 훔친 것이 아닙니다.

① 길에서 얻은 것도 아닙니다.

② 누가 저 같은 놈에게 일 원 짜릴 줍니까?

② 각전(角錢:십 전 짜리 같은 잔 돈) 한 닢을 받아 본적이 없습니다.

③ 동전 한 닢 주시는 분도 백에 한 분이 쉽지 않습니다.

③ 나는 한 푼 한 푼 얻은 돈에서 몇 닢씩을 모았습니다.

④ 이렇게 모은 돈 마흔 여덟 닢을 각전 닢과 바꾸었습니다.

⑤ 이러기를 여섯 번을 하여 겨우 이 귀한 대양(大洋; 중국 화폐 은돈의

   이름) 한 푼을 갖게 되었습니다.

○ 이 돈을 얻느라고 여섯 달이 더 걸렸습니다."

(마)

○ 그의 뺨에는 눈물이 흘렀다.

○ 나는, "왜 그렇게까지 애를 써서 그 돈을 만들었단 말이오? 그 돈으로
   무엇을 하려오?" 하고 물었다.

○ 그는 다시 머뭇거리다가 대답했다.

○ "이 돈, 한 개가 갖고 싶었습니다."

위 보기 글의 (가) 단락은 들머리 부분이다. (나) 단락은 '은전을 다시
확인함'을, (다) 단락은 '거지와의 대면'을, (라) 단락은 '거지가 은전을
갖게 된 내력'을 각각 말하고 있다. (마) 단락은 마무리 단락이다. 이
수필의 주제는 여러 가지로 파악이 되겠지만 '삶의 목표는 비록 작다고
할지라도 그 개인에게는 매우 소중함'이라고 말할 수 있을 것이다.

이 글은 주로 짧은 월들로 이루어져 있다. 이 글에서는 이러한 짧은
월들이 사건을 신속하게 펼쳐나가는 데 이바지하고 있음을 확인할 수

있다. 그리고 이 글은 마무리 부분에서 일체의 논평이나 설명을 생략하여 읽는 이로 하여금 상상하도록 여운을 남기게 하여 큰 효과를 올리고 있다.

위 글 (다) 단락에서는 '은전에 대한 거지의 애착'을 말하기 위해서 '은전이 빠지지 않았나 만져보고', '은돈을 줄 때 웃고', '얼마를 가다가 다시 들여다보는' 모습을 제시하고 있다. 그리고, (라) 단락에서는 '거지가 은전을 갖게 된 내력'에 대하여 '훔치거나 길에서 얻은 것이 아님'을, '한 푼 한 푼 모은 돈임'을, '그 결과가 이 은(銀) 돈임'을 거지의 입을 통하여 제시하고 있다. (다)와 (라) 단락에서는 이처럼 다양한 정보를 차근차근 말하고자 하는 의도로 '단순한 뒷받침 문장들을 순차적으로 조금씩 긴 월들이 되도록 배열하는 형태의 단락'이 만들어졌다고 할 수 있다.

제6절 「탄력적인 월 형태를 지닌 단락」을 만들어 보자

지금까지는 '단순한 뒷받침 월들을 순차적으로 조금씩 긴 월들이 되도록 배열하는 형태의 단락'들에 대하여 살펴보았다. 여기서는 '뒷받침 월들을 순차적으로 조금씩 긴 월들이 되도록 배열하는 형태'와는 무관하면서도 탄력적인 월 형태를 지니고 있는 단락들에 대하여 살펴보고자 한다. 나아가 한 편의 글 전체에 이바지하는 해당 단락들의 구실에 대하여도 알아보고자 한다.

1. 간결체의 서정적 단락 보기 글

(14) 버스 안에서

강병효(1997년, 삼가고등학교 제2학년 힘찬반)

(가)

○ 오후 5시, 해가 어느 정도 기울어질 때면 변함 없이 좋은 울리고 우리들
모두는 썰물처럼 학교를 빠져 나온다.

○ 하지만 따뜻한 집으로 가기 위해서는 버스를 기다려야 한다.

○ 오후 6시 20분까지 이곳 삼가(三嘉: 경남 합천군에 있는 면소재지) 주차장에서
기다리고 있어야 하는 것이다.

○ 너무 지루하여 친구들 몇이서 선생님 몰래 오락실도 기웃거린다.

(나)

○ 드디어 버스가 도착한다.

① 마음이 놓인다.

② 하지만 한참을 애타게 기다려도 안 오면 짜증나고 화가 난다.

③ 그러다가 10분이 더 지나도 안 오면 혹시 운행에 차질이 있는 것이
아닌가 하며 걱정을 하게 된다.

(다)

● 버스를 타고 집으로 가는 동안에는 별로 넓지 않은 들녘과 크지
않은 나무들, 그리고 깨끗한 마을들이 창밖으로 보인다.

○ 비에 젖어 있는 산들을 바라보면 기분이 개운해진다.

○ 도로 주변의 산들은 사계절 언제나 푸르지만 요즈음이 가장 푸르게
보인다.

○ 작으면서도 당차 보이는 소나무들은 하루의 피로를 씻어 준다.

● 뾰족한 소나무 가지는 하늘에서 내리는 비를 향해 웃음 짓는 듯하며
푸르고 날카로운 잎은 비를 맞아서일까 더욱 푸르게 보이고 행복한
미소를 짓는 듯 하다.

(라)

○ 농부들이 잡초를 제거하여 가꾸어놓은 논은 내일의 결실을 향해 준비하고 있는 듯하다.

○ 그런 들을 바라보며 미래의 내 모습을 생각한다.

○ 열심히 공부하여 부모님에게 기쁨을 드려야겠다는 다짐을 하게 된다.

(마)

○ 매일, 같은 구간(區間)을 오가며 하루 동안에 있을 일을 생각해보기도 하고 또 준비해 보기도 한다.

○ 난 창 밖으로 내다보이는 저 봄의 푸른색이 왠지 좋다.

○ 비에 젖어도 웃는 듯한 그 미소, 나에게 새로운 날이 시작된다고 이야기하려는 듯한 저 자연에게 난 감사하는 마음을 가진다.

○ 앞으로 있을 내 모든 삶을 자연과 같이 하겠다고 마음 먹어본다.

위의 보기 글은 월의 길이가 짧은 점에서 볼 때 간결체이다. 이 글의 속살은 '버스를 기다리는 지루함과 버스 안에서 바라본 자연을 통한 새로운 감격과 결심'으로 정리될 수 있다. 그러므로 서정적인 글이다.

(다) 단락은 ● 표시한 문장들을 고려해 보면 '탄력적인 월 형태를 지닌 단락'에 해당된다. 이 단락의 첫 번째 월은 '~한 ~(대상) ~한 ~(대상)'의 구조로 탄력적인 월이 되고 있다. 그리고 마지막 월은 '~한 ~(대상)은 ~를 ~하는 듯하다'의 구조를 되풀이하여 탄력적인 월이 되었다.

이 단락에서는 '들과 나무 그리고 마을'이라는 대상에 대한 관심을 보인 다음 '나무' 그 중의 '소나무'에 대하여 관심을 보이고 있다. 이러한 속살은 다음 단락들에서 들을 보이고, 부모님을 생각하게 하고, 소나무를 바라보고 또 자연과 자신의 삶을 관련짓게 하는 든든한 배경이 되게 한다. 이 단락에서 보인 두 개의 구조가 다른 '탄력적인 월'은 이러한 특성을 부각시켜서 작은 주제를 뒷받침하고 있는 셈이다. 이처럼 다각도로 힘을 모아서 작은 주제를 드러내는 것은 '단락의 완결성'을 잘 지키게 하고 치밀하게 구성할 수 있게 하는 한 방법이 된다.

지금까지 우리는 보기 글 (14)를 통하여 긴걸체로 된 단락에서도 규모는 비록 작지만 탄력적인 월이 나타남을 살펴보았다. 다음은 만연체로 된 수필 단락 보기 글을 알아보고자 한다.

2. 만연체의 서정적 수필 단락 보기 글

다음 보기 글은 배혜영 학생의 글이다. 이 글은 '친구와 함께 하는 생활의 즐거움'을 주제로 하고 있다. 이 글에서는 친구들의 특징에 따른 별칭을 재미있게 지어서 부르고 있다. 여학생 특유의 우정을 팽팽하게 드러내고 있음을 느끼게 한다. 이런 점에서 이 글은 따뜻한 인간애(人間愛)를 느낄 수 있는 글이다.

이 글은 특별히 쉼표가 많이 사용된 긴 월이 (나) 단락에 두 개나 있다. 그리고 이 단락에서는 가리킴매김말(지시관형어) '이런'이 두 번이나 쓰이고 있다. 이러한 특징과 이 글에 사용된 낱말을 고려해 보면, 이 글은 다분히 만연체의 서정적인 글이라고 말할 수 있을 것이다.

(15) 나의 사랑하는 친구들
배혜영 (1997년, 삼가고 제2학년 힘찬반)

(가)
○ 항상 날 따스하게 이해해 주는 것은 아니지만 나에게 있어서 매우 소중한 친구가 있다.
○ 변함 없이 마음 한 구석에 자리잡고 나에게 자신감을 준다.

① 평범하면서도 특별한 나의 친구들.

② 때론 아주 좋고 때론 팍 때려 주고 싶은 친구들.

③ 오렌지나 레몬을 먹을 때처럼 생각만 해도 언제나 상쾌함이 느껴진다.

● 함께 웃고, 놀고, 의지하며 지내온 친구들.

○ 너무 의지해서 어깨가 없다.

(나)

● 매일 다투고 싸워도 항상 날 생각해 주는 은주, 자칭 착하고 캣우먼이라
고 우기는 혜연이, 또 천사의 탈을 쓴 악마라고 불리는 은희, 곱고
희기만 한 나의 사랑 해피, 나의 복돼지 미선이, 내게는 아주 못된
귀영이, 우리 반의 모범생 진영이, 마지막으로 오리와 강아지의 복합적
인 목소리를 가진 비상한 웃음을 가진 영경이. (47 어절)

● 이런 친구들과 점심 시간에 반찬 많이 먹을 거라고 다투고, 한
번 만나서 얘기하다 보면 서로 자기가 잘났다고 팍팍 웃고, 아무튼
간에 이런 친구들과 얼싸 안고, 얘기하고, 놀려가고 등등 이제 나의
생활의 일부분이 되었다. (33 어절)

○ 이런 친구들 때문에 하루동안 즐겁고 보람차게 학교 생활을 하는
것 같다.

(다)

○ 나의 사랑하는 친구들과 함께 웃고 언제까지나 같이 있고 싶다.

○ 이런 친구들이 항상 나 곁에서 나를 지켜 주었기에 나는 지금 이렇게
행복하게 살아가고 있는 것이다.

○ 매일 투정이나 부리고 바라기만 한 나.

○ 이제부터는 나도 친구들을 위하여 착하고 이해심 많은 친구가 되어야
하겠다.

○ 나의 수호천사들 영원히 내 안에 머물러 자리잡고 있을 것이다.

○ 사랑한다, 친구야!

○ 영원히.

위의 보기 글 (가) 단락은 들머리 부분이다. (나) 단락에서는 친구들을 열거하고, 친구와 함께 즐거워했던 일들을 열거하면서 '우정에 대한 감격'을 말하고 있다. (다) 단락은 마무리 부분이다.

(나) 단락은 중심 단락에 속한다. 글 쓴 이는 (나) 단락에서 '이름의 열서', '이음씨끝의 되풀이', '월 구조의 되풀이', '마디를 차츰 길게 하는 월 구조'와 같은 탄력적인 월들을 복합적으로 사용하여 주제인 '친구와 함께 하는 생활의 즐거움'을 잘 나타내고 있다.

3. 우유체의 교훈적 수필 단락 보기 글

아래 보기 글은 김원주 학생이 '어머니의 눈물'을 소재로 하여 쓴 글이다. 이 보기 글은 '병(病)'이 들었을 때 겪은 어머니의 태도를 묘사하고 어머니의 은혜를 체험한 감격'을 표현한 교훈적인 수필이다. 이 글은 시간적 흐름에 따라 기술하고 있다. 시간적 흐름에 따라 글을 펼친다는 측면에서 이 글은 서사적인 글이라고도 말할 수 있다. 우리는 이와 같이 묘사를 포함한 교훈적이면서도 서사적인 보기 글 (16)과 같은 글 속에서도, (마) 단락과 같은 「탄력적인 월 형태를 지닌 단락」을 만들고 있음을 확인할 수 있을 것이다.

이 글은 대체로 길이가 짧은 월로 되어 있다. 그러나 속살을 보면 이 글에서는 '어머니, 친구, 헌신, 병원, 사랑, 결석, 아픔,……' 등의 부드러운 느낌을 주는 낱말이 많이 나타난다. 이런 점에서 이 글은 강건체의 글로는 보기 어렵고 우유체의 글로 이루어져 있다고 말할 수 있다.

(16) 어머니의 눈물

김원주 (1997년, 삼가고등학교 제2학년 힘찬반)

(가)

① 세상에서 가장 위대한 분은 어머니이시다.

② 어머니가 계셨기 때문에 지금의 우리가 있는 것이기 때문이다.

○ 나에게도 누구보다도 소중한 어머니가 계신다.

③ ● 어머니는 나의 친구이시며, 나의 영원한 숭배자이시며, 이 세상 무엇과도 바꿀 수 없는 절대적 존재이시다.

(나)

○ 그래서 어머니와 나 사이에는 비밀이라는 것이 존재하지 않는다.

○ 어머니는 항상 나를 밀어 주시고 사랑해 주신다.

① 어릴 때는 그것을 잘 몰랐다.

② 그것은 너무도 당연한 일이라고만 생각했다.

③ 그러나 그것은 결코 당연한 일이 아닌 어머니의 절대적인 헌신과 사랑이라는 것을 일깨워 주는 일이 있었다.

○ 그 일 후 나는 어머니를 더욱 사랑하게 되었다.

(다)

① 2년 전 중학교 때의 일이다.

② 나는 갑자기 건강이 나빠져서 심한 몸살로 자리에 눕는 일이 많았다.

③ ● 일 주일에 두 세 번은 병원에 가야 했고, 이틀은 결석을 해야 했고, 약은 항상 머리맡에 있었다.

(라)

① 그런데도 어머니는 바쁘셔서 나를 간호하실 수가 없었다.

② 나는 조퇴를 하여 혼자서 병원을 다녀온 후 집에 누워 있어야 했다.

③ ● 그럴 때면 으레 온갖 생각들, 학교, 친구, 사랑, 죽음, 분노, 실망, 원망, 좌절 등이 머리 속을 꽉 채우곤 했다.

○ 나는 주로 어머니를 원망했다.

○ 나를 혼자 이렇게 내버려두고 어머니는 무얼 한단 말인가.

○ 나는 분해서 이불을 뒤집어쓰고 울어댔다.

(마)

● 그러던 어느 날 나는 몸이 너무 아파 밥을 먹을 수도, 죽을 먹을 수도, 심지어 물을 마실 수도 없었고, 몸을 움직일 수도 없었다.

○ 그때 어머니께서 밭일을 하시다 말고 들어오셨다.

○ 그리고는 무엇이든지 좀 먹어보라고 하셨다.

○ 그러나 나는 짜증을 부리고 죽든 살든 상관하지 말라고 했다.

(바)

① 그때 어머니는 하염없는 눈물을 흘리시며 우셨다.

②● 어깨를 들썩이고 방바닥을 치시면서 때로는 나를 어루만지시면서 하염없이 우시는 것이었다.

③ 어머니는 "네가 이렇게 아무것도 먹지 않고 있으면 나도 아무것도 먹지 않을 것이다. 제발 좀 먹어라." 라는 말씀을 계속해서 하시면서 서럽게 우시는 것이었다.

○ 나는 어머니를 똑바로 쳐다볼 수가 없었다.

(사)

① 나는 어머니의 눈물이 얼마나 가슴 아픈 것인지 알게 되었다.

② 나라는 존재를 위한 어머니의 순수한 사랑의 눈물 앞에서 나는 얼마나 후회했는지 모른다.

○ 나는 어머니의 마음을 헤아리지 않고 내 자신만을 생각하고 있었던 것이었다.

③● 나는 나의 옹졸하고 불효 막심한 행동 때문에 죄송하다는 말도, 고개를 쳐들 수도, 그리고 이제는 울 수도 없었다.

○ 지금에 와서 생각하면 그때 내가 왜 그랬는지 이해가 안 가는 것도 있다.

○ 그때는 철이 덜 들었던 것 같다.

(아)

① 지금도 나는 건강이 썩 좋지 않다.

② 그래서 어머니 속을 몹시 상하게 할 때가 많다.

③ 어서 빨리 건강이 좋아져서 어머니의 근심을 덜어드리고 싶다.

● 어머니의 훌륭한 딸이 되고 싶다.

● 자랑스런 딸이 되고 싶다.

● 그리고 무슨 일이든지 열심히 해서 어머니를 기쁘게 해 드리고 싶다.

(자)

① 나는 알고 있다.

② 어머니의 사랑이 얼마나 큰 것인지.

③ 그 사랑 속에는 얼마나 큰 아픔과 눈물이 배어 있는지.

④ 이번 추석에는 송편을 맛있게 빚어서 어머니께 큰 절을 올려야겠다.

○ 오늘은 달이 유난히도 다정해 보인다.

위 보기 글의 (가) 단락은 '어머니의 깊은 사랑'에 관한 들머리 부분이다. (나) 단락은 '어머니의 사랑을 깨닫는 어떤 계기가 있었음'을, (다) 단락은 '나는 중학교 2학년 때에 몹시 아픈 적이 있었음'을, (라) 단락은 '그 때는 어머니를 원망하였음'을 말하고 있다.

(마) 단락은 '그때 어머니께서는 나를 설득시키려고 애를 썼으나 나는 짜증만 부렸음'에 대하여, (바) 단락은 '이러한 때에 어머니는 눈물을 흘렸음'을, (사) 단락에서는 '어머니의 눈물에 대한 감동'을 각각 말하고 있는데 (사) 단락은 이 글의 주제가 되고 있다. (아) 단락은 '어머니의 근심을 덜어드리고 싶고, 나도 어머니의 훌륭한 딸이 되고 싶다'라는 속살을, (자) 단락에서는 (아) 단락을 부연 설명하고 있다.

(마) 단락의 첫 번째 월에서는 '~을 ~할 수도 (없었다)'와 같은 월 구조를 네 번이나 되풀이하여 탄력적인 월 형태를 지닌 단락을 만들고 있음을 본다. 이 글은 청소년기에 겪는 질풍노도와 같은 순수한 감정을

마음껏 펼쳐 나가면서도 다시 이를 잘 통제해 나가고 있다.

다음 보기 글은 수필가 김소운 선생님의 '인생의 묘미'라는 작품이다. 이 글은 '생활 주변의 사물에 대한 성찰을 통해서 인생의 행복과 참다운 용기를 얻는다'는 교훈을 담은 글이라고 말할 수 있다.

이 글에서는 '실패, 성공, 장사, 바둑판, 목침, 형겊, 추위, 더위, 행복, 인생 ……' 등의 부드러운 말들이 많이 사용되고 있다. 이런 측면에서 이 글의 문체는 우유체라고 말할 수 있을 것이다.

아래 보기 글 (가)와 (나) 단락은 '월들을 차츰 길게 배열한 부분'을 포함하고 있으면서 그 단락 안에서 「탄력적인 월 형태」를 지니고 있다. 그러나 (다)와 (라) 단락은 '월들을 차츰 길게 배열한 부분'은 없는 단락이면서 「탄력적인 월 형태」를 지니고 있다.

　　(17) 인생의 묘미(妙味)
　　　　김소운

　　(가)
　　① 실패란 것이 있고 성공이란 것이 있다.
　　② 어떤 것이 성공이며 어떤 것이 실패인가를 ㄱ씨는 모른다.
　　③ 천 원 어치 행상꾼이 만 원 밑천으로 판자 가게를 내게 된 것도 성공이요, 10억 자본의 큰 회사가 5억으로 줄어든 것도 실패라면 실패이다.
　　● 10만 원 이윤을 기대했던 장사가 5만원 번 것은 실패라고 볼 수 있고, 5천 원을 바랐다가 만원이 생기면 이것은 성공일 수밖에 없다.

　　(나)
　　○ 오랜 세월을 두고 공들여서 기른 나무가 바둑판으로 완성될 직전에 예측하지 않은 사고로 금이 가 버리는 수가 있다.
　　○ 1급품 바둑판이 목침(木枕) 감으로 전락할 순간이다.
　　○ 그러나 그것이 최후는 아니다.

○ 금간 틈으로 먼지나 티가 들지 않도록 헝겊으로 고이 싸서 손 가지 않는 곳에 간수해 둔다.
①● 1년, 이태, 때로 3년까지 그냥 두어둔다.
②● 추위와 더위가 몇 차례 없이 되풀이되고, 습기와 건조가 여러 차례 순환된다.
③ 그 새 상처 났던 바둑판은 제 힘으로 제 상처를 고쳐서 본디대로 유착(癒着)해 버리고, 금갔던 자리에 머리카락 같은 흔적만이 남는다.

(다)
○ 한 번 금이 갔다가 다시 제 힘으로 붙어진 것은 그 부드럽고 연한 특질을 증명해 보인, 이를테면 졸업증서이다.
○ 하마터면 목침감이 될 뻔한 비자목 바둑판이 이래서 특급품으로 승격한다.
○ ㄱ씨가 말하는 인생의 묘미란 이것이다.
○ 실패나 불행은 환영할 것이 못된다.
○ 그러나 그것이 마지막은 아니다.
● 실패와 성공을 몇 차례 없이 거듭하면서, 쓴맛 단맛을 고루고루 겪어가면서 살아가는 인생, 만일에 쓰러진 채 다시 일어나지 못하는 실패가 있다면 그것이야말로 막가는 실패요 불행일 수밖에 없다.
○ 금이 간 채 제 힘으로는 아물지 않는 바둑판 맞잡이다.

(라)
● 제 눈으로 빛을 볼 수 있는, 제 다리로 길을 걸을 수 있는 성한 사람들이 만일에 소경이나 앉은뱅이의 마음을 가질 수만 있다면 이세상의 불행은 얼마나 줄어들 것인가?
● 자유롭게 제 발로 길가는 행인이 호송 차에 실려 가는 수인의 마음을 엿볼 수만 있다면 그들은 자신의 행복에 얼마나 가슴이 뛸 것인가?
○ 온 천지에 넘쳐흐르는 행복!
○ 목마른 자만이 아는 물 한 그릇의 행복!

위의 보기 글 중 (가) 단락은 '실패와 성공'에 관한 들머리 부분이다. (나) 단락은 '상처가 난 바둑판의 운명과 변신'을, (다) 단락은 '바둑판의 운명과 인생의 실패와 성공'을 대비시키고 있다. (라) 단락은 '고통을 겪은 자만이 평범한 생활의 행복을 안다'라는 이 글의 주제를 말하고 있다.

(다) 단락의 내부를 관찰하면, 이 단락은 한 개의 탄력적인 월을 지니고 있음을 알 수 있다. 즉 (다) 단락의 여섯 번째 월에서는 '~을 ~하면서'와 같은 월 구조를 되풀이하여 탄력적인 월 형태를 지니고 있음을 본다.

그리고 (라) 단락은 두 개의 탄력적인 월을 지니고 있다. 첫 번째 월에서는 '제 ~로 ~을 ~할 수 있는'의 구조를 되풀이하고 있으며, 두 번째 월에서는 '제 ~로 ~하는 ~이 ~만 있다면 얼마나 ~할 것인가?'와 같은 바로 앞의 월 구조를 되풀이하고 있음을 확인할 수 있다. 우리는 전문 수필가의 작품인 위 글에서 「탄력적인 월 형태를 지닌 단락」을 만들고 있음을 살펴본 셈이다.

다음 보기 글은 작가 박완서 선생님의 '꼴찌에게 보내는 갈채'라는 수필 중 일부이다. 이 글의 주제는 '흔히 예사롭게 여길 수 있는 꼴찌에게 그가 끈질기게 자기 일에 충실하다고 한다면, 갈채를 보내는 것이 매우 마땅하다'라는 교훈이라고 생각된다. 그런 의미에서 이 글은 매우 감동적이라고 여겨진다. 이 글에서도 보기 글 (16)이나 보기 글 (17)과 마찬가지로 길이가 짧은 월들이 많다. 그리고 이 글에서는 '표정, 고통, 정직, 환호, 영광, 마라톤, 박수, 꼴찌…' 등의 정서를 나타내는 낱말들이 많이 쓰이고 있다. 이런 점에서 볼 때 이 글의 문체는 우유체라고 말할 수 있다.

(18) 꼴찌에게 보내는 갈채

박완서

꼴찌 주자의 위대성

(가)

○ (앞부분 줄임) 나는 그런 표정을 생전 처음 보는 것처럼 느꼈다.

● 여지껏 그렇게 정직하게 고통스런 얼굴을, 그렇게 정직하게 고독한 얼굴을 본 적이 없다.

① 가슴이 뭉클하더니 심하게 두근거렸다.

②● 그는 20 등, 30 등을 초월해서 위대해 보였다.

③ 지금 모든 환호와 영광은 우승자에게 있고 그는 환호 없이 달릴 수 있기에 위대해 보였다.

(나)

○ 나는 그를 위해 뭔가 하지 않으면 안 된다고 생각했다.

● 왜냐하면 내가 좀 전에 그의 20 등, 30 등을 우습고 불쌍하다고 생각했던 것처럼 그도 자기의 20 등, 30 등을 우습고 불쌍하다고 생각하면서 엣다 모르겠다 하고 그 자리에 주저앉아 버리면 어쩌나 싶어서였다.

● 어떡하든 그가 그의 20 등, 30 등을 우습고 불쌍하다고 느끼지 말아야 느끼기만 하면 그는 당장 주저앉게 돼 있었다.

○ 그는 지금 그가 괴롭고 고독하지만 위대하다는 걸 알아야 했다.

○ 나는 용감하게 인도에서 차도로 뛰어내리면서 그를 향해 열렬한 박수를 보내며 환성을 질렀다.

(다)

○ 나는 그가 주저앉는 걸 보면 안되었다.

○ 나는 그저 주저앉는 걸 봄으로써 내가 주저앉고 말 듯한 어떤 미신적인 연대감마저 느끼며 실로 열렬하고도 우렁찬 환영을 했다.

① 내 고독한 환호에 딴 사람들도 합세를 해 주었다.

②● 푸른 마라토너 뒤에도 또 그 뒤에도 주자는 잇따랐다.

③ 꼴찌 주자까지를 그렇게 열렬하게 성원하고 나니 손바닥이 붉게 부풀어올라 있었다.

④ 그러나 뜻밖의 장소에서 환호하고픈 오랜 갈망을 마음껏 풀 수 있었던 내 몸은 날 듯이 가벼웠다.

(라)

○ 그전까지만 해도 나는 마라톤이란 매력 없는 우직한 스포츠라고 밖에 생각 안 했었다.

○ 그러나 앞으론 그것을 좀더 좋아하게 될 것 같다.

○ 그것이 조금도 속임수가 용납 안 되는 정직한 운동이기 때문에.

● 또, 끝까지 달려서 골인한 꼴찌주자도 좋아하게 될 것 같다.

● 그 무서운 고통과 고독을 이긴 의지력 때문에.

(마)

① 나는 아직 그 무서운 고통과 고독의 참뜻을 알고 있지 못하다.

② 왜 그들공부하기가 힘듦이 그들의 체력으로 할 수 있는 하고많은 일들 중에도 그 일을 택했을까 의아스럽기까지 하다.

③● 그러나 그 날 내가 20등, 30등에서 꼴찌 주자에게까지 보낸 열심스러운 박수 갈채는 몇 년 전 박신자 선수한테 보낸 환호만큼이나 신나는 것이었고, 더 깊이 감동스러운 것이었고, 더 육친애적인 것이었고, 전혀 새로운 희열을 동반한 것이었다.

위 글의 각 단락들은 작은 주제를 행간에서 자연스럽게 드러내고 있음을 알 수 있다. (가) 단락에서는 '고통스럽고 고독한 얼굴을 지닌, 환호를 받지 못한 주자(走者)의 위대함'에 대하여 말하고 있다. (나) 단락은 '나는 그 주자를 위해 열렬하게 응원하였음'에 대하여 말하고 있다. (다) 단락은 '꼴찌 주자까지 열렬하게 응원하였음'에 대하여 말하고 있다. 그리고 (라) 단락에서는 '무서운 고통과 의지력을 요구하는 경기이기 때문에 마라톤을 좋아하게 될 것 같다'라고 말하고 있으며, (마) 단락에서는 '무서운 고통과 고독의 참뜻을 알고 있지 못하지만 열심히 박수를 보낸 것'임에 대하여 언급하고 있다.

(나)와 (라) 단락은 각각 '두 개의 탄력적인 형태의 월을 지닌 단락'임을 확인할 수 있다.

(나) 단락의 두 번째 월에서는 '~의 20등, 30등을 우습고 불쌍하다고 생각했던 것'이라는 구조를 되풀이하고 있으며, 세 번째 월에서는 이러한 앞 월 구조를 한 번 더 활용하고 있다. (라) 단락이 '앞 월 구조의 되풀이'임에 대해서는 제6장 제3절 3항에서 이미 설명한 바가 있다.

이러한 장치는 (나) 단락의 주제인 '나는 그 주자(走者)를 위해 열렬하게 응원하였음'과, (라) 단락의 주제인 '무서운 고통과 의지력을 요구하는 경기이기 때문에 마라톤을 좋아하게 될 것 같다'라는 속살을 분명하게 드러내는 데 이바지하고 있음을 확인하게 된다.

4. 강건체의 결심을 드러내는 단락 보기 글

다음 글은 최순덕 학생의 글 '고교생의 멋'이라는 글이다. 이 글은 '고교생의 멋은 아무리 어렵고 힘들더라도 열심히 공부하는 것'이라는 강한 결심을 드러낸 글이라고 말할 수 있다. 이 글은 '같지 않다, 변함이 없다, 의심치 않는다, 두렵지는 않다' 등의 강한 뜻을 지닌 서술어의 사용이 두드러진다. 그리고 '꿈꾸어 왔던가'와 같은 영탄법이 사용되고 있다. 또한 '정말, 물론, 오히려, 비록' 등의 힘줌어찌씨(강조부사)가 사용되고 있다. 이러한 점을 고려해 보면 이 글은 강건체임을 알 수 있다. (장재성 선생님의 「문장 표현사전」, 문장연구사 참조)

이 글 (가),(나),(다) 단락에서는 ● 표시의 탄력적인 월이 각각 하나 이상씩 설정되어 있다. 그런데 (다) 단락은 월들을 순차적으로 긴 월들이 되도록 배열하는 일과는 관련 없이 오직 「탄력적인 뒷받침 월만을 지닌 단락」이다.

(19) 고교생의 멋

최순덕 (1997년, 삼가고 제3학년)

(가)
① 놀라운 일이다.
② 어느 새 고교생으로 삼가고등학교에 동화되어 있다는 사실은.
③● 모든 일이 그렇겠지만, 조금씩 자라온 내 모습과 밟아온 지난 길들을 되돌아보며 지금 내가 서 있는 이곳은 어디쯤인가 하고 생각하는 일은 경이로움을 자아내기까지 한다.

(나)
① 정말 시간은 흐르는 물 같은 것이라는 어른들의 말씀이 결코 낡아빠진 옛이야기 같지 않다.
②● 교복을 동경했던 유년시절과 고등학교라는 건 전혀 다른 세계처럼 느껴지던 중학시절을 지나, 나는 이제 10대의 마지막 학창시절인 고교생이 되었다.
○ 그 지나온 시간들 속의 나는, 지금의 나를 어떤 모습으로 상상하고 수없이 꿈꾸어왔던가.
③● 물론 초등학교 때가 그랬고 중학교 때가 그랬듯이 고등학교 역시 한낱 꿈 같았던 기대는 자연히 사라져 버렸고, '대학을 위한 중간 단계로서 나의 잠과 아까운 아침과 저녁 시간들을 매몰차게 앗아가 버리는 잔인하기 그지없는 교육 기관' 정도의 의미로 또렷해 가고 있을 뿐이지만 말이다.

(다)

○ 하지만 어느 누구에게도 책임을 돌릴 수 없는 비정한 현실이 되어 버린 지 오래인 교육제도 때문에 나의 고교생활이 꽉 막힌 감옥처럼 느껴진다고 해도, 그 모든 사실을 떠나 내가 무한한 가능성을 지니고 있으며 꿈을 먹고 살아가는 '고교'이라는 아름다운 이름표를 달고 있음에는 변함이 없다.

○ 아니 오히려 '공부'와 '입시'라는 장애물들이, 내가 진실로 후회하지 않을 여고생으로서의 3년을 만드는 데에 자극제가 되어 주기도 하리라 생각한다.

● 비록 미치도록 졸음이 엄습하는 오후 두 시의 수학 시간이지만, 길게 느껴지는 야간 자율학습 시간이지만, 고교생이라는 아름다운 이름으로 모든 것을 견딜 수 있겠지.

○ 나를 형성해 가는 푸른 봄의 시절, 그 자체로도 넘치고도 남을 멋이 있음을 의심치 않는다.

○ 두렵지는 않다.

○ 나는 건강하고 밝으며 내 현실을 이기고 극복해가며 나를 만들어 나갈 능력을 잠재한 고교생이므로.

위의 (가) 단락에서는 '고등학생이 된 감격', (나) 단락에서는 '세월이 빨리 지나감과 공부하기가 힘듦', (다) 단락에서는 '힘든 고등학교 시절을 극복하고자 하는 의지'를 각각 말하고 있다. 이러한 작은 주제들을 지닌 각 단락들은 앞 단락의 속살을 더 채우거나 바꾸는 논리적 관계로 연결되어 있다. (다) 단락 글은 긴 월을 쓰다가 짧은 글로 전환하면서 글을 매듭짓고 있다. 여운을 남기게 한다.

(나) 단락의 두 번째 월(② 번 월)은 '~하던 ~시절'이라는 구조가 되풀이되고 네 번째 월(③ 번 월)은 '~학교 때가 그랬고'라는 구조로 탄력적인 월 형태를 하고 있으며, (다) 단락의 세 번째 월은 '~하는 ~시간이지만'이라는 구조로 탄력적인 월 형태를 하고 있다. 이러한

탄력적인 월 형태는 이 글의 주제인 '아무리 어렵고 힘들더라도 고교생의 멋은 열심히 공부하는 것'이라는 속살을 쉽고 효율적으로 뒷받침하고 있음을 알 수 있다.

예전의 '강건체'로 된 글들은 격문(檄文) 투의 글로써 충동적이고 독단에 빠지거나 관념으로 전락해 버린 경우가 많았다. 그러나 위 학생의 글은 진실한 글이면서도 중후(重厚)한 느낌을 주는 '강건체' 글이 되었다. 위의 글은 글 쓴 이가 추구하는 이상과 꿈을 실현하기 위한 과정에서 겪는 '환희와 좌절', 그리고 다시 이를 '극복하고자 하는 의지'를 잘 드러내고 있다.

5. 화려체의 대상을 예찬하는 단락 보기 글

다음 글은 작가 나도향 님의 '그믐달'이라는 제목의 수필이다. 이 글에서 글 쓴 이는 '한 많고 애절한 맛이 있는 그믐달을 좋아한다'라는 주제를 말하고 있는 것 같다. 이 글은 대상인 그믐달을 예찬한 글이다. 정감을 풍부하게 드러낸 수필이다. 그리고 빗댐이 풍부하게 나타나 있는 화려체 글로 이루어져 있다.

(가)와 (다) 단락에서는 제법 긴 뒷받침 월(20~24 어절 정도)과 아주 긴 뒷받침 월(25 어절 이상)까지도 사용하여 구체적 진술 단락을 만들고 있음을 보게 된다.

    (20) 그믐 달

        나도향

    (가)

    ① 나는 그믐달을 몹시 사랑한다.

    ② 그믐달은 요염하여 감히 손을 댈 수도 없고, 말을 붙일 수도 없이 깜찍하게 예쁜 계집 같은 달인 동시에, 가슴이 저리고 쓰리도록 가련

한 달이다. (22어절)

③● 서산 위에 잠깐 나타났다 숨어버린 초생달은 세상을 후려삼키려는 독부(毒婦)가 아니면, 철모르는 처녀 같은 달이지마는, 그믐달은 세상의 갖은 풍상을 다 겪고, 나중에는 그 무슨 원한을 품고서 애처롭게 쓰러지는 원부(怨婦)와 같이 애절하고 애절한 맛이 있다. (33어절)

● 보름에 둥근 달은 모든 영화와 끝없는 숭배를 받는 여왕(女王)과 같은 달이지마는, 그믐달은 애인을 잃고 쫓겨남을 당한 공주와 같은 달이다. (19어절)

(나)

● 초생달이나 보름달은 보는 이가 많지마는, 그믐달은 보는 이가 적어 그만큼 외로운 달이다.

○ 객창 한등(寒燈)에 정든 임 그리워 잠 못 들어하는 분이나, 못 견디게 쓰린 가슴을 움켜잡은 무슨 한(恨) 있는 사람이 아니면, 그 달을 보아주는 이가 별로이 없을 것이다.

(다)

① 그는 고요한 꿈나라에서 평화롭게 잠들은 세상을 저주하며, 홀로이 머리를 풀어뜨리고 우는 청상(靑孀)과 같은 달이다.

②● 내 눈에는 초생달 빛은 따뜻한 황금빛에 날카로운 쇳소리가 나는 듯하고, 보름달은 쳐다보면 하얀 얼굴이 언제든지 웃는 듯하지마는, 그믐달은 공중에서 번듯하는 날카로운 비수(匕首)와 같이 푸른 빛이 있어 보인다. (27어절)

③● 내가 한(恨) 있는 사람이 되어서 그러한지는 모르지마는, 내가 그 달을 많이 보고 또 보기를 원하지만, 그 달은 한(恨) 있는 사람만 보아주는 것이 아니라, 늦게 돌아가는 술 주정꾼과 노름하다 오줌 누러 나온 사람도 보고, 어떤 때는 도둑놈도 보는 것이다. (38어절)

> (라)
> ● 어떻든지, 그믐달은 가장 정(情) 있는 사람이 보는 중에, 또는 가장 한(恨) 있는 사람이 보아주고, 또 가장 무정한 사람이 보는 동시에 가장 무서운 사람들이 많이 보아준다.
> ○ 내가 만일 여자로 태어날 수 있다 하면, 그믐달 같은 여자로 태어나고 싶다.

위 글의 (가) 단락은 '나는 예쁘고 가련한 달인 그믐달을 사랑한다'는 속살을, (나) 단락은 '그믐달은 한(恨) 많은 사람이 보는 달'이라는 속살을 말하고 있다. (다) 단락은 (나) 단락을 구체적으로 상세히 설명해 주고 있다. (라) 단락은 '여자로 태어나면 그믐달 같은 여자로 태어나고 싶다'라고 말하고 있다.

위 글의 (가)와 (다) 단락에서는 「탄력적인 뒷받침 월들을 함께 넣어 문장들을 순차적으로 긴 월들이 되도록 배열하는 형태의 단락」을 만들고 있다. 즉, (가) 단락에서 탄력적인 월 세 개를 만들고 아울러 이를 함께 넣어 차츰 월들을 길게 배열하여 단락을 만들고 있음을 확인하게 된다.

이 책을 읽는 이들은 이미 ● 표시를 한 월들이 나타나는 '월의 구조'를 잘 파악하고 있을 것으로 생각되어 이에 대한 설명은 줄인다. 그리고 (다) 단락에서 탄력적인 월 두 개를 만들고 차츰 월들을 길게 배열하여 단락을 만들고 있음도 확인할 수 있을 것이다.

「탄력적인 뒷받침 월들을 함께 넣어 월들을 순차적으로 긴 월들이 되도록 배열하는 형태의 단락」의 특성을 지닌 (가)와 (다) 단락과는 달리, (나), (라) 단락은 '순차적으로 긴 월들이 되도록 배열하는 형태'와는 상관이 없는 「탄력적인 뒷받침 월 형태를 지닌 단락」이라고 말할 수 있다. (나) 단락의 첫 번째 월은 이름씨인 '달'을 열거하고 있다. (라) 단락의 첫 번째 월은 '가장 ~한 사람이 보아주다' 라는 구조로 탄력이 붙은 월이다. (라) 단락은 이 글 전체의 주제를 드러내고 있다. (라) 단락의 첫 번째 월에 해당되는 「탄력적인 뒷받침 월」의 힘에 의하여 그 다음 월인 마지막 월에서 주제를 드러내고 있는 것이다. 작가 나도향은 25세의 꽃다운 나이로 일찍 죽은 사람이다. 이 글의 주제는 한 많은 그의 삶을 반영하는 듯하다.

6. 건조체의 논설문 단락 보기 글

다음 글은 김광수 교수님의 저서 '논리와 비판적 사고'의 머리말 중 중간 부분을 따온 것이다.

논라논술은 대체로 논리적으로 기술하기 위하여 속살을 고도로 간략하게, 그리고 월을 짧게 밝히는 것을 중요시한다. 그런데 이 글은 '논리와 비판적 사고'라는 책의 속살이 무엇인가에 대하여 읽는 이를 설득하기 위한 목적을 지닌 '논설문'이라고 볼 수 있다.

이 글은 빗댐과 수식(修飾)이 없다. 그리고 '것' 이름씨마디(명사절)가 많이 쓰이고 있다. 또한 이 보기 글에서 쓰여진 낱말들은 '삶, 문제, 판단, 생각, 자아 실현, 규칙, 논리학, 응용, 공학, 척도, 비판, 주장……' 등의 '생각'과 관련되는 말들이다.

이러한 점을 근거로 하여 볼 때 이 글의 문체는 건조체라고 말할 수 있다.

(21) 「논리와 비판적 사고」의 머리말의 일부

김광수

(가)

① 삶은 문제를 풀어 가는 과정이라고 할 수 있다.

② 문제를 풀어가면서 자아 실현의 기쁨을 맛보는 것이다.

③ 그러나 자아 실현의 기쁨이 소중한 만큼 문제 풀이도 어렵다.

④ 확신을 가지고 자신의 삶을 경영하고자 하는 사람일수록 문제는 더 어려워진다.

⑤● 자신의 생각이 옳은지, 어떻게 하는 것이 바람직한지를 판단할 수 없게까지 된다.

○ 그래서 정신을 '맑게 할' 목적으로 논리학 책을 펴들기도 한다.

○ 논리적으로 사고할 수 있으면 도움이 될 것이라는 생각에서이다.

(나)

○ 그러나 불행히도 논리학 책은 거의 도움이 되지 못한다.

○ 여러 가지 까다로운 규칙들에 대하여 말하고는 있지만, 구체적인 상황 속에서 어떻게 그 규칙들을 응용할지에 대하여는 전혀 말하고 있지 않기 때문이다.

○ 물리학이 우주선을 우주로 날려보낼 수 있었던 것은 기계공학, 전자공학 등의 덕분이었다.

● 마찬가지로 논리학이 우리의 문제 해결에 도움을 줄 수 있기 위해서는 일종의 '논리 공학'이 필요한데, 어떤 논리학 책도 논리의 공학적 측면에 대해서는 외면하고 있는 실정인 것이다.(25어절)

(다)

○ 이 책은 바로 이러한 논리의 응용적 측면에 대한 필요성에서 씌어졌다.

● 학교에서, 직장에서, 책에서, 토론석상에서 우리는 많은 주장들을 접하고, 그 주장들에 대하여 어떤 판단을 해야 할 입장에 처하게 된다. (18어절)

○ 권위와 독단과 물리적 힘이 지배하던 시대에는 힘있는 자의 의지가 판단의 척도였었다.

① 그러나 우리는 이제 민주화의 시대를 맞았다.

② 그래서 누구나 당당하게 자신의 목소리를 낼 수 있게 된 것이다.

③ 우리의 삶을 우리의 지혜를 모아 우리 스스로 가꾸는 시대가 된 것이다.

④● 이 책은 이러한 '우리의 삶'을 가꾸는 데에 절대적으로 요청되는 비판적 사고, 합리적 사고, 과학적 사고, 주체적 사고, 자율적 사고에 대한 길잡이의 역할을 할 목적을 가지고 읽는 이들을 만날 것이다. (28어절)

○ 따라서 필자는 이 책이 기본적으로 대학에서 '논리학 입문' 수준의 강좌 교재로 사용될 뿐 만 아니라 일반 읽는 이들도 편안하게 읽고, 이해할 수 있는 것이 되도록 노력하였다. (25어절)

(라)

● 이 책은 크게 두 부분, 즉 종래의 논리학에 해당하는 것으로서 어느 논리학 책에나 있는 내용을 소개하고 있는 부분과, 그러한 논리적 기법을 구체적인 상황 속에서 응용하는 법을 제시하고 있는 부분으로 나뉜다. (30어절)

○ 논리학의 부분에 관한 한 필자는 아무 것도 더한 것이 없다.

○ 필자가 학문적으로 또는 실용적으로 조금이라도 기여했다고 자부해 볼 수 있는 부분이 있다면 그것은 바로 논리학의 응용 부분인 제 6장부터 제9장까지 일 것이다.

○ "논리는 주장의 내용을 다루지 않는다"는 지금까지의 통념을 깨고, '내용'을 다루는 시도를 해본 것이다.

위 보기 글의 (가) 단락에서는 다섯 번째 월이 탄력적인 월이다. 그리고 다섯 개의 월들을 조금씩 더 긴 월들이 되도록 배열하고 있다. 또한 (다) 단락에서도 두 번째 월과 일곱 번째 월(④번 월)이 탄력적인 월이고, 일곱 번째 월을 함께 넣어 네 개의 월들을 조금씩 더 긴 월들이

되도록 배열하고 있다.

이와는 달리 (나)와 (라) 단락은 뒷받침 월들을 조금씩 더 긴 월들이 되도록 배열하는 일과 무관하게 '탄력적인 월 형태를 지닌 단락'을 만들고 있다. (나) 단락의 마지막 월에서는 같은 낱말 즉, '논리학'과 '공학'을 되풀이하여 탄력적인 월이 되었으며, (라) 단락의 첫 번째 월에서는 '~을 ~한 부분'을 되풀이하고 마디를 점차 길게 하여 탄력적인 월이 되었다.

이 글의 각 단락의 속살을 정리해 보면, (가) 단락에서는 '삶의 문제를 풀기 위해 논리학의 도움을 받고 싶은 마음을 지닌 사람이 있음'에 대하여, (나) 단락에서는 '그러나 논리학이 도움을 주지 못함'에 대하여, (다) 단락에서는 '이 책은 논리학의 응용을 위한 책'임에 대하여, (라) 단락에서는 〈'논리는 주장의 내용을 다루지 않는다'는 지금까지의 통념을 깨고, '내용'을 다루는 시도를 해본 것이다〉라는 속살에 대하여 읽는 이를 설득시키고 있다.

(나) 단락처럼, 짧은 글을 쓰다가 긴 문장으로 전환해 나가다가 다시 짧은 월로 전환했다가 또 긴 월로 바뀌는 글은 그 장문(長文)의 긴 호흡으로 인하여 그 부분에서 순간적으로 정지하게 되어 읽는 이로 하여금 무언가를 생각하게 하는 효과를 준다. (나)~(라) 단락에서는 긴 월들을, 탄력적인 월을 포함한 하나 또는 두 개씩의 긴 월들을 지니고 있음을 확인하게 된다.

이는 서정적인 글이 아닌 「논리와 비판적 사고」를 다루는 책의 서문에서도 월의 길이가 긴 월이, 그리고 탄력적인 월이 자연스럽게 나타나고 있음을 보인 예가 된다.

지금까지 우리는, 자기가 주장하는 속살을 상대방에게 효율적으로 전달하기 위하여 탄력적인 월, 긴 월들을 매우 요긴하게 사용하고 있음을 확인한 셈이다.

이 절(節)에서는 '탄력적인 뒷받침 월 형태를 지닌 단락'에 대하여 살펴보았다. 이러한 형태의 단락은 여러 가지 보기 글을 통하여 간결체, 만연체, 우유체, 강건체, 건조체, 화려체 등의 모든 문체에 걸쳐서 광범위하게 나타날 수 있음을 확인한 셈이다.

그리고 이러한 형태의 단락은 대상을 예찬하는 수필, 교훈적 수필, 논설문, 결심을 드러내는 글, 서정적인 수필 등의 다양한 성격의 글에서 나타나고 있음을 확인하였다. 이런 현상이 일어나는 까닭은 글 쓰는 이가 '작은 주제'를 뒷받침하기 위해서는 최소한의 뒷받침 월들은 꼭 만들어야 하기 때문이라고 여겨진다. 그리고 글의 성격에 따라 글의 규모에 맞는 탄력적인 뒷받침 월을 만들어야 그 단락의 속살을 드러내기가 쉽기 때문이라고 생각된다.

제7절 「탄력적인 뒷받침 월을 함께 넣어 월들을 순차적으로 긴 월들이 되도록 배열하는 형태의 단락」을 만들어 보자

「탄력적인 뒷받침 월을 함께 넣어 월들을 순차적으로 긴 월들이 되도록 배열하는 형태의 단락」을 만들면, 단락 글의 주제를 자연스러우면서도 풍부하게 뒷받침하는 데 매우 유리하다. 이 방법은 추상의 단계를 더욱더 구체화시키면서 글을 펼쳐나가기에 적당하다.

「탄력적인 뒷받침 월」은 해당 단락의 작은 주제를 드러내기 위해 새로운 정보나 표현의도를 차근차근히 체계적이고도 강하게 전달할 수 있도록 만든 뒷받침 월이다. '뒷받침 월들을 순차적으로 긴 월들이 되도록 배열하는 방법'은 앞서 제2장에서 밝힌 바와 같이 어떤 단락의 첫 번째 문장에 해당되는 간단하고 짧은 월로 제시된 속살을 그 다음 문장에서 관련 있는 속살을 조금씩 더 보충하면서 월들의 길이를 순차적으로 길게 해 나가는 방법이다. 그러므로 이 두 방법을 결합시킨 「탄력적인 뒷받침 월을 함께 넣어 월들을 순차적으로 긴 월들이 되도록 배열하는 단락」은 자연스럽고 체계적이며 효율적이면서도 매우 강하게 뒷받침할 수 있는 방법이 된다.

긴 월 위주로 글을 쓰면 침착한 느낌을 주며 중후(重厚)한 느낌을 준다. 그러나 긴 월만 사용하면 읽는 이가 지루한 느낌을 받기 쉽다. 짧은 글을 쓰다가 조금씩 더 긴 월들로 펼쳐나가면 읽는 이로 하여금 급(急)히 속살이 전환(轉換)되는 데 대한 어리둥절한 느낌을 없애 주며 자연스럽게 단락의 속살에 깊이 빨려 들도록 한다. 자기의 표현 의도를 다양한 모습으로 마음껏 펼치기를 원하는 작가들은 이 「탄력적인 뒷받침 월을 함께 넣어 월들을 순차적으로 긴 월들이 되도록 배열하는 단락」을 즐겨 만들어서 사용하는 것을 흔히 볼 수 있다.

다음은 이 형태의 단락에 해당되는 여러 가지 보기 글들을 살펴보고자 한다. 나아가 한편의 글 전체에 이바지하는 해당 단락들의 구실에 대하여도 알아보고자 한다.

1. 화려체의 평론적 서정 단락 보기 글

다음 글은 피천득 선생님의 '수필'이라는 제목의 수필이다. 이 글은 은유가 많이 쓰이고 간혹 직유도 쓰여진 글이다. 그리고 그림씨(형용사)와 수식어가 많다. 그러므로 이 글은 화려체라고 말할 수 있다. 그런가 하면 이 글은 '수필'에 대한 필자의 독특한 견해를 밝히고 있다. 그러므로 이 글은 평론적 수필이라고 말할 수 있다. 이 글은 고도로 뛰어난 월로 이루어져 있다. 이처럼 고도로 뛰어난 월에 대한 감각은 학생들이 감당하기에는 매우 힘들기 때문에 학생 글에서 그 보기 글을 찾기는 어려울 것 같다.

아래 글 전체에 나타나 있는 현상이지만, (나)와 (다) 단락에서도 비유가 많이 나타나 있다. 이 글에 사용된 낱말이나 어구(語句)들까지 고려해 볼 때에 (나)와 (다) 단락은 부드러운 감정을 드러낸 평론적 서정문으로 이루어진 단락이라고 말할 수 있다.

(가) 단락은 탄력적인 월 두 개를 포함하고 있고(● 표시를 한 월), 월 ①보다는 월 ②, 월 ②보다는 월 ③, 월 ③보다는 월 ④가 차츰 길게 배열된 단락이다. 다만 월 ③ 다음에는 월 ③을 설명하기 위하여 ○ 표를 한 두 개의 월이 있다. 그러나 이들은 월 ③보다는 월등하게 긴 월인 월 ④를 말하기 위해 잠시 탄력을 줄였을 뿐이다. 그러므로 (가) 단락은 넓은 의미의 '탄력적인 뒷받침 월들을 순차적으로 긴 월들

이 되도록 배열한 단락'으로 간주할 수 있을 것이다.

(나)와 (다) 단락은 '탄력적인 월이 하나씩 있으면서 월들을 순차적으로 긴 월들이 되도록 배열한 단락'들이다. 이처럼 「탄력적인 뒷받침 월을 함께 넣어 월들을 순차적으로 긴 월들이 되도록 배열한 형태의 단락」을 만들면 해당 단락의 글이 자연스럽게 리듬을 만드는 효과를 지니게 된다.

(22) 수필

피천득

(가)

① 수필(隨筆)은 청자 연적(青瓷硯滴)이다.

②● 수필은 난(蘭)이요, 학(鶴)이요, 몸맵시 날렵한 여인이다.

③ 수필은 그 여인이 걸어가는, 숲 속으로 난 평탄하고 고요한 길이다.

○ 수필은 가로수 늘어진 포도(鋪道)가 될 수도 있다.

○ 그러나 그 길은 깨끗하고 사람이 적게 다니는 주택가에 있다.

④● 수필은 청춘의 글은 아니요, 서른 여섯 살 중년(中年) 고개를 넘어선 사람의 글이며, 정열이나 심오한 지성(知性)을 내포한 문학이 아니요, 그저 수필가(隨筆家)가 쓴 단순한 글이다.

(나)

○ 수필은 흥미는 주지마는, 읽는 사람을 흥분시키지는 아니한다.

① 수필은 마음의 산책이다.

② 그 속에는 인생의 향기와 여운(餘韻)이 숨어 있다.

③● 수필의 빛깔은 황홀 찬란(恍惚燦爛)하거나 진하지 아니하며, 검거나 희지 않고, 퇴락(頹落)하여 추(醜)하지 않고, 언제나 온아우미(温雅優美) 하다.

(다)

① 수필의 빛은 비둘기 빛이거나 진주(眞珠) 빛이다.

② 수필이 비단이라면, 번쩍거리지 않는 바탕에 약간의 무늬가 있는 것이다.

○ 무늬는 사람 얼굴에 미소(微笑)를 띠게 한다.

③● 수필은 한가하면서도 나태하지 아니하고, 속박(束縛)을 벗어나고서도 산만하지 않으며, 찬란하지 않고 우아하며 날카롭지 않으나 산뜻한 문학이다.

(라)

● 수필의 재료(材料)는 생활경험, 자연관찰, 인간성이나 사회 현상에 대한 새로운 발견 등 무엇이나 좋을 것이다.

○ 그 제재(題材)가 무엇이든지 간에 쓰는 이의 독특한 개성(個性)과 그 때의 심정에 따라, '누에의 입에서 나오는 액이 고치를 만들 듯이' 수필은 써지는 것이다.

○ 또 수필은 플롯이나 클라이맥스를 꼭 필요로 하지는 않는다.

○ 필자가 가고 싶은 대로 가는 것이 수필의 행로(行路)이다.

○ 그러나 차(茶)를 마시는 것과 같은 이 문학은, 그 차가 방향(芳香)을 가지지 아니할 때에는 수돗물 같이 무미(無味)한 것이 되어 버리는 것이다.

(마)

○ 수필은 독백이다.

○ 소설가나 극작가(劇作家)는 때로 여러 가지 성격(性格)을 가져 보아야 된다.

① 셰익스피어는 햄릿도 되고 오필리어 노릇도 한다.

② 그러나 수필가 찰스 램은 언제나 램이면 되는 것이다.

③ 수필은 언제나 그 쓰는 사람을 가장 솔직히 나타내는 문학 겉모습이다.

④ 그러므로 수필은 읽는 이(讀者)에게 친밀감을 주며, 친구에게서 받은 편지와도 같은 것이다.

(바)

○ 덕수궁(德壽宮) 박물관에 청자 연적이 하나 있었다.

○ 내가 본 그 연적(硯滴)은 연꽃 모양으로 된 것으로, 똑 같이 생긴 꽃 잎들이 정연(整然)히 달려 있었는데, 다만 그 중에 꽃 잎 하나만이 옆으로 약간 꼬부라졌었다.

○ 이 균형(均衡) 속에 있는 파격(破格)이 수필인가 한다.

○ 한 조각 연꽃 잎을 옆으로 꼬부라지게 하기에는 마음의 여유(餘裕)를 필요로 한다.

○ 이 마음의 여유가 없어 수필을 못 쓰는 것은 슬픈 일이다.

○ 때로는 억지로 마음의 여유를 가지려다가, 그런 여유를 가지는 것이 죄스러운 것 같기도 하여, 나의 마지막 십 분의 일까지도 숫제 초조(焦燥)와 번잡(煩雜)에다 주어 버리는 것이다.

위 글의 (가) 단락은 '수필은 우아한 문학이고, 수필가가 쓴 단순한 문학'이라는 속살을, (나) 단락은 '수필은 온아우미(溫雅優美)한 멋을 지닌다'라는 속살을, (다) 단락은 '수필의 빛깔'과 '수필의 산뜻함'에 대하여, (라) 단락은 '수필의 재료와 겉모습'에 대하여, (마) 단락은 '수필의 개성'에 대하여, (바) 단락은 '수필을 쓰는 자세'에 대하여 각각 말하고 있다. (가) 단락의 월 ②는 '~이요'의 구조를, (가)단락의 월 ④는 '~의 ~(한) ~(글)은 아니요, ~한 ~글이며'의 구조를 되풀이·변형하여 리듬을 만들고 있다. (나) 단락의 월 ③은 '~하거나 ~하지 아니하며'의 구조를 되풀이 또는 변형하고 있다. (다) 단락의 월 ③은 '~하면서도 ~하지 아니하고'의 구조를 되풀이·변형하여 리듬을 만들고 있음을 본다. 이들 (가)~(다) 단락들은 모두 '탄력적인 뒷받침 월을 함께 넣어 월들이 순차적으로 긴 월들이 되도록 배열된 단락'들임을 확인할 수 있다.

위 글은 각 단락에 동원된 구체적인 낱말들이 지니는 빗댐을 이해하고 이미지를 느낄 수 있어야 속살을 제대로 파악할 수 있을 것이다. 이 글은 앞에서 언급한 바대로 작가가 자기 나름대로 지니고 있는 '수필'이 어떤 것이라고 하는 데 대한 정의를 내린 '수필'이라고 말할 수 있다. 이러한 목적을 달성하기 위하여 위 글에서는 (가),(나),(다)와 같이 '탄력적인 월을 함께 넣어 월들이 순차적으로 긴 월들이 되도록 배열된 단락'을 만들어서 '수필의 특성', '수필의 빛깔', '수필의 무늬'에 대하여 자연스럽게 글을 펼치고 있음을 알 수 있다.

2. 강건체의 간절한 심정을 드러내는 단락 보기 글

다음 글은 지수진 학생의 글이다. 이 글의 주제는 '바람이 되고 싶다'라고 말할 수 있을 것 같다. 이 글에서는, 특히 (나)와 (다) 단락에서 글쓴이가 간절히 바라는 의지를 상세히 드러내고 있음을 본다. (나) 단락에서는 탄력적인 뒷받침 월이 두 개가 있다. 그리고 (나) 단락의 각 월들은 첫 번째 월보다는 두 번째 월이, 두 번째 월보다는 세 번째 월이 차츰 더 길도록 배열되어 단락을 이루고 있다.

(다) 단락에서도 탄력적인 뒷받침 월 한 개를 만들고 이 월들을 함께 넣어 월들을 순차적으로 긴 월들이 되도록 배열하는 형태의 단락을 만들었다. 아래 글에서는 '~고 싶다'라는 풀이말이 되풀이되고 있다. 이러한 구조는 전 단락에 걸쳐서 일관되게 나타나는데 이는 매우 직설적이고 강한 의지를 드러내는 표현이다. 이러한 점을 고려하면 이 글은 강건체로 된 글이라고 말할 수 있다.

특히 (나)와 (다) 단락은 글쓴이의 소원이 강하게 드러나 있다는 점에서 이 글이 강건체라고 말할 수 있다.

(23) 나는 바람이고 싶다

지수진 (1998년, 삼가고등학교 제2학년)

(가)

○ 바람이 되고 싶다.

○ 말도 안 되는 얘기이겠지만 이렇게 글로서라도 나의 답답한 마음을 나타내고 싶다.

○ 세상에 적응하지도 못하고 별난 세계를 바란다고 욕해도 좋다.

○ 그러나 누구든지 곰곰이 생각해 보면 한 번쯤은 이런 생각이 간절하게 들 때가 있었을 것이다.

(나)

① 난 바람이고 싶다.

② 어느 곳이든지 갈 수 있는 바람.

③ 심신의 아주 작은 틈새까지 파고들어 갈 수 있는 바람이 되고 싶다.

④● 우선은 사람들의 코를 타고 마음 속으로 들어가 그들의 시커멓게 썩어버린 속마음도 보고, 얼마나 많은 죄를 지었는가도 보고 싶다.

○ 또 내가 너무 힘들어 모든 걸 포기하고 싶을 땐 낭떠러지 저 바닥까지 내려가 한 삼 년 동안 도를 닦다가 나오고 싶기도 하다.

⑤● 그러다 심심해지면 이 나라 저 나라 돌아다니면서 서태지가 이번에 내는 음반도 좀 들어보고, 어떻게 살고 있는지도 보고, 그렇게 넓다는 마이클 잭슨의 집도 가보고, 디카프리오도 만나 보고 싶다.

(다)

① 이렇게 많은 사람들이 궁금해하던 사람들을 찾아 구석구석 돌아다니고 싶다.

② 그래서 궁금했던 그들의 비밀을 캐어내어서 하늘나라로 올라가 그 동안 지상 소식을 궁금해하던 모든 천사와 악마에게 소식을 전해 주고 돈을 좀 벌어야 하겠다.

③● 그리고 단짝친구가 좋아하는 서지원에게 가서 잘 있었느냐고 물어

봐서 점수도 따고, 김성제에게 가서 춤도 한번 배워 보고, 다이애나비는 천사가 되었는지 악마가 되었는지 알아보고, 박정희 전 대통령에게 가서 우리나라 경제 사정을 말씀드리고 이 무너지려는 경제를 일으킬 만한 명쾌한 대답도 듣고 싶다.

(라)
○ 또 지금 한창 열기를 더해 가는 월드컵 경기장에 가서 우리의 골문으로 가는 공을 엄청난 속력으로 밀어내어 골이 들어가지 않도록 도와 주고 싶다.
○ 아무 곳이나 돌아다닐 수 있는 바람이 정말 부럽다.
● 혹시 내가 바람이 된다면 상처받은 사람들에겐 나이팅게일 바람이 되고 싶고, 죄를 짓고도 오히려 큰소리치는 이들에겐 개 작두를 내릴 수 있는 포청천 바람이 되고 싶고, 나를 필요로 하는 사람이 있으면 언제라도 뛰어가 위로할 수 있는 펩시 바람이 되고 싶다.

이 글은 '바람이 되어서 미지(未知)의 사실을 알고 싶다'는 독특한 속살을 담고 있다. 한 마디로 이 글은 독수리처럼 힘찬 기개를 보여 주고 있다. 팽팽하게 긴장감을 주는 글이다.

(가) 단락은 '누구든지 한 번쯤 생각할 수 있겠지만 나는 바람이 되고 싶다'라고 하는 속살을, (나) 단락은 '다양한 부류(部類)의 사람들을 알아보기 위해서 나는 바람이 되고 싶다'라는 속살을 말하고 있다.

(다) 단락은 '이미 저 세상에 가 있는 사람들에게까지 가서 궁금한 점을 알고 답답한 마음을 풀어 보기 위해 바람이 되고 싶다'라고 말하고 있다.

(라) 단락은 ≪'희망'과 '정의', '위로'와 '사랑'의 바람이 되고 싶다≫라고 말하고 있다. 이러한 작은 주제들을 지닌 각 단락들은 앞 단락의 속살을 더 채우거나 바꾸는 논리적 관계로 연결되어 있다.

그리고 이러한 소원을 자세하고 자연스럽게 드러내기 위하여 주제인 '바람이 되고 싶다'라는 추상적인 속살을 조금씩 더 구체적으로 밝혀 나가고 있다. 이러한 과정 속에서 '월의 길이를 순차적으로 조금씩 긴 월들이 되도록 배열하기'와, '월의 구조적 되풀이', '앞 월 구조의 되풀이'와 같은 탄력적인 월들을 알맞게 배치하고 있음을 알 수 있다.

3. 간결체로 대상을 예찬하는 서정적 단락 보기 글

아래 글은 안은수 학생이 '어머니'를 소재로 하여 쓴 서정적인 글이다. 이 글은 제3장 제2절 '마그마와 같은 상태의 속살을 펼쳐보자'의 제2항 '마음속 지도를 만들어서 속살을 펼쳐보자'에서 보인 도표를 바탕으로 한 것이다.

이 글에는 짧은 뒷받침 월들이 많다. 그리고 길이가 보통인 뒷받침 월들도 각 「뒷받침 월들을 순차적으로 조금씩 긴 월들이 되도록 배열하는 형태의 단락」을 만드는 과정에서 나타나기도 한다. 이 글의 각 단락들은 속살이 간결하게 전달되고 있다. 그러므로 이 글은 간결체에 해당된다.

(가),(나)와 (라) 단락은 서정적인 속살을 담고 있으면서 「탄력적인 뒷받침 월을 함께 넣어 순차적으로 긴 월들이 되도록 배열하는 형태의 단락」에 해당된다.

(가) 단락의 ②번과 ③번 월, 그리고 (나) 단락의 두 번째와 다섯 번째 월(③번 월), (라) 단락의 첫 번째와 네 번째 월(③번 월)은 모두 단순한 월이 아닌, 탄력적인 월이다.

(24) 어머니의 미소

안은수(1997년, 삼가고등학교 제2학년 알찬반)

(가)

① 어머니는 곁에 계셔도 그립다.

②● 어머니의 향기는 따뜻하고, 포근하고, 향기롭다.

③● 어머니는 내게 입을 것, 먹을 것, 잠자는 것을 챙겨 주신다.

④ 어머니의 따뜻한 품과 온화하신 모습은 눈물이 날 지경으로 아름답다.

○ 그러나 어머니의 온화함 속에는 회초리, 질책이 있다.

(나)

○ 어머니의 손길은 닿지 않는 곳이 없다.

● 어머니의 정성은 교복 주름에도, 도시락에도, 책가방에도 묻어 있다.

① 하루 종일 들에서 보내신 어머니의 땀 향기마저 느껴진다.

② 어머니는 밥을 지으실 때도 온갖 정성을 쏟아서 맛있게 지으신다.

③● 학교를 마치고 돌아간 집에는 어머니가 가져다 놓으신 들녘이, 노을이 담긴 들녘이, 정성과 사랑이 담긴 들녘이 가득하다. (16어절)

(다)

○ 세상에 아름다운 것은 다 가져다 주시는 어머니의 품은 언어로는 나타낼 수 없을 정도로 감동적이다.

● 한석봉의 어머니, 율곡의 어머니가 스승으로서의 어머니라서 감동적이라면, 나의 어머니는 젖은 앞치마와 거칠어진 손, 단단한 어깨가 아름다워 감동적이다. (17어절)

● 고단하셔도 웃으시고, 실망스러워도 웃으신다.

○ 어머니의 얼굴은 늘 온화한 미소로 가득하다.

● 어머니를 보면, 그 미소의 빛을 받으면 나도 자라서 어머니가 되고 싶어진다.

○ 온갖 거창한 말보다, 단지 그 미소만으로 어머니는 노벨상을 받아도 마땅할 분이라고 생각된다.

(라)
- 어머니의 따뜻한 품은 우주의 품이 되고, 참고 견디시는 모습은 인내의 왕이 된다.
① 하지만 어머니의 눈물을 볼 때 내 가슴은 내려앉는다.
② 늦은 밤 몰래 어머니의 어머니 모습에 눈물 흘리시는 모습은 언제나 웃으시던 그 강한 모습이 아니었다.
③● 남몰래 흘리시는 눈물은 나약한 여성으로 보이기도 하고, 외할머니를 그리워하시는 모습은 가련한 딸의 모습으로 보이기도 했다.
(15어절)

(마)
○ 나는 열 여덟 살이 되었다.
○ 어머니가 아름답고 그 품안에서 늘 행복하고 싶지만 어머니의 거친 손을 돕고 싶다.
● 어머니의 치맛자락이 흔들릴 때 나는 어머니의 고생스런 손을 잡아 드리고 싶다.
● 나는 어머니의 자랑스런 딸이 되고 싶다.

(바)
○ 나보다 작은 어깨는 한없이 나를 슬프게 하지만, 어머니의 손길은 여전히 뜨겁다.
○ 어머니의 늘어난 주름에 나는 속상하게 해드린 잘못들이 후회되어 가슴이 아프다.
○ 이제 나의 어머니께 어머니가 외할머니의 딸이듯이, 나도 어머니를 이해하는 딸이 되어 그 마음을 조금이라도 이해해 드려야겠다.
○ 어머니의 밥짓는 손을 대신해 드리고 싶다.

이 글의 (가), (나)와 (라) 단락은 두괄식 방법에 의거하여 작은 주제 월을 제시하고 있다. 즉, 첫 번째 월이 작은 주제 월이 된다.

(가) 단락은 '어머니는 곁에 계셔도 그립다'가, (나) 단락은 '어머니의 손길은 닿지 않는 곳이 없다'가, (라) 단락은 '어머니의 따뜻한 품은 우주의 품이 되고, 참고 견디시는 모습은 인내의 왕이 된다'가 각각 해당 단락의 작은 주제가 된다.

(다) 단락의 작은 주제는 '어머니의 품은 감동적이다'로 정리될 수 있다. (마) 단락과 (바) 단락은 미괄식 단락으로 마지막 월이 작은 주제가 된다. (마) 단락에서는 '나는 어머니의 자랑스런 딸이 되고 싶다'가, (바) 단락에서는 '어머니의 밥짓는 손을 대신해 드리고 싶다'가 각각 해당 단락의 작은 주제인 것이다. 이러한 작은 주제들을 지닌 해당 단락들은 앞 단락의 속살을 더 채우거나 바꾸는 논리적 관계로 연결되어 있다.

이 글은 '여러 가지 측면에서 바라본 어머니의 온화한 모습'을 다양한 형태의 탄력적인 뒷받침 월을 설정하여 열정적으로 어머니에 대한 애정을 표현하고 있다.

아래 보기 글은 전문 수필가이신 이양하 선생님이 '나무'를 소재로 하여 쓴 수필이다.

이 글은 '나무, 물, 흙, 태양, 친구, 여름, 겨울, 덕(德), 분수, 고독, 안분지족(安分知足), ……' 등과 같은 정서적인 말들이 사용되고 있다. 덕을 알고, 분수를 알고, 고독을 아는 '나무'를 예찬한 글이다. '조화와 균형', '덕망과 인격', '훌륭한 인간미를 지닌 삶을 살아가는 모습' 등을 연상할 수 있는 아름다움이 있다. 이러한 점에서 이 글은 서정적인 글이라고 말할 수 있다.

이 글은 안은수 학생의 글 '어머니'와 거의 비슷한 형태의 단락들로 이루어져 있다. 월의 길이도 대체로 짧다.

(라) 단락에서 제법 긴 월들이 두 개가 있지만, 나머지 단락에서는 보통이거나 짧은 뒷받침 월들로 구성되어 있다. 그러므로 이 글은 간결체로 된 글이라고 말할 수 있다.

(나),(다) 단락은 「탄력적인 월을 함께 넣어 월들을 순차적으로 긴 뒷받침 월들이 되도록 배열하는 형태의 단락」이 만들어져서 글이 펼쳐지고 있다. 그리고 (나) 단락의 네 번째 월과 마지막 월, (다) 단락의 ③번 ④번 ⑤번 월과 마지막 월은 각각 단순한 월이 아닌, 탄력적인 월이라고 말할 수 있다.

(25) 나무
　　　이양하

(가)
○ 나무는 덕(德)을 지녔다.

(나)
① 나무는 주어진 분수에 만족할 줄 안다.
② 나무로 태어난 것을 탓하지 아니하고, 왜 여기 놓이고 저기 놓이지 않았는가를 말하지 아니한다.
③ 등성이에 서면 햇살이 따사로울까, 골짜기에 내려서면 물이 좋을까 하여, 새로운 자리를 엿보는 일도 없다. (14어절)
● 물과 흙과 태양의 아들로, 물과 흙과 태양이 주는 대로 받고, 득박(得薄)과 불만족(不滿足)을 말하지 아니한다. (14어절)
○ 이웃 친구의 처지에 눈떠 보는 일도 없다.
● 소나무는 소나무대로 스스로 족하고, 진달래는 진달래대로 스스로 족하다.

(다)

① 나무는 고독(孤獨)하다.

② 나무는 모든 고독을 안다.

③● 안개에 잠긴 아침의 고독을 알고, 구름에 덮인 저녁의 고독을 안다.

④● 부슬비 내리는 가을 저녁의 고독도 알고, 함박눈 펄펄 날리는 겨울 아침의 고독도 안다.

⑤● 나무는 파리 옴쭉 않는 한여름 대낮의 고독도 알고, 별 얼고 돌 우는 동짓날 한밤의 고독도 안다. (16어절)

● 그러면서도 나무는 어디까지든지 고독에 견디고, 고독을 이기고, 고독을 즐긴다.

(라)

● 나무는 친구끼리 서로 즐긴다느니보다는, 제각기 하늘이 준 힘을 다하여 널리 가지를 펴고, 아름다운 꽃을 피우고, 열매를 맺는 데 더 힘을 쓴다. (21어절)

○ 그리고 하늘을 우러러 항상 감사하고 찬송하고 묵도(黙禱)하는 것으로 일삼는다.

○ 그러기에, 나무는 언제나 하늘을 향하며, 손을 쳐들고 있다.

○ 온갖 나뭇잎이 우거진 숲을 찾는 사람이, 거룩한 전당에 들어선 것처럼, 엄숙(嚴肅)하고 경건(敬虔)한 마음으로 절로 옷깃을 여미고, 우렁찬 찬가에 귀를 기울이게 되는 이유도 여기 있다. (24어절)

(마)

○ 나무에 하나 더 원하는 것이 있다면, 그것은 천명(天命)을 다한 뒤에 하늘 뜻대로 다시 흙과 물로 돌아가는 것이다.

○ 그러나 사람은 가다 장난삼아 칼로 제 이름을 새겨보고, 흔히 자기 소용(所用) 닿는 대로 가지를 쳐가고 송두리째 베어 가곤 한다. (19어절)

○ 나무는 그래도 원망(怨望)하지 않는다.

○ 새긴 이름은 도로 그들의 원대로 키워지고, 베어간 재목이 혹

자기가 해칠 도끼 자루가 되고 톱 손잡이가 된다 하더라도, 이렇다 하는 법이 없다.

(바)
● 나무는 훌륭한 견인주의자요, 고독의 철인(哲人)이요, 안분지족(安分知足)의 현인(賢人)이다.

이 글의 각 단락은 두괄식(頭括式)으로 주제를 제시하고 있다. 읽는 이들이 속살을 알기 쉽게 파악할 수 있는 주제 제시 방법이다. (가) 단락은 한 개의 월이 하나의 단락이 되었는데, 이 글 전체의 주제가 된다. (나) 단락은 '나무는 주어진 분수에 만족할 줄 안다'를, (다) 단락은 '나무의 고독'을, (라) 단락은 '나무의 삶의 태도'를, (마) 단락은 '나무의 또 하나의 소원'을, (바) 단락은 '나무의 훌륭한 성품'을 각각 말하고 있다.

각 단락에서 제시한 이러한 작은 주제를 잘 드러내기 위하여 (나)와 (다)단락 글에서는 '몇 개의 탄력적인 월을 포함하고 있으면서도, 또한 여러 개의 뒷받침 월들을 순차적으로 조금씩 긴 월들이 되도록 배열하는 형태의 단락'을 설치하여 효과를 올리고 있다. 이는 치밀하고 정교하게 단락을 만드는 방법이라고 말할 수 있다.

4. 만연체로 대상을 예찬하는 서정적 단락 보기 글

아래 글은 수필가 이양하 선생님의 '신록 예찬'에서 일부를 따온 글이다. 이 글의 주제는 그 제목이 말하여 주는 것처럼 '신록에 대한 예찬'이라고 말할 수 있다. 그리고 이 글의 소재가 '초록, 일생, 유년, 청춘, 노년, 신록 / 소박, 겸허, 단풍, 낙엽송, 도토리, 버들,……' 등의 자연 및 생명과 관련된 매우 서정적인 낱말들이 많이 사용되고 있는 점에서

이 글은 서정적 수필문이라고 말할 수 있을 것이다.

(26)　(가)

① 그러나 초록에도 짧으나마 일생이 있다.

②● 봄바람을 타고 새 움과 어린잎이 돋아나올 때를 신록의 유년시절
이라 한다면, 삼복염천(三伏炎天) 아래 울창한 잎으로 그늘을 짓는
때를 그의 장년 내지 노년이라 하겠다.(22어절)

③● 유년에는 유년의 아름다움이 있고, 장년에는 장년의 아름다움이
있어, 취사하고 선택할 여지가 없지마는, 신록에 있어서도 가장
아름다운 것은 역시 이즈음과 같은 그의 청춘시대 ― 움 가운데
숨어있던 잎의 하나 하나가 모두 형태를 갖추어 완전한 잎이
되는 동시에, 처음 태양의 세례를 받아 청신하고 발랄한 담록을
띠는 시절이라고 하겠다.…(45어절)

(나)　○ 초록이 비록 소박하고 겸허한 빛이라 할지라도, 이러한 때의 초록
은 그의 아름다움에 있어, 어떤 색채에도 뒤서지 않을 것이다.
(17어절)

① 예컨대, 이러한 고귀한 순간의 단풍(丹楓) 또는 낙엽송(落葉松)을
보라.

②● 그것이 드물다 하면, 이즈음의 도토리, 버들, 또는 임간(林間)에
있는 이름 없는 이 풀 저 풀을 보라.

③● ㉠ 그의 청신한 자색(姿色), ㉡ 그의 보드라운 감촉, ㉢ 그리고
그의 그윽하고 아담(雅淡)한 향훈(香薰), ㉣ 참으로 놀랄 만한 자연의
극치의 하나가 아니며, 또 우리가 충심으로 찬미하고 감사를 드릴
자연의 아름다운 혜택의 하나가 아닌가 ? (29어절)

이 글 (가)와 (나)에서는 월 ①보다는 월 ②가, 월 ②보다는 월 ③이
점차적으로 길어졌다. 이 글 (가)의 월 ②는 '~할 때를 ~의 ~라고
한다면, ~하는 때를 ~라고 하겠다'라고 하는 구조를 지니고 있다. 월
③에서는 '~에는 ~의 아름다움이 있고'의 구조를 되풀이하고 있다.

또한 월 ③에서는 '~을 ~라고 하겠다'라고 하는 앞 월 구조를 되풀이하고 있다. (나) 단락의 월 ②에서는 사물의 이름을 열거하고 있으며, 월 ③에서는 '~의 ~한 ~(대상)'이라는 구조를 되풀이하고 있다. 그리고 월 ③에서는 마디 ㉠보다는 마디 ㉡, 마디 ㉡보다는 마디 ㉢을, 마디 ㉢보다는 마디 ㉣을 각각 차츰 조금씩 더 길게 배열하고 있다. 이러한 점에서 이 글은 「탄력적인 뒷받침 월을 함께 넣어 월들을 순차적으로 긴 월들이 되도록 배열하는 형태의 단락」이라고 말할 수 있다. 이러한 구조의 활용과 월의 배열 방식으로 인하여 이 글을 쓴 이는 말하고자 하는 속살을 빠뜨리지 않고 자세히 말할 수 있는 좋은 점을 살리고 있다. (가), (나) 단락의 각 ③번 월은 '아주 긴 뒷받침 월'이다. 이와 같은 특성들로 인하여 이 글의 문체는 만연체라고 말 할 수 있다. (가)~(나) 단락에서는 쉼표가 사용된 탄력적인 월들이 많다. 이러한 점에서도 이 글은 만연체의 특성을 반영하고 있다.

5. 건조체의 설명문 단락 보기 글

다음 글은 강상재 학생이 '비빔밥'을 소재로 하여 쓴 설명문이다. 이 보기 글에서는 '비빔밥을 맛있게 만드는 요령'에 대하여 설명하고 있다. 그리고 대체로 월들이 단조롭다. 그런 측면에서 이 글은 건조체(乾燥體)의 성격을 띄고 있는 글이라고 말할 수 있다.

그런데 이와 같이 설명이 주된 목적인 글에서도 단순한 모습의 탄력적인 월이 나타남을 볼 수 있다. (바) 단락에서는 '한 개의 탄력적인 월을 포함하고 있으면서도, 또한 몇 개의 뒷받침 월들을 순차적으로 긴 월들이 되도록 배열하는 형태의 단락'을 설치하여 효과를 올리고 있다. 이 글 (마) 단락의 두 번째 월과 세 번째 월도 탄력적인 월이다.

이들 (마)와 (바) 단락의 탄력적인 월들은 '이름을 열거하는 형태'에 해당된다. 이는 작은 주제를 가장 초보적이고도 직접적으로 뒷받침하는 탄력적인 뒷받침 월이라고 말할 수 있다.

(27) 비빔밥

강상재 (1997년, 삼가고등학교 제2학년 알찬반)

(가)
○ 어느 날 나는 방안에서 잠을 자고 일어났다.
○ 형이 부엌에서 무엇을 하고 있는 것 같았다.
○ 나는 부엌으로 들어가 보았다.
○ 형이 냉장고에서 여러 가지 반찬을 꺼내어서 밥과 함께 비벼서 먹고 있었다.

(나)
○ 나도 식탁에 앉아 형이 만들었던 비빔밥을 먹었다.
① 참 맛이 있었다.
② 꿀맛이었고 환상적인 맛이었다.
③ 단순한 한 가지의 음식 맛이 아니라 여러 가지 조미료와 음식의 재료가 복합적으로 작용하여 내는 맛이기 때문에 그렇게 맛이 있었던 것 같다.

(다)
○ 나는 생각을 해 보았다.
○ 비빔밥은 확실히 많은 사람들이 좋아하겠지만, 좋아하지 않는 사람도 있을 것 같았다.
○ 비빔밥을 싫어하는 사람은 왜 싫어할까?
○ 나는 비빔밥이 맛이 있는 음식이라는 생각에는 확신을 한다.
○ 왜 우리나라 전통 비빔밥은 맛이 좋은가를 생각해 보았다.

(라)

○ 조미료도 조미료이지만 바로 재료에 따라 비빔밥의 맛이 결판난다는 생각이 미쳤다.

① 비빔밥에 있어서는 밥이 바로 생명이라는 것이다.

② 왜냐하면 밥은 없어서는 안될 가장 기초가 되는 재료이기 때문이다.

③ 그래서 비빔밥을 만들려면, 제일 먼저 밥을 맛있게 지어야 한다는 생각에 이르렀다.

(마)

○ 다음에는 나물이라는 생각이 들었다.

● 콩나물, 오이나물, 비름나물, 철에 따라 다르지만 특히 늦은 봄에 가죽(참죽)나물, 죽순나물 등과, 고사리나물, 취나물, 도라지나물, 두릅나물 등의 산나물 등을 장만하여 말려두었다가 두고두고 비빔밥의 재료로 하는 것이다.

● 거기에 마늘, 양파, 당근, 대파, 그리고 각종 김치와 계란과 조개, 소고기 등을 재료로 하는 수도 있다.

(바)

① 그 다음에는 조미료 즉 양념감이다.

②● 참기름, 간장, 고추장 등도 뺄 수 없는 요소이다.

③ 냄새만 맡아도 아니 비빔밥이 바로 나의 앞에 있다는 것을 상상만 하여도 군침이 절로 나온다.

(사)

○ 비빔밥은 우리나라 전통음식인 동시에 세계 여러 나라 사람들이 선호하는 식품 중의 하나가 될 수 있을 것으로 여겨진다.

○ 많은 사람들이 비빔밥을 즐겨 먹는다.

○ 우리는 여러 가지 재료와 조미료와 사람에 따라서 독특한 방법으로 만들어지는, 영양가가 많이 있는 비빔밥을 즐겨 먹으면 좋을 것이다.

○ 나의 경험으로는 비빔밥은 먹고 나서 결코 후회하지 않을 만큼 맛이 좋은 음식이라고 생각한다.

○ 비빔밥은 잔치 집에서 즐겨 먹기도 하고, 또 우리 마을에서는 매년마다 부락별 체육대회 때에 점식 식사로 비빔밥을 먹기도 하는데 시쳇말로 둘이 먹다가 하나 죽어도 모를 정도의 맛이다.

○ 많은 사람들이 선호하는, 잘 만든 비빔밥은 우리의 머리와 우리의 가슴속에 영원히 남겨져 있을 것이다.

이 글의 (가) 단락은 들머리 부분이다. (나) 단락은 '비빔밥은 참 맛있는 음식이다'라는 속살을, (다) 단락은 '왜 우리나라 전통 비빔밥은 맛이 좋은가를 생각해 보았다'라는 속살을, (라) 단락은 '비빔밥의 가장 중요한 재료는 밥'이라는 속살을, (마) 단락은 '비빔밥의 재료'를, (바) 단락은 '비빔밥의 양념감'을 각각 말하고 있다. (사) 단락은 마무리 단락이다. 이러한 작은 주제들을 지닌 각 단락들은 앞 단락의 속살을 더 채워 설명하는 방법으로 글의 속살이 시간적 관계나 공간적 관계가 아닌 논리적 관계로 연결되어 있다.

(바) 단락에서는 작은 주제를 잘 드러내기 위해서 한 개의 월의 길이가 짧은 탄력적인 뒷받침 월을 포함하고 있으면서, 또한 '뒷받침 월들을 순차적으로 조금씩 긴 월들이 되도록 배열하는 형태의 단락'을 설치하여 설명의 효과를 올리고 있다.

다음 글은 신문에 난 기사문을 옮겨 놓은 것이다. 이 기사문(記事文)에서는 '논술고사의 필요성'을 말하려고 하는 의도를 밝히고 있다. 이 글은 '이해'와 '전달'이 주된 목적인 글이다. 기사문의 특징은 '사실을 정확하고 객관적으로 기록하고 전달하는 것'이라고 말할 수 있다. 이러한 측면에서 신문 기사문인 이 글은 건조체(乾燥體)의 성격을 띄고 있는 설명문이라고 말할 수 있을 것이다. 그런데 이 글은 짧은 월들로만 이루어진 글이 아니다. 그 까닭은 글의 제목이 지닌 특성상 작은 주제를 뒷받침하기 위해서는 자연히 필자 개인의 판단과 표현이 해당 뒷받침 월에 끼어

들지 않을 수 없기 때문이라고 생각된다.

(가) 단락의 마지막 두 월, (나) 단락의 마지막 월은 각각 월의 구조가 되풀이되고 있는 탄력적인 월이다. (가) 단락의 끝에서 두 번째 월에서는 '같은 속살의 낱말'을 표현을 달리하여 되풀이하고 있다. 결국 이 글의 (가)와 (나) 단락은 '탄력적인 월을 포함하고 있으면서, 또한 뒷받침 월들을 순차적으로 조금씩 긴 월들이 되도록 배열하는 형태의 단락'을 설정하여 설명의 효과를 올리고 있다.

(28) '왜 논술인가' / 김광일 기자

(2005.8.3, 수(水) 조선일보, 조선데스크, A 26면)

(가)

① 얼마 전의 일이다.

② 퇴근 후 리모컨으로 TV 화면 밭을 뛰어다니다 다큐 채널에 뚝 멈췄다.

○ 내레이터의 말 한마디 때문이다.

③ "하버드 대학 우등생들에게 물었습니다. '여러분의 소원은 무엇인가?' 가볍게 던진 질문이었지만 우리가 얻은 대답들은 의외였습니다."

○ 그들의 대답은 눈을 번쩍 뜨이게 하기에 충분한 것이었다.

○ 바로 이어 TV카메라는 '소원'을 묻는 질문에 1초의 망설임도 없이 대답하는 대여섯 명 남녀 학생들의 입을 클로즈업했다.

● "글 잘 쓰는 거요." "글을 좀 잘 썼으면 좋겠어요." "굿 라이팅요."

④● 지구촌의 남·북 갈등을 맨 처음 해결할 수 있는 경제이론을 정립하는 인물이 된다든가, 아니면 백악관 주인 가운데 가장 존경받는 이름으로 남아보고 싶다든가, 아니면 물리학·수학의 난제(難題)를 가장 먼저 해결하는 천재가 되고 싶다든가, 그것도 아니라면, 3시간만 자도 안 졸리기, '소프트웨어 황제'에 '게임 도사' 되기, 졸업전 고액스카우트 되기, 여름방학때 '얼짱' 친구와 단둘이 떠나기….

(나)

① 다큐 PD의 예상은 모두 빗나갔다.

② 정말 의외로 우등생들의 한결같은 대답은 '글을 잘 쓰는 것'이었다.

③● 자신이 어떤 상상력과 어떤 아이디어를 갖고 있느냐에 못지 않게, 아니 그보다 더 중요한 것은 그 생각을 어떻게 잘 표현할 수 있느냐는 점을 세계에서 가장 우수한 대학의 가장 우수한 학생들이 절절하게 고백하고 있는 것이다.

(다)

○ 그들의 대답은 올 여름 뜨겁게 불어닥친 한국의 논술고사 진통에도 고스란히 겹쳐진다.

○★ 우리도 이제는 에세이 쓰기가 한 교양인의 종합적인 능력을 판단하는 중심 잣대가 되는 과정에 들어와 있다고 보고 싶다.

○★ 진부하게 그것을 선진국형 입시 시스템에 동참하게 됐다는 식으로 말하지는 않겠다.

○★ 이미 조선시대 500년 동안 우리 선조도 중앙정부의 최고 엘리트는 시문(詩文)으로 뽑았다.

위 글의 (가) 단락에서는 '텔레비전 채널을 통하여 하버드 대학생들의 소원이 무엇인가'라는 질문에 대한 응답이 '글 잘 쓰는 것'이라는 사실에 대하여, (나) 단락은 (가) 단락에 대한 부연 설명이고, (다) 단락은 '논술문과 에세이 쓰기의 필요성'에 대하여 설명하고 있다. (다) 단락의 ★를 한 월들은 주제와 직접 관련이 있다. 그러므로 이 글은 글 전체를 두고 볼 때, 미괄식(尾括式)으로 주제인 '논술고사의 필요성'을 객관적으로 정확하게 설명하고 있다고 말할 수 있다. 이 글은 읽는 이들에게 적당하게 관심과 흥미를 끌게 한 다음에 주제를 제시하고 있기 때문이다. 이와 같은 치밀한 구조는 이 글이 복잡한 속살이지만 글의 주제를 매우 분명하게 전달하는 효과를 지니게 한다.

지금까지 제7장에서 효율적인 단락을 만드는 방법에 대하여 알아 보았다. 이 장(章)에서는 「단순한 형태의 뒷받침 월」로 「단순한 단락」 만들기, 「단순한 뒷받침 월들을 순차적으로 긴 월들이 되도록 배열하는 형태의 단락」 만들기, 「탄력적인 뒷받침 월 형태를 지닌 단락 만들기」 그리고 「탄력적인 뒷받침 월을 함께 넣어 월들을 순차적으로 긴 월들이 되도록 배열하는 단락」 만들기 등에 대하여 살펴보았다.

　제1절에서는 단락을 엮어나가는 방식과 문체를 연결지어서 설명하였고, 제2절에서는 단락의 작은 주제를 드러내기 위한 방식으로는 미괄식(尾括式) 단락, 두괄식(頭括式) 단락, 양괄식(兩括式) 단락 등이 있음을 설명하였다. 제3절에서는 단락에는 '일반적 진술'과 '특수 진술'이, 그리고 '추상적 진술'과 '구체적 진술'이 잘 조화되어 이른바 '단락의 완결성'이 지켜져야 함을 설명하였다.

　제4절에서는 「단순한 형태의 뒷받침 월」로 「단순한 단락」을 만들 수 있는 경우에 해당되는 논설문 단락, 서정적 수필문 단락, 서사적 수필문 단락 등에서 그 보기 글을 살펴보았다.

　제5절에서는 「단순한 뒷받침 월들을 순차적으로 긴 월들이 되도록 배열하는 형태의 단락」 만들기의 예를 들었다. 즉 건조체로 이루어진 단락, 우유체의 서정적 수필문 단락, 간결체의 교훈적 속살을 담은 단락, 간결체의 서사 단락 등에서 그 보기 글을 살펴보았다.

　제6절 「탄력적인 월 형태를 지닌 단락」 만들기에서는 간결체의 대상을 예찬하는 서정적 수필 단락, 만연체의 서정적 수필 단락, 우유체의 교훈적 수필 단락, 강건체의 결심을 드러내는 단락, 화려체의 서정적 단락, 만연체로 대상을 예찬하는 서정적 단락, 건조체의 논설문 단락 등에서 다양하게 그 보기 글을 살펴보았다.

　제7절 「탄력적인 뒷받침 월을 함께 넣어 월들을 순차적으로 긴 월들

이 되도록 배열하는 형태의 단락」을 만든 경우로는 화려체의 평론적 서정 단락, 강건체의 간절한 심정을 드러내는 단락, 간결체로 대상을 예찬하는 서정적 단락, 만연체로 대상을 예찬하는 서정적 단락, 건조체의 설명문 단락 등에서 그 보기 글을 살펴보았다.

　다음 제8장에서는 논술문과 논술문 단락 만들기에 대하여 알아 볼 것이다. 이 장에서는 또한 찬·반 양쪽의 주장이 가능한 주제를 놓고 바르게 판단한 속살을 어떻게 논리적으로 펼쳐 나가는 글을 쓸 수 있는 지에 대하여도 살펴보고자 한다.

8

논술 글과
논술 글 단락을
만들자

숯불 위에 숯을 더하는 것과 타는 불에 나무를 더하는 것 같이
다툼을 좋아하는 자는 시비를 일으키느니라.
(잠언 26장 21절)

수필 글과 논술 글은 어떻게 다른가

　　　　논술 글은 정서를 표현하는 글과는 달리 논점(論點)과 논거(論據)
를 바탕으로 하여 타당성을 얻을 수 있는 견해를 주장하는 글이다. 판단
을 다루는 글이기 때문에 수필 글과 실용적인 글과는 그 필요한 지적
능력이 다르다. 수필 글은 꼭 증명해야 할 필요는 없지만 논술(論述) 글은
증명의 단계가 반드시 필요하다. 실용적인 글 쓰기가 문제의 구체적인
해결과 현실에 적용하는 것을 중시한다면 논술 글은 적용의 단계까지
나아가지 않는 점이 다르다.

　논술 글에서는 근본적으로 논리적인 절차와 과정이 중요하다. 논술
글을 쓰는 사람은 상황을 주관적 편견이나 감정적 흥분에 치우치지 않으
면서 공평하게 바라보아 내적인 논리를 찾아내고 이를 바탕으로 해결책
을 찾아내어야 한다. 수필이 개성과 관조 또는 인간성이 내포된 감성적
인 글이라고 한다면 논술 글은 '지성적인 훈련 과정'이라는 성격을 지닌
다. 논리적 사고는 지성적 인간으로서 성장하는 데에 바탕이 되는 정신
능력이다. '지식 정보화 시대'를 살아가는 오늘날에는 여러 분야에 걸쳐
다양하게 읽고, 책에서 얻은 지식을 바탕으로 하여 다양하게 판단하여야
한다. 그 판단을 논리적 근거로 하여 정당성(正當性 : 이치에 알맞은 성질)과 정합
성(整合性 : 어떤 이론에 모순이 없는 성질)을 얻으면서 생각을 펼쳐나가는 것은 매우
중요한 일이다. 비판적으로 사고하며 문제를 발견하고 해결하는 존재로
서의 인간은 지성적인 속성을 토대로 해서만 성장한다. 이런 의미에서
논술 글 쓰기의 훈련은 매우 필요한 과정이라고 하겠다.

제2절   일반 글짓기 단락과 논술글 짓기 단락

제2절에서는 일반 글짓기 단락과 논술글 짓기 단락의 다른 점과 같은 점에 대하여 비유, 형식, 관심의 대상, 핵심어, 전개과정, 개요와의 관련, 재구성의 필요성, 목표, 추구방향 등을 비교하여 간결하게 도표를 만들어 보면 다음과 같다.

일반 글짓기 단락과 글짓기 단락

구분 특성	일반 글짓기에서의 단락	논술 글에서의 단락
비유	핸드 벨 연주에 비유됨	합주에 비유됨
형식	단선적(개방형)	복선적(조건형). 자료만 의존시→ 비판적 사고 결여/ 근거 무시 시→ 무의미성(뻔한 말)
관심의 대상	뒷받침 월의 배치에 관심/ 풍부하고 타당하게 뒷받침	사고 자체의 배치에 관심/ 간결한 뒷받침
알맹이 말	하나의 알맹이 말을 배치하여 작은 주제가 됨	여러 개의 알맹이 말을 연결, 그것들 중의 핵심어가 작은 주제가 됨
전개과정	하나의 알맹이 말을 뒷받침하여 전개함	논의의 과정을 중시하면서 전개함
개요와의 관련	개요 짜기와 무관하게 자기 주도적으로 글의 방향을 주유 분방하게 부풀 수 있음	개요 짜기에 근거하여 치밀하게 주제를 향하여 글의 방향을 고정시켜야 함
다시 엮기의 필요성	다시 엮기가 필요 없음	읽은 내용을 바탕으로 하여 쓰기와 연결하기 위해 다시 엮기가 반드시 필요함
목표	개인적 체험에서 보편적 진리를 찾는 것임	사물이나 사회현상에 대한 분석과 입장을 밝힘
공통점	내용의 체계성과 개정적 표현을 추구함	

제3절 논증을 다시 엮는 방법

논술 글은 판단을 다루는 글이다. 그러므로 다음과 같은 사항을 고려
하여 다시 엮는 방법을 터득할 필요가 있다.

1. 쓰고자 하는 논제의 알맹이 주장을 세워라.
2. 이 알맹이 주장을 뒷받침하는 데 꼭 필요한 전제들만을 전제로
   내세워라.
3. 제시문에 구체적으로 언급되어 있지 않지만 논자가 전제했다고
   생각되는 숨은 전제를 논증이 타당한 겉모습이 되도록 보충하라.
4. 전제와 알맹이 주장을 이루고 있는 표현들을 논자의 뜻이 분명하
   도록 다듬어서 완전한 글이 되게 하라.

제4절 논리를 발견하자

1. 추론의 갈래

논리를 알아야 논술을 할 수 있다. 논리를 모르고 논술 글을 쓴다는
것은 있을 수 없다. 하나의 월 속에 혹은 단락 속에 논리가 숨어 있는
경우가 있다. 그런데 한편의 글 전체에 하나의 논리가 들어있는 경우도
많다. 논리(論理)는 「추론(推論)의 겉모습과 같은 원리」를 말한다. 그러므
로 논리를 알려면 반드시 추론을 이해하여야 한다.

추론은 추리(推理)와 같은 뜻으로 사용되며 '몇 가지 전제(결론의 기초가

되는 판단으로 대전제와 소전제가 있다)에서 결론을 끌어낸다'는 뜻을 지닌 말이다. 추론은 크게 두 가지로 나뉜다. 곧 '연역적 추론'과 '귀납적 추론'이 그것이다. 연역적 추론은 전제들의 참이 결론의 참을 증명하는 추론이다. 즉, 참인 일반적 사실에서 특수사실을 추출하여 추론하는 것이라고 말할 수 있다.

이에 반해 귀납적 추론은 전제들의 참이 결론의 참을 증명하기 위한 추론이 아니고, 가설(실제로는 아직 타당성이 증명되지 않았으나 여러 경험적 사실들을 통일적으로 설명하기 위하여 임시로 세운 이론)의 형식으로 제시된 결론이 현상을 기술하는 것으로 제시된 전제를 설명하기 위한 추론이다. 유비추론(類比推論)은 넓은 의미의 귀납 추론에 속한다. 다음은 추론의 방법에 대하여 살펴보고자 한다.

2. 추론의 방법

(1) 연역 추론

연역 추론은 "이미 알고 있는 일반적인 사실이나 원리를 전제로 하여 개별적인 특수한 사실이나 원리로서의 결론을 이끌어내는 연구 방법"을 말한다. 「모든 사람은 잘못을 저지를 수 있는데 마을의 지도자인 김철수씨도 그럴 수가 있다.」라고 하는 하나의 월에도 연역 추론이 들어 있다. 이를 「모든 사람은 잘못을 저지를 수 있다. 마을의 지도자인 김철수씨는 사람이다. 그러므로 김철수씨도 잘못을 저지르는 수가 있다.」라는 단락의 형태로 표현하여도 연역 추론이 적용될 수 있다. 이와 같은 예에서 보인 연역적 추론은 정언적 판단(定言的 判斷)에 근거한 것이다. '정언적 판단'이란 주장이 '만일', '혹은' 따위의 조건을 붙이지 않고 단정(斷定)하는 판단이다.

연역적 추론(推論)의 방법은 하나의 월과 단락에 한정되지 않고 한편의 글 전체에 걸쳐서 나타나는 경우도 있다. 다음은 이에 대하여 알아보고자 한다. 다음 보기 글 (1)과 (2)는 어느 신문에 게재된 '치료 중단 의사 유죄 판결'에 대한 찬반(贊反)의 속살을 담은 「토론 광장」란(欄)을 옮겨 놓은 것이다. 이 란(欄)에서는 이 방면에서의 권위 있는 전문가인 의사 쪽과 법관 쪽의 서로 다른 견해를 그대로 보여주고 있다.

아래의 두 보기 글처럼 잘 쓰여진 논술 글을 자세히 관찰하고 논리적으로 추론하는 과정을 살피는 일은, 다양하고 복합적인 사고(思考)를 필요로 하는 논술 글을 체계적으로 써 낼 수 있게 하는 방법을 이해하는 데 도움이 될 것이다.

(1) 찬성 : 회복 가능성이 아주 많았다

머리를 크게 다친 한 남자가 병원으로 긴급 이송된 직후, 9시간에 걸쳐 두개골을 열고 머릿속의 핏덩어리를 제거하는 대수술을 받았다. 수술은 정상적으로 끝났고, 의료진은 인공호흡기에 생명을 의지한 이 남자의 의식이 회복되기를 초조하게 기다렸다. 몇 시간 경과 후 이 남자는 빛과 충격에 대한 반응 속도가 점점 빨라졌을 뿐 아니라 눈을 뜨려고 하였으며 인공호흡기가 필요한 호흡 횟수나 필요한 산소 농도의 수치도 호전되고 있었다. 의료진이나 그 남자의 보호자인 부인도 이 남자가 회복될 가능성이 많다고 판단하였다.

그런데도 부인은 의료진에 치료비를 이유로 아무런 대책 없이 퇴원시켜 줄 것을 계속 요구하였다. 사실은 그 남자가 17년 동안 무위도식하면서 술만 마시고 가족들에 대한 구타를 일삼아 왔으므로 살아남아 가족들에게 계속 짐이 되기보다는 차라리 죽는 것이 낫겠다고 생각하였던 것이다.

결국 의료진은 수술이 끝난 지 하루 반만에 퇴원을 허락하였고, 부인은 치료비 260만원을 계산하고, 집으로 그 남자를 데리고 가서 동행한 의료진이 부착한 인공호흡기를 제거하였으며, 5분 후 그 남자는 사망하였다.

어느 누구라도 이 사건에서와 같이 사고 후 수술의 예후가 호전되고 회복될 가능성이 많은 상태에서, 하루 반만에 치료를 포기하고 인공호흡기를 제거하여 죽임을 당하고 싶지는 않을 것이다. 더구나 당시 시행 중이던 응급 의료에 관한 법률에 의하면 처음 14일간의 정당한 응급의료비용은 환자가 이를 지급하지 못할 경우 그 중 80%를 국가가 대신 지급하도록 되어 있었다.

이것이 최근 대법원에서 유죄 판결한 살인방조죄의 기본적인 사실 관계이다. 앞뒤를 거두절미하고, 보호자의 요청에 의하여 의료진이 퇴원을 허락한 환자가 사망한 경우 무조건 살인방조죄로 처벌한다는 취지가 아님은 물론이다. 그런데 이를 곡해하여, 아무런 가망이 없이 장기간 입원해 있는 환자를 전제로, 치료비 등 경제적 문제를 누가 대신 해결해 줄 것도 아니면서 보호자가 퇴원을 요청하지도 못하게 하느냐, 이에 응한 의료진이 무슨 죄냐는 논리로 이번 판결을 비판하는 경향이 있는 것 같다.

의료계에 있는 필자의 친구들도 처음에는 판결에 문제가 있는 것 아니냐고 의문을 제기하다가, 부인이 이 남자의 퇴원을 요구한 것은 환자 본인을 위한 차원이 전혀 아니었고, 환자의 상태가 호전되는 상태였음에도, 불과 하루 반만에 치료를 포기하고 인공호흡기를 제거한 사안이라고 설명하면 모두 납득하였다. 판결에 대하여 정당한 비판은 당연히 허용되지만, 이는 구체적 사실 관계를 정확히 한 이후에 제기되어야 하며, 그렇지 못한 무분별한 비판은 국민의 사법 불신과 혼란으로 이어져 결국 전 국민적 손실을 초래하게 된다는 평범한 진리를 새삼 확인하는 순간이었다.

'소극적 안락사'는 형법학에서 논의되는 것으로서 반드시 개념이 일치하지는 않지만 현대 의학상 불치의 환자가 격렬한 육체적 고통으로 신음하는 경우에, 그 육체적 고통을 제거하기 위하여, 환자나 이에 준하는 보호자의 진지한 요청에 의해서 사망의 시기를 단축해 사망에 이르게 하는 경우를 말한다. 인간 생명의 존엄성 문제로서, 이 정도라면 법에서도 허용되어야 하는 것 아닌지의 논의인데, 이런 사안이 우리나라에서 법적으로 문제된 바가 없어 당연히 법원의 판례도 없다.

아무튼 이번 판결과는 사안이 전혀 다르지만, 소극적 안락사 문제가 최근 여론의 관심사로 떠오르고 있다. 이제 우리 사회도 많이 성숙되었으므로 판결에 대한 무분별한 비판이 아닌, 진지하고 건설적인 논의가 계속될 것으로 기대한다.

손지호(법원행정처 공보관·판사) / 국민일보 〈뉴스, 전문가 칼럼〉 [토론 광장-치료 중단 의사 유죄 판결] / 2004년 7월 8일이 글에서 글쓴이가 논증을 엮는 방법을 추측해 보면 논제의 알맹이 주장은 칼럼의 제목인 '회복 가능성이 아주 많았다'이다. 이 알맹이 주장을 뒷받침하는 데 꼭 필요한 전제들은 세 가지 진술로 표현할 수 있다.

위 글에서는 구체적으로 표현되어 있지는 않았지만 논지(論旨)에서 전제되었다고 생각되는 숨은 전제를 논증이 타당한 형식으로 밝혀 보면 다음 (2)와 같다.

이 글의 사실 관계를 살펴보면 A라는 일반적 사실을 먼저 말한 다음 B, C라는 특수 사실을 뒤에 제시하고 있으므로 연역적 추론의 삼단논법(三段論法)이 적용된 것이다. 그 중에서도 가언적 판단(假言的 判斷 : 조건 또는 원인과, 귀결 또는 결과와의 관계를 나타내는 판단. '내가 새라면 날 수 있다'와 같은 판단)에 의거한 가언적 삼단 논법(假言的 論法 : 'P이면 Q이다. P이다. 그러므로 Q이다'하는 따위의 논법)이 적용되었다.

> (2)　A : 살인을 방조하지 않는 의사라고 하면(P이면), 환자의 가족이 퇴원을 희망하더라도 회생 가능성이 아주 많은 환자에게 인공호흡기를 떼어 버리지는 않는다(Q이다).
> B : 어떤 담당 의사(X)는 환자 가족의 요구에 의하여 회생(回生) 가능성이 아주 많은 환자에게 인공호흡기를 떼어 버렸다(-Q이다).
> C : 그러므로 어떤 담당 의사(X)는 정상적인 의사가 아니고 살인 방조를 한 범죄 행위를 한 것이다(-P다).

위의 추론은 후건 부정법(後件 否定法)이라는 연역규칙에 근거한 것이다. 이 방법은 대전제가 하나의 가언명제(假言命題), 즉 '만일 P이면 Q이다'에서 도출될 수 있는 추론 중 하나이다. 즉, ≪① P이면 Q이다. ② Q가 아니다. ③ 그러므로 P가 아니다.≫라고 하는 가언적 판단의

과정을 거치는 추론이다. 이때 P가 전건(前件)이고 Q가 후건(後件)이 된
다.

보기 글 (1)에서 보인 한편의 글은 (2)와 같은 추론의 과정을 거치고
있다. 그리고 위 글은 전제와 알맹이 주장을 이루고 있는 표현들을
분명하도록 다듬어서 완전한 글이 되게 하였다.

(3) 반대 : 소생 가능성이 거의 없었다

지난 7년 간 논란돼 온 '보라매병원 사건'은 퇴원을 강행한 환자의 보호자에게
는 '살인죄'를, 보호자의 요구에 따라 환자를 퇴원시킨 담당의사에게는 '살인방
조죄'라는 판결로 결론이 내려졌다. 의료 현장에서 이 사건을 바라보는 의사들
은 관점 자체가 다르기 때문에 인명 경시 풍조에 경종을 울렸다는 대법원의
판결에 동의할 수 없다.

이번 사건은 소생 가능성이 극히 낮은 환자의 생명을 연장시킬 수 있는
인공호흡기를 떼 내 사망 시기를 앞당긴 일을 법원에서 살인으로 판결한 것이
다. 유죄 확정에 결정적인 영향을 미친 것이 '회생 가능성이 있었다'는 의사의
초기 진술이었다. 법은 회생 가능성이 있었는가, 없었는가 둘 중 하나의 답을
요구한 것이다. 그런데, 실제 진료 현장에서는 회생 가능성의 판단이 100%와
0%로 명확히 구분되는 경우는 거의 없으며 대부분 일정 확률로 가능성을 예측
해 볼 수 있을 뿐이다. 0.1%의 가능성이 있을 때, 이를 가능성이 있다고 볼
것인지, 회생 불가능한 것으로 볼 것인지를 담당 의사가 아닌 법정이 결정한다
면 '살인 방조범'이 될 위험을 무릅쓰고 퇴원을 허가할 의사는 아무도 없다.

과학의 발달은 환자들의 생명을 수일에서 수년까지 연장할 수 있는 첨단
기기들을 만들었다. 이로 인해 지금 의료 현장에서는 적절한 치료가 이루어지
지 못해 일어나는 인명 경시 문제보다 오히려 소생 가능성이 거의 없는 환자에게
행해지는 과잉 진료의 폐해가 의료 윤리 문제로 부각되고 있다. 확률이 낮더라
도 회생 가능성이 있는 환자를 포기하는 것은 옳지 않다는 원론적인 이유로
임종이 다가온 환자에게 온갖 연명 장치를 사용하여 심장이 멎는 기간을 최대한
뒤로 미루게 한다면 자신의 의견을 표현할 수 없는 환자들의 고통받는 기간을
연장하고, 그 보호자들에게 얼마나 큰 부담을 주는 일인지에 대한 윤리적 문제
로 의료진은 고민하고 있다.

소생 가능성이 거의 없는 환자에 대한 연명 장치 중단에 대한 의료법 체계가 제대로 마련되지 않은 상황에서는 어떤 결정을 하든 의사나 보호자가 도덕적인 책임에서 자유로울 수 없는 것이 우리나라의 현실이다. 이러한 문제를 앞서 겪은 선진국에서는 법적 장치를 정비해 놓고 있으며, 경제적 이유만으로 치료를 포기하는 일이 없도록 사회복지 시스템을 구축했다. 이에 비해 우리는 보라매병원 사건 이후 7년이라는 세월이 흘렀지만 그 사건이 제시하고 있는 임종 문제와 관련한 법제도의 정비와 저소득층 환자를 위한 사회복지 제도에 대해서는 논의조차 제대로 하지 않고 있다.

소생의 가능성이 없는 부모, 혹은 자녀로부터 인공호흡기를 떼 내 '자연사'하게 해 달라고 요구하는 것을 '살인'이라고 하면서, 경제적인 이유 등으로 병원에 오지 못하고 집에서 방치된 채 임종하는 연 10만 명 이상의 환자 보호자들은 '살인죄'를 범하고 있는 것이 아니라고 주장한다면, '생명의 존엄성 존중' 주장과 전혀 일치하지 않는다. 또, 병원에 입원해 치료가 가능하다는 것을 확인하고도 경제적 이유 등으로 치료를 포기하고 퇴원한 환자들의 죽음에 대한 책임도 담당 의사가 져야 한다면, 더 많은 의사가 병원보다 교도소에 있어야 한다.

이 사건 발생 직후, 중 환자실이 무의미한 치료를 중단하지 못한 임종 환자로 가득 차서 치유가 가능한 응급 환자들은 입원도 하지 못하는 사태가 일어난 적이 있었다. 이번 판결로 인해 의료 현장에서 야기될 혼선과 윤리적 문제에 대해 법원은 어떻게 책임질 것인가?

허대석(서울의대 의료정책연구실장) / 국민일보 〈뉴스, 전문가 칼럼〉 [토론 광장-치료 중단 의사 유죄 판결] / 2004년 7월 8일

이 글에서 글 쓴이가 논증을 엮는 방법을 추측해 보면 논제의 알맹이 주장은 이 칼럼의 제목인 '소생 가능성이 거의 없었다'이다. 이 알맹이 주장을 뒷받침하는데 꼭 필요한 전제는 세 가지 진술로 표현될 수 있다. 즉, 이 글의 논지에서 숨은 전제들을 논증이 타당한 형식으로 밝혀 보면 다음 (4)로 나타낼 수 있다. 이 글의 사실 관계도 보기 글 (1)처럼 A라는 일반적 사실이 먼저 제시되고 B, C라는 특수 사실이 뒤에 나타나 있는, 연역적 추론의 가언적 삼단논법이 적용되었다.

(4) A : 만일 어떤 환자의 보호자와 의사가 회생(回生) 가능성이 거의 없는
        환자에게서 인공호흡기를 떼어 내었다고 하면(P이면), 그들은 정상
        적인 사람이다(Q이다).
     B : 보래매 병원의 어떤 환자의 보호자와 담당 의사(X)는 회생(回生) 가능성
        이 거의 없는 환자에게 인공호흡기를 떼어 내었다.(P이다).
     C : 그러므로 희생 가능성이 거의 없는 환자에게 단지 생명만 연장시키는
        인공호흡기를 환자에게서 떼어내어 사망시기를 앞당긴 환자의 보호
        자와 담당 의사(X)는 매우 정상적인 행동을 한 사람이며 범죄 행위와
        는 관계없다(Q이다).

  (4)의 대전제는 하나의 가언명제를 지니고 있다. 그리고 '전건 긍정
법(前件肯定法)'이라는 연역규칙에 의하여 추론하고 있다. 즉, ≪① P이면
Q이다. ② P이다. ③ 그러므로 Q이다.≫라고 하는 가언적 판단의 과정
중에 전건인 P를 긍정하는 추론이다. 이 규칙은 논리학의 모든 형식체
계에 포함된다. 이 글에서도 전제와 알맹이 주장을 이루고 있는 표현들
이 분명하도록 다듬어져서 완전한 글이 되었다.
  연역규칙에는 다음과 같은 것들도 많이 사용된다.

  (5) (가) 선언적 삼단논법(選言的三段論法)에 의거한 선언지 제거법(選言肢除去法)
        : '선언적(選言的)'이라는 말은 「각종 사태를 일괄하여 그 중의 하나가
        선택될 것임을 주장하는 말」이다. '선언지(選言肢)'란 "고래는 포유류
        (哺乳類)이거나 어류(魚類)이다"라는 문장에서 '포유류'와 '어류'를 말한
        다. '선언지 제거법'이란 대전제에서 선언적 판단을 두고, 소전제에
        선언지의 하나를 부정(否定)하여 결론에서 다른 선언지를 긍정하는
        추리이다. 즉 ≪① P이거나 Q이다. / ② P가 아니다. / ③ 그러므로
        Q이다.≫와 같은 형식을 취하는 논법이다.
     (나) 양도 논법(兩刀論法) : 대전제에 두 개의 가설을 세우고 소전제에서
        이것을 선언적으로 승인하거나 부인하는 형식을 취하는 삼단논법

이다. 딜레마(dilemma)와 같은 뜻이다. 여기에는 단순 양도 논법(單純兩刀論法)과 복합 양도 논법(複合兩刀論法)이 있다.

> a) 단순 양도 논법(單純兩刀論法) : 이 방법은 ≪① P이거나 Q이다. / ② P이면 R이다. / ③ Q이면 R이다. / ④ 그러므로 R이다.≫와 같은 형식을 취하는 논법이다.
>
> b) 복합 양도 논법(複合兩刀論法) : 이 방법은 ≪① P이거나 Q이다. / ② P이면 R이다. / ③ Q이면 S이다. / ④ 그러므로 R이거나 S이다.≫와 같은 형식을 취하는 논법이다.

이 이외에도 여러 가지 연역규칙이 더 있는데 따로 시간을 내어서 이 방면에 대해 공부하여 글짓기에 적용하는 연습을 하면 매우 유익할 것이다.

(2) 귀납 추론

'귀납(歸納)'이라는 말은 「특수사실, 즉 낱낱의 구체적 사실에서부터 일반적인 명제(命題)나 법칙을 이끌어 내는 일」을 말한다. 귀납적 추론의 전제는 어떤 집합의 구성 요소 일부에 관해 말하고, 결론은 그 집합의 구성 요소 전체에 대하여 말한다. 따라서 결론은 항상 전제에서 주장된 것보다 더 많은 것을 주장한다. 이 추론은 전제에서 제시되는 특수 사실들에 대한 최선의 설명을 추론하는 과정을 거친다.

귀납 추론은 가설을 제시하는 추론이다. 가설은 우리가 알지 못하는 세계의 현상에 관한 주장이지만, 그 근거는 우리가 알고 있는 세계에 있다. 우리의 '지식'은 우리가 아는 세계에서 알지 못하는 세계로 확장되어 나간다. 귀납추론이 정당화되는 정도를 판정하는 일반화된 방법은 없다. 그러나 적어도 「성급한 일반화의 오류」를 범해서는 안 된다. 이를테면 '철수네 집이 장사를 하고 영희네 집이 장사를 한다고 해서 모든 사람의 집이 장사를 한다'라고 하는 것은 잘못이다. 이런 점에서 볼 때 전제에 제시된 표본은 클수록 좋다고 말할 수 있다. 다음은 귀납 추론을 바탕으로 한 글의 보기 글이다.

(6) ① 결 : ㉠ 비단이 결이 곱다.(자립명사) ㉡ 나도 모르는 결에 발을 잘못 디뎠다.(의존명사)

①의 '결'은 자립명사와 의존명사의 구실을 공유하는 어례(語例)이다. 자립명사 ㉠과는 달리 의존명사 ㉡은 구문상의 자립성이 없고 선행요소로 관형절이 반드시 선행하여야 하는 속성을 지니고 있다.

② 바람 : ㉠ 바람이 세게 불었다.(자립명사) ㉡ 잠바바람으로 급히 손님을 맞이하게 되었다.(접미사) ㉢ 술을 마신 바람에 기분대로 떠들어댔다. (의존명사)

②의 '바람'은 자립명사와 접미사, 그리고 의존명사의 구실을 공유(公有)하는 어례이다. 자립명사인 ㉠ '바람'과는 달리 접미사인 ㉡ '바람'은 구문상의 자립성이 없지만, 선행요소로 관형절이 선행하지 않고 '잠바'라는 명사가 선행한다. 그런데 의존명사인 ㉢의 '바람'은 구문상의 자립성이 없고, 선행요소로 관형절이 반드시 선행해야 한다.

③ 노릇 : ㉠ 사업에 실패한 철수가 정말 죽을 노릇이었다.(의존명사) ㉡ 영수는 정말 형노릇을 잘했다.(접미사)

③의 '노릇'은 의존명사와 접미사의 구실을 공유하는 어례(語例)이다. 의존명사 ㉠의 '노릇'은 구문상의 자립성이 결여되고, 선행요소로 관형절이 반드시 선행해야 한다. 그러나 접미사 ㉡의 '노릇'은 구문상의 자립성이 없지만, 선행요소로 관형절이 선행하지 않고 '형'이라는 명사가 선행한다.

그러므로 자립명사와 접미사 등으로 혼동될 가능성이 있는 어례(語例)의 의존명사 식별기준은 ≪구문상의 자립성이 결여되고, 선행요소로 관형절이 반드시 선행해야 하는 명사≫가 된다. [졸저(拙著) 의존명사의 형태론적 연구, 서울, 학문사, 1995, 60-128 쪽 인용 후 재구성함]

이상 보기 글 (6)은 ①부터 ③까지의 어례 하나 하나씩 의존명사의 식별 기준을 적용하고 마지막에 가서 이를 일반화하고 있다. 즉, 보기 글 (6)은 ①부터 ③까지의 낱낱의 구체적 식별 기준 적용을 근거로 하여 ≪구문상의 자립성이 결여되고, 선행요소로 관형절이 반드시 선행하는 명사≫라는 식별기준을 제시하고 있다. 그리고 이 식별기준이 의존명사를 식별하는 일반적인 규칙임을 귀납적으로 추론하고 있다.

(3) 유비 추론[類比推論, 유추]

귀납적 일반화는 동일한 유형의 대상들이 가지고 있는 속성의 일반화이다. 그런데 우리는 동일하지 않은 유형의 대상들이 가지고 있는 속성들의 유사성에 근거하여 추론을 진행시키기도 한다. '유비 추론'이 그것이다. '유비(類比)'란 '서로 다른 어떤 사물 상호간에 유사점과 동일성이 있는 것'을 뜻한다. 일반적으로 '유추'는 다음 겉모습을 취하고 있다.

(7) A와 B, C, D, E, F는 다르지만, w, x라는 속성을 가진 점에서 같다.
    A는 y라는 속성을 가지고 있다.
    그러므로, B, C, D, E, F도 y라는 속성을 가지고 있다.

'유비추론'은 넓은 의미의 귀납적 추론에 속한다. 따라서 어떠한 경우에도 전제의 참이 결론의 참을 보장하지는 못한다. 그러나 ① 서로 다른 대상들인 A와 B, C, D, E, F가 공유하고 있는 속성들 w, x가 A와 B, C, D, E, F의 본질적으로 중요하고 유관한 속성들이고, ② y가 B, C, D, E, F의 우연한 속성이 아닐 경우, 결론의 참이 매우 높게 정당화될 수 있다.

글짓기 표현의 방법으로서 '유추'는 논리의 엄밀성이 요구되는 논증의 글에서보다는, 설명이나 설득의 글에 많이 쓰인다. 두드러진 예(例)를 제시하고서 다른 경우를 읽는 이가 상상하게 하는 형식으로 쓰여서 읽는 이로 하여금 글의 속살에 쉽게 동화되게 하는 여유를 준다. 다음은 유비 추론을 바탕으로 한 한편의 글이다.

(8) 차마설(借馬說)
이곡(李穀) 지음/ 김규성(金奎聲) 옮김

내가 집이 가난해서 말이 없으므로 혹 빌려서 타는데, 여위고 둔하여 걸음이 느린 말이면 비록 급한 일이 있어도 감히 채찍질을 가하지 못하고 조심조심하여 곧 넘어질 것 같이 여기다가, 개울이나 구렁을 만나면 곧 내려 걸어가므로 곧 후회하는 일이 적었다. 발이 높고 귀가 날카로운 준마로서 잘 달리는 말에 올라타면 의기양양하게 마음대로 채찍질하여 고삐를 놓으면 언덕과 골짜기가 평지처럼 보이니 심히 장쾌하였다. 그러나 어떤 때에는 위태로워서 떨어지는 근심을 면치 못하였다.

아! 사람의 마음이 옮겨지고 바뀌는 것이 이와 같을까? 남의 물건을 빌려서 하루 아침 소용에 대비하는 것도 이와 같거든, 하물며 참으로 자기가 가지고 있는 것이랴.

그러나 사람이 가지고 있는 것이 어느 것이나 빌리지 아니한 것이 없다. 임금은 백성으로부터 힘을 빌려서 높고 부귀한 자리를 가졌고, 신하는 임금으로부터 권세를 빌려 은총과 귀함을 누리며, 아들은 아비로부터, 지어미는 지아비로부터, 비복은 상전으로부터 힘과 권세를 빌려서 가지고 있다.

그 빌린 바가 또한 깊고 많아서 대개는 자기 소유로 하고 끝내 반성할 줄 모르고 있으니, 어찌 미혹(迷惑)한 일이 아니겠는가?

그러다가 혹 잠깐 사이에 그 빌린 것이 도로 돌아가게 되면, 만방(萬邦)의 임금도 외톨이가 되고, 백승(百乘: 많은 수레)을 가졌던 집도 외로운 신하가 되니, 하물며 그보다 더 미약한 자야 말할 것이 있겠는가?

맹자가 일컫기를 "남의 것을 오랫동안 빌려 쓰고 있으면서 돌려주지 아니하면, 어찌 그것이 자기의 소유가 아닌 줄 알겠는가?" 하였다.

내가 여기에 느낀 바가 있어서 차마설을 지어 그 뜻을 넓히노라. 〈가정집(稼亭集)〉 (인문계 고등학교 국어 상(上), 1997년, 33쪽)

위의 보기 글 (8) '차마설(借馬說)'은 위에서 언급한 (7)에서 보인 바의 유추(類推)가 지닌 일반적 형식을 취하고 있다. 이를 다시 보이면 다음 (9)와 같다.

(9) A와 B, C, D, E, F는 다르지만, w, x라는 속성을 가진 점에서 같다.
A는 y라는 속성을 가지고 있다.
그러므로, B, C, D, E, F도 y라는 속성을 가지고 있다.

(8)에 나타난 속살을 (9)의 형식에 나타나는 기호에 적용시켜 유추의 논리를 확인해 보면 다음 (10)과 같다.

(10)
A : 사람이 남의 말을 빌려 타고 가는 것
B : 왕이 백성에게서 힘을 빌리는 것
C : 신하가 임금으로부터 권세를 빌리는 것
D : 아들이 아비로부터 힘을 빌리는 것
E : 지어미가 지아비로부터 힘을 빌리는 것
F : 비복(婢僕)이 상전으로부터 권세를 빌리는 것
w. 남의 것을 빌린다.
x. 남의 것을 오랫동안 빌려 쓰고 있으면 남의 것인 줄 모르고 자기 소유인
   양 알게 되어 교만하게 되기 쉽다.
y. 끝내 반성할 줄 모르는 미혹(迷惑)한 태도를 버리고 겸손하고, 절제
   있는 태도를 지녀야 한다.

이상에서 우리는 귀납 추론과 유비 추론의 적용에 대하여 알아보았다. 앞에서 언급한 바와 같이 귀납추론과 유비 추론은 서술적인 일반

진술을 추리할 수 있게 하는 방법이기 때문에 과학적 추론으로서는 한계가 있다고 말할 수 있다.

3. 추론(推論)과 주제 제시 방법의 연관성

단락의 작은 주제를 제시하는 방법은 글 쓰는 이뿐만 아니라 읽는 이에게도 중요한 관심사이다. 작은 주제를 제시하는 방법으로 흔히 두괄식, 미괄식, 양괄식과 같은 유형이 있음은 앞의 제7장 제2절에서 밝힌 바 있다. 그런데 두괄식 방법은 연역적 방법에 의한 것이며 미괄식은 귀납적 방법에 의한 것이라는 설명을 종종 접하게 되는데 이에 대하여 논의해 볼 필요가 있다고 생각된다. 다음 세 개의 보기 글은 제7장 제2절에서 다시 따온 것이다.

(11) ㉠ 구약시대에 죄악으로 가득하고 성 문란이 극에 달한 도시, 얼마 전에 영국의 성서학자 마이클 샌더스 박사가 이끄는 탐사 팀이 사해의 해저에서 그 흔적을 발견하여 확인 작업에 들어간 소돔과 고모라 성은 단 10명의 의인이 없어 하늘에서 떨어지는 유황불로 멸망했다.
㉡ 하느님이 처음 제시한 의인 50명을 찾는다는 것이 불안했던 아브라함은 하느님과 다섯 번에 걸친 흥정으로 단 10명으로 줄였지만 그곳에는 그 열 명의 의인도 없었다.
㉢ 오염된 환경에서는 의인이 자리할 곳이 없는가 보다. (노정숙 선생님의 수필 〈빗나간 과녁〉 중에서)

(12) ㉢ 오염된 환경에서는 의인이 자리할 곳이 없는가 보다.
㉠ 구약시대에 죄악으로 가득하고 성 문란이 극에 달한 도시, 얼마 전에 영국의 성서학자 마이클 샌더스 박사가 이끄는 탐사 팀이 사해의 해저에서 그 흔적을 발견하여 확인 작업에 들어간 소돔과 고모라 성은 단 10명의 의인이 없어 하늘에서 떨어지는 유황불로 멸망했다.
㉡ 하느님이 처음 제시한 의인 50명을 찾는다는 것이 불안했던 아브라함

은 하느님과 다섯 번에 걸친 흥정으로 단 10명으로 줄였지만 그곳에는 그 열 명의 의인도 없었다고 한다.

(13) 　　　ⓔ 의인(義人)이 살아가는 사회는 환경도 깨끗해야 될 것 같다.
　　　ⓐ 구약시대에 죄악으로 가득하고 성 문란이 극에 달한 도시, 얼마 전에 영국의 성서학자 마이클 샌더스 박사가 이끄는 탐사 팀이 사해의 해저에서 그 흔적을 발견하여 확인 작업에 들어간 소돔과 고모라 성은 단 10명의 의인이 없어 하늘에서 떨어지는 유황불로 멸망했다.
　　　ⓑ 하느님이 처음 제시한 의인 50명을 찾는다는 것이 불안했던 아브라함은 하느님과 다섯 번에 걸친 흥정으로 단 10명으로 줄였지만 그곳에는 그 열 명의 의인도 없었다.
　　　ⓒ 오염된 환경에서는 의인이 자리할 곳이 없는가 보다.

앞의 제7장 제2절에서 설명한 바와 마찬가지로 위의 보기 글 (11)은 미괄식이며 (12)는 두괄식, (13)은 양괄식이라고 말할 수 있다. 이러한 설명은 세 보기 글 중의 ⓒ 부분이 이른바 작은 주제월이기 때문에 그 위치를 해당 단락의 앞에 놓느냐 뒤에 놓느냐, 혹은 양쪽에 다 놓느냐에 따라 두괄식과 양괄식, 그리고 미괄식 유형이 결정된다는 논리에 입각하고 있다.

그런데 위의 세 보기 글은 어느 것이든지 판단의 근거가 모두 귀납적 방법에 있음을 우리는 알 수 있다. 왜냐하면 위의 세 보기 글에서 주제 문장의 위치를 앞에, 또는 뒤에 혹은 양쪽 모두 어디에 두든지 간에 '오염된 환경에서는 의인이 자리할 곳이 없다'라고 하는 작은 주제에 대한 구체적인 사실의 열거를 바탕으로 하여 작은 주제월인 ⓒ 부분을 주장하고 있기 때문이다.

보기 글 (13) ⓑ 문장의 속살에 숨어 있는 전제들은 『① 아브라함 : 죄 없는 사람이 45명밖에 없으면 소돔성을 멸하지 않겠습니까? −

하느님 : 그렇다./ ② 아브라함 : 죄 없는 사람이 40명밖에 없으면 소돔성을 멸하지 않겠습니까? - 하느님 : 그렇다./ ③ 아브라함 : 죄 없는 사람이 30명밖에 없으면 소돔성을 멸하지 않겠습니까? - 하느님 : 그렇다./ ④ 아브라함 : 죄 없는 사람이 20명밖에 없으면 소돔성을 멸하지 않겠습니까? - 하느님 : 그렇다./ ⑤ 아브라함 : 죄 없는 사람이 10명밖에 없으면 소돔성을 멸하지 않겠습니까? - 하느님 : 그렇다.』와 같은 속살을 포함하고 있다. 보기 글 (11), (12), (13)은 이와 같은 아브라함과 하느님의 구체적인 대화 속살과 같은 사실의 열거를 바탕으로 하여 작은 주제월인 ⓒ 부분을 주장하고 있는 것이다. 그러므로 이 세 개의 보기 글에 나타나 있는 판단은 모두 귀납 추론에 의거한 것이다. 그러므로「두괄식 유형이 연역적 방법에 의거하고 미괄식 유형이 귀납적 방법에 의거한다」라는 주장은 타당하지 못한 서술이다. 이러한 사실은 다음과 같은 보기 글에서도 확인된다.

(14) 인간은 신(神)이 아니다. 전지전능한 신과는 달라서, 인간에게는 모르는 것도 많고, 잘못하는 일도 많다. 그러나 인간의 분수를 아는 사람은 함부로 아는 체하지 않으며, 함부로 남을 심판하지 않는다. 그는 자기 자신의 한계를 아는 까닭에 스스로 겸손하다. ㉠이런 관점에서 볼 때, 인간은 매우 위대한 존재라는 평가가 성립할 수도 있다. (김태길 선생님의 글 '독선과 겸손', 1999년도 중학교 2학년 1학기 국어교과서)

위의 보기 글은 연역적 판단에 의거하고 있다. 이를 사실관계로 재구성하여 나타내면 다음과 같다.

(15) A : 인간은(P) 전지전능하지 않은 존재이다(Q).
    B : 전지전능하지 않은 존재는(Q) 실수를 하기 때문에 함부로 아는 체하지 않고, 함부로 남을 심판하지 않으며 겸손해야 한다(R).

C : 그러므로 인간은(P) 실수를 하기 때문에 함부로 아는 체하지 않고, 함부로 남을 심판하지 않으며 스스로 겸손해야 한다(R).

D : 실수를 하기 때문에 함부로 아는 체하지 않고, 함부로 남을 심판하지 않으며 겸손한 인간은 위대하다.

위의 추론은 「P는 Q이다. Q는 R이다. 그러므로 P는 R이다.(P = Q, Q = R, ∴P = R)」의 정언 삼단논법이라는 연역적 방법에 의거하고 있다. 그런데 위의 보기 글 (14)에서처럼 미괄식으로 주제월인 ⓐ[재구성한 보기 글 D와 통하는 속살임]을 뒤에 놓느냐, 아니면 아래 보기 글처럼 두괄식으로 앞에 놓느냐 하는 것과는 상관없이 연역법이라는 추론에 의거한 점은 동일하다.

(16) ⓐ'겸손하다'는 점에서 볼 때, 인간은 매우 위대한 존재라는 평가가 성립될 수 있다. 인간은 신(神)이 아니다. 전지전능한 신과는 달라서, 인간에게는 모르는 것도 많고, 잘못하는 일도 많다. 그러나 인간의 분수를 아는 사람은 함부로 아는 체하지 않으며, 함부로 남을 심판하지 않는다. 그는 자기 자신의 한계를 아는 까닭에 스스로 겸손한 것이다.

우리는 이상에서 추론과 주제의 제시 방법과는 관련이 없음을 확인한 셈이다. 다음 제4절에서는 논술 글 단락을 만들어 보고자 한다.

제5절 논술 글 단락 이렇게 만들자

이 절(節)에서는 바람직하지 못한 논술 글 단락을 살펴보고자 한다. 그런 다음에 이를 수정·보완하여 제대로 된 논술 글 단락이 되도록 만들어 보고자 한다.

1. 단락 속의 혼란스러운 월을 바로잡자

(1) 단락 속에 나타나는 월의 호응관계를 일치시키자

1) 인과관계(因果關係)와 시간 표현을 일치시키자

(17) 유치환의 시 '깃발'은 「이것은 소리 없는 아우성./ 저 푸른 해원(海原)을 향하여 흔드는/ 영원한 노스탤지어의 손수건.〈중략〉…」으로 시작된다. 이 시는 이상과 현실 사이에 뛰어넘을 수 없는 인간의 근원적 한계를 드러내고 있다고 생각된다. 또한 '깃발'을 제재로 하여 이상향에 대한 동경과 좌절을 노래하고 있는 작품이라고 여겨진다. 나는 유치환의 이 '깃발'이라는 시(詩) 속의 주인공은 바닷가에 사는 ㉠어떤 청년이라는 생각이 들었다. ㉡그 까닭은 이 시에 쓰인 낱말에서 알 수 있듯이 바다가 연상되고 또 푸른 바다는 사람들이 언덕에 올라 먼 나라로 가고자 하는 꿈을 키울 수 있는 ㉢하나의 꿈의 광장을 연상한다.

위의 밑줄 친 부분은 호응관계가 일치되지 않고 있다. '㉡그 까닭은'에 대한 서술어인 '㉢하나의 꿈의 광장을 연상한다.' 라는 마디는 원인과 결과의 관계에서 호응을 이루지 못한 월의 모습이기 때문이다. ㉢을 '하나의 꿈의 광장을 연상하기 때문이다.'로 고치는 것이 좋다. 그리고 ㉠의 경우도 앞뒤 관계를 볼 때에 시간 관련 표현이 맞지 않다. 줄거리를 보면 추측의 의미이기 때문에 '−ㄹ'이 들어가야 한다. ㉠은 '어떤 청년일 것이라는 생각이 들었다.'로 고치면 될 것 같다.

2) 단락 속에 나타나는 월의 임자말과 풀이말, 어찌말과 풀이말의 호응 관계를 일치시키자

아래의 보기 글과 같이 임자말과 풀이말, 어찌말과 풀이말의 호응 관계가 일치되게 혼란스러운 월을 바로잡도록 힘써야 한다.

(18) ① 임자말과 풀이말의 호응 : ⑦이 글은 슬프고도 애닯은 마음의 ⓛ표현이다. → 이 글은 슬프고도 애달픈 마음을 ⓒ 표현하고 있다.
② 어찌말과 풀이말의 호응 : 해가 서쪽에서 뜬다는 것은 ⑦결코 있을 수 ⓛ있다. → 해가 서쪽에서 뜬다는 것은 ⑦결코(절대로) 있을 수 ⓒ없다.

위의 보기 글에서 ①의 임자말 ⑦ '이 글은'에 대한 풀이말은 ⓛ '표현이다'가 아니고 ⓒ '표현하고 있다'로 되어야 한다. ②의 어찌말 ⑦ '결코'에 대한 풀이말은 그 특성상 긍정어인 ⓛ '있다'가 호응되는 것이 아니고 부정어인 ⓒ '없다'가 되어야 자연스럽다.

3) 단락 속에 나타나는 피동^(被動)과 사동^(使動)의 호응 관계를 일치시키자

(19) ① ⑦나는 이 시를 읽으면 읽을수록 쓸쓸하고 슬프고 안타까운 기분을 ⓛ주는 것이다.
② 나는 이 시를 읽으면 읽을수록 쓸쓸하고 슬프고 안타까운 기분을 ⓒ느끼게 된다.(느낌을 가지게 된다./ 느낌을 받게 된다.)
③ ⓔ이 시는 읽으면 읽을수록 쓸쓸하고 슬프고 안타까운 기분을 자아내게 한다.(느끼게 한다.)

위의 보기 글 ①의 임자말인 ⑦ '나는'의 풀이말은 능동 표현인 ⓛ이 적절하지 못하고, ②의 ⓒ처럼 피동으로 표현해야 자연스럽다. 풀이말을 사동형으로 쓰려면 ③ ⓔ처럼 임자말을 '이 시는'으로 고치면 자연스럽다.

(2) 단락 속에 나타나는 '강조'로 인한 혼란스러운 월을 바로잡자

1) 주제어와 관련된 '강조'로 인한 혼란스러운 월을 바로잡자

(20)　　① 철수가 아침 일곱 시에 학교에 가지 않고 집에 있었다.
　　② 철수가 아침 일곱 시에 학교에는 가지 않고 집에 있었다.
　　③ 철수는 아침 일곱 시에 학교에는 가지 않고 집에 있었다.
　　④ 철수는 아침 일곱 시에는 학교에는 가지 않고 집에 있었다.

　　주제어를 드러내는 월은 주제어(topic)와 설명어(comment)로 나뉠 수 있다. 글을 쓰는 사람이 강조하고자 하는 의도가 있을 때, 주제어를 드러내는 토씨(조사) '~은/는'을 사용하는 경우가 많다. 그런데 한 월에서 '~은/는'의 거듭 사용은 불필요한 강조가 된다. 위의 보기 글에서 ③, ④는 바람직하지 못하다. '~이/가'와 '~을/를'의 경우도 임자말(주어)과 부림말(목적어)를 표시하는 경우가 아닐 때에는 강조하는 수가 있는데 이 때에도 거듭 사용은 불필요한 강조가 되어 바람직하지 못하다.

2) 어찌말과 관련된 '강조'로 인한 혼란스러운 월을 바로잡자

(21)　① 공부할 때는 열심히ⓐ, 항상 선생님의 마음과 우리들의 가슴이 합쳐지는 곳이다ⓑ. → ② 선생님의 따뜻하신 마음과 열심히ⓐ 공부하려고 애쓰는 우리들의 마음이 한데 어우러진 곳이ⓑ 바로 우리 교실이다ⓒ.

　　위의 보기 글은 어찌말 부문 ⓐ와 풀이말 부문 ⓑ가 호응이 되고 있지 않다. 보기 글 ①은 어찌말 '열심히'를 강조하려다가 혼란스러운 월이 되어버렸다. 보기 글 ①은 ②로 고치는 것이 자연스럽다. ②처럼 어찌말 '열심히'를 풀이말 바로 앞에 놓이게 하면 자연스럽다. 다음은 풀이말과 관련된 혼란에 대하여 알아보고자 한다.

(3) 단락 속에 나타나는 풀이말과 관련된 혼란스러운 월을 바로잡자

1) 임자말에 대한 풀이말 챙기기와 풀이말에 대한 임자말 챙기기가 혼란스러운 월을 바로잡자

(22) ① 할머니의 품에서 새록새록 잠자던 나 어릴 적의 추억은ⓐ, 할머니의 우상이었다ⓑ. → ② 할머니의 품에서 새록새록 잠자던 나 어릴 적의 추억은 ⓐ, 어쩌면 평생 동안 잊지 못할 것이다㉠. 할머니에게 귀여움을 독차지했던 어렸을 때의 나는㉡ 할머니의 우상이었다ⓑ.

위의 보기 글에서 임자말인 ⓐ에 대한 풀이말 ⓑ가 호응이 이루어지지 않아 매우 혼란스럽다. 제대로 된 월이 되게 하려면 ⓐ에 대한 풀이말 ㉠을 넣고 풀이말 ⓑ에 대한 임자말 ㉡을 채워 넣어야 비로소 자연스럽다.

2) 제시어(提示語)에 대한 풀이말 챙기기와 풀이말에 대한 임자말 챙기기가 혼란스러운 월을 바로잡자

(23) ① 생활의 변화와 더불어 찾아온 일종의 불행ⓐ, 그것은 자신에 대한 비평과 실수를 두려워하는ⓑ 완전욕을 꿈꾸는 사람이 되었고ⓒ 날로 부정적인 생각을 하는 비관적인 생활이 되었다ⓓ.
② 생활의 변화와 더불어 찾아온 일종의 불행ⓐ, 그것은 자신에 대한 다른 사람의 비평과 실수하기를 두려워하는ⓑ 나의 마음 자세에도 원인이 있었다㉠. 나는㉡ 날로 비관적인 생활을 하게 되었다ⓓ.

위의 보기 글 ①에서 제시어인 ⓐ에 대한 풀이말 ⓑ, ⓒ, ⓓ가 호응이 이루어지지 않아 매우 혼란스럽다. 제대로 된 월이 되게 하려면 ②와 같이 제시어(提示語) ⓐ에 대한 풀이말 ㉠을 챙겨 주어야 하며, 아울러 풀이말 ⓓ에 대한 임자말 ㉡을 챙겨 주어야 한다.

3) 열거된 주제어에 대한 풀이말 챙기기와 풀이말에 대한 임자말 챙기기가 혼란스러운 월을 바로잡자

(24) ① 세찬 눈보라 속을 헤치며 오직 자식 위한 길을 떠나신 아버지ⓐ, 아버지께서 따오신 열매를 보고 눈물을 흘리는 한 어린 아들ⓑ, 얼마나 따뜻하신 아버지의 사랑이신가ⓨ.

② 세찬 눈보라 속을 헤치며 오직 자식 위한 길을 떠나신 아버지ⓐ, 아버지께서 따오신 열매를 보고 눈물을 흘리는 한 어린 아들ⓑ, 얼마나 사랑이 넘치는 아름다운 모습인가ⓩ.

위의 보기 글 ①에서 주제어 ⓐ, ⓑ에 대한 풀이말 ⓨ가 호응이 이루어지지 않아 매우 혼란스럽다. 제대로 된 월이 되게 하려면 ②와 같이 주제어 ⓐ, ⓑ에 대한 풀이말을 ⓩ처럼 호응이 이루어지도록 새로 만들어서 챙겨 주어야 한다.

(4) 단락 속에 나타나는 풀이말 이외의 월 성분이 줄여짐으로 인한 혼란스러운 월을 바로잡자

(25) ① 임자말 생략 : 저는 어머니로부터 형제끼리 도우며 살아가도록 가르침을 받았고 또 (   ) 엄격하셨기 때문에 제 성격도 올바르게 커 왔던 것 같습니다. → 저는 어머니로부터 형제끼리 도우며 살아가도록 가르침을 받았고 또 어머니께서는 엄격하셨기 때문에 제 성격도 올바르게 커 왔던 것 같습니다.

② 부림말 생략 : 학생들은 기쁜 마음으로 (   ) 할 때 자기의 재능을 충분히 발휘할 것이다. → 학생들은 기쁜 마음으로 공부를 할 때 자기의 재능을 충분히 발휘할 것이다.

③ 어찌말 생략 : 집의 두어 평쯤 되는 (   ) 봄에 우리들에게 맛있는 과일을 준 앵두의 낙엽이 쌓여 내가 지나가니까 바스락 소리가 났다. → 집의 두어 평쯤 되는 밭에는, 봄에 맛있는 열매를 맺는 앵두나무 낙엽이 쌓여 내가 지나가니까 바스락 소리가 났다.

④ 매김말 생략 : 그들에게는 충분한 양분 섭취와 (   ) 체력이 필수

조건이다. → 그들에게는 충분한 양분 섭취와 튼튼한 체력이 필수
조건이다.

위의 보기 글에서는 풀이말 이외의 월 성분에 해당되는 임자말, 부림
말, 어찌말, 매김말 등을 생략함으로 인하여 혼란스러운 월이 되었다.
앞에 것이 혼란스러운 월이고 뒤에 것이 생략된 말을 채워넣어 바로잡
은 것이다. 글을 쓰는 사람은 이와 같이 생략으로 인한 혼란을 바로잡기
위해 관심을 가질 필요가 있다.

2. 단락 의식을 분명하게 가지자

(26) ㉠ 요즘 사람들은 '보릿고개'라는 말이 아주 옛날 이야기 속에나 있는
    줄 알지만 그것은 불과 50여 년 전의 우리 아버지, 어머니의 어린
    시절 이야기이다. 허기져서 먹을거리라고 하면 아무 것이라도 먹어
    배가 부르면 걱정이 없던 시절을 보냈던 분들은 요즘은 정말 좋은
    세상이라고 말씀하신다. 그런 어려움을 모르는 우리들은 그저 좋은
    먹거리만을 찾는다.
    ㉡ 이제 먹는 것도 질(質)을 먼저 앞세우게 되므로 자연적으로 건강하게
    오래 사는 사람들이 많아졌다. 먹거리에 관한 한 우리는 행복한 사람들
    이다.

위의 보기 글은 하나의 단락으로 충분히 통합될 수 있는데도 불구하
고 불필요하게 단락을 나누고 있다. ㉠ 단락의 속살은 '우리 부모님
시대에는 먹거리가 적었다'이고 ㉡ 단락의 속살은 '우리가 사는 지금
시대는 먹거리가 풍부하여 건강한 사람이 많아졌다'라는 것인데 이
단락은 '우리 부모님 시대에는 먹거리가 적었지만 우리가 사는 지금
시대는 먹거리가 풍부하여 건강한 사람이 많아졌다'라고 하는 더 큰
주제에 포함될 수 있기 때문에 하나의 단락으로 잇는 것이 읽는 이들

이 이해하기에 수월할 것이다. 글을 쓸 적에는 단락 의식을 분명하게 가질 필요가 있다.

3. 주장에 대하여 알맞은 속살을 뒷받침하자

(27) 우리나라는 1970년대까지 청소년과 여성들의 흡연률이 그렇게 높지 않았다. 그러나 1980년대부터 이들에 대한 사회적 무관심으로 인하여 급격히 높아졌다. 최근 통계에 의하면 우리나라 청소년과 여성들의 흡연률이 선진국의 두 배나 된다고 한다. ㉠흡연은 각종 질환과 폐암 발생의 주된 원인이 되며, ㉡스트레스를 해소하는 데는 다소 효과가 있다.

위 글의 ㉡은 ㉠과 단락 전체와의 관계를 두고 볼 때 글쓴이의 주장과는 서로 어긋난 것이어서 알맞지 않은 뒷받침 속살이다. 이 부분은 "흡연은 각종 질환과 폐암 발생의 주된 원인이 된다. 사람에 따라 흡연이 스트레스를 해소하는 데 다소 효과가 있다는 주장이 있으나 이는 일반화하기 어렵고 특정인의 생활 습관으로 나타나는 일시적 현상에 불과하다. 지금은 금연 운동이 매우 절실한 때이다."로 고치는 것이 단락의 통일성과 일관성에 맞는 뒷받침 속살이 된다.

4. 짧은 월로 이루어진 단락을 만들자

(28) ①○○○ 수련원은 해발 ○○○미터의 고지대에 위치하고 있어서 ②3월, 4월, 5월, 10월, 11월은 눈이 내리거나 밤의 기온이 영하로 떨어져 ③수련 학생들의 취침 시에 난방을 장시간 해야 하므로 ④난방 연료비가 부족하여 ⑤학생 수련기간 중 감기 등으로 인하여 문제점이 많아 ⑥학생 수련 소감문의 건의가 계속되고 있기 때문에 ⑦○○○ 수련원의 수련 교육생들을 위한 난방에 필요한 연료비는 충분히 지원되어야 한다고 여겨진다.

위의 글은 한 단락이 하나의 월로 이루어져 있다. 그런데 위의 글은 원인과 결과의 관계로 계속 연결된 월로 이루어져 있음을 알 수 있다. 결과적으로 보면 이 월은 복잡하여 이해하기가 힘든 월이 되어버렸다. 이를 해결하기 위해서는 다음과 같이 인과관계(因果關係)를 고려하여 몇 개의 짧은 월로 만들면 될 것이다.

(29) ①○○○ 수련원은 해발 ○○○미터의 고지대에 위치하고 있어서 3월, 4월, 5월, 10월, 11월은 눈이 내리거나 밤의 기온이 영하로 떨어지는 경우가 많다. ②이 기간에는 수련 학생들이 취침할 적에 난방을 장시간 해야 하므로 현재 책정된 난방 비로는 턱없이 부족한 실정이다. ③수련기간 중에 학생들이 감기가 걸리는 등의 문제점이 많기 때문에 학생 수련 소감문에 '실내를 따뜻하게 해 달라'라고 하는 내용의 건의가 계속 들어오고 있다. ④난방에 필요한 연료비는 충분히 지원되어야 한다고 여겨진다.

5. 타당한 결론을 지닌 단락을 만들자

(30) '남녀 평등'이란 말이 자연스럽게 사용되는 오늘날에도 여자의 역할과 활동은 남자의 그것과 비슷하게 평가받지 못하고 있다는 생각이 든다. 어떤 사람들은 '여성들이 위기 상황에서 결단력이 약하기 때문에 사회적으로 크게 성공하지 못한다'라고 말한다. 그러나 이것은 남성중심의 우리 사회에서 관념화된 사고에 불과하다. 오늘날 우리나라에서 활동하고 있는 대부분의 여성들은 집안 일과 사회의 일을 같이 하게 된다. 집안과 사회의 다양하고 복잡한 상황들을 무리 없이 감당해 나가는 것만으로도 여성이 위기 상황에서 결단력이 약하다고 하는 판단은 잘못되었다는 증거가 된다. 이제는 남녀간의 불평등을 해소하기 위해서라도 우리 자녀들에게 ㉠부모의 성(姓)을 함께 물려주어야 마땅할 것이다.

위의 글은 '여성들이 남성들이 갖는 능력 이상으로 위기 상황을 잘 관리한다'는 주장을 해 오다가 "㉠부모의 성(姓)을 자녀에게 함께 물려주자"라고 하는 비약적인 결론을 도출해 낸 것이다. 이 부분은 "남녀간의 양성(兩性)이 평등함을 가르쳐야 할 것이다."라는 정도로 마무리짓는 것이 바람직하다.

만일 ㉠과 같은 속살이 실천되려면 ㉠에 대한 몇 가지 반론의 근거를 고려하여 논의해야 할 것이다. 먼저 부모의 성(姓)을 자녀에게 함께 물려주게 되면 박히은미, 박긴수철, …… 등으로 실현될 것이다. 그리고 이들이 부모가 되고 그 자녀가 또 부모가 되어 자녀가 생기면 자녀의 이름이 박하정주은미, 박김최하고천수철, …… 등으로 실현될 것이다. 이렇게 되면 듣고 부르는 데 매우 혼란스러움을 면할 수 없게 된다. 또한 우리보다도 여권(女權)이 신장되었다고 하는 미국을 비롯한 서양에서는 여성이 결혼을 하면 남편의 성(姓)을 따르고 있다. 이에 대해서는 그 나라 여성들 사이에서 전혀 문제가 되고 있지 않다고 한다. 한편 인근 일본에서는 1990년대 중반에 겨우 "여성은 남편의 성(姓)을 따르지 않고 자신의 혼전(婚前) 성(姓)을 선택할 수 있다"라고 하는 '부부별성' 문제를 사회적인 문제로 대두시킨 적이 있다. 이 '부부별성(夫婦別姓)'이라는 부분만 놓고 보면 우리나라는 일본보다도 여권이 보장된 셈이 될 것이다.(조선일보 1997년 3월 8일자 기사 참조) 위의 보기 글에 있는 ㉠과 같은 속살을 바탕으로 하여 타당한 결론을 이끌어내려고 하면 이와 같은 반론의 근거를 충분히 고려하여 추론하는 것이 바람직할 것이다.

6. 논거가 적절한 단락을 만들자

(31) 까치는 까마귀과에 딸린 새이다. 날개의 길이는 이십 센티미터에서부터 이십이 센티미터 정도까지이고 꽁지의 길이는 약 이십 사 센티미터쯤 된다. 머리와 등은 검고 윤기가 나며 허리에는 회백색의 띠가 하나 있으며 어깨 깃은 순백색이다. 꽁지는 검고 초록 빛 광택이 난다. 텃새로 인가와 촌락 부근에 ㉠사는데 나무 열매와 곤충 따위를 먹는 잡식성이다. 높은 나무 위에 마른 가지로 둥지를 짓고 이월부터 오월까지 대여섯 개의 알을 낳는

다. 북반구의 중북부에 널리 분포하며 ⓒ산림의 해충을 잡아먹는 유익한 새이다. 우리나라에서는 길조라고 여겨서 나라 새로 정하였다.

위의 보기 글은 어느 책에 나오는 것이다. 그런데 밑줄 친 "ⓒ산림의 해충을 잡아먹는 유익한 새이다."라고 한 속살은 논리적 근거가 타당하지 않다. 왜냐하면 까치는 쥐나 개구리, 각종 곤충과 같은 해로운 동물을 먹기도 하지만 사과, 배 등(等)의 과일을 먹으며 보리, 쌀, 콩, 토마토, 감자, 고구마 등의 농작물도 즐겨 먹기 때문에 반드시 유익한 새라고 말할 수는 없다. ㉠은 간단하게 "산다."로, ⓒ은 "쥐나 개구리, 각종 해로운 곤충과 같은 동물을 먹기도 하지만 사과, 배와 같은 과일을 먹으며 보리, 쌀, 콩, 토마토, 감자, 고구마 등의 농작물도 즐겨 먹어서 먹이가 다양하다."로 바꾸는 것이 논거가 더 타당할 것으로 여겨진다.

다음 제9장은 실전(實戰)에 해당된다. 이 장에서는 수험생들이 논술 글 쓰기의 현장에서 필수적으로 맞이하는 요건인 제시문과 논제를 바탕으로 하여 답안 단락을 만들어 나가는 과정을 함께 살펴보고자 한다. 논제 제시의 내용 중 먼저 논제 1은 대체로 제시문에서 글쓴이가 말하는 내용을 제대로 파악하고 있는지에 관한 것과 논술을 위한 기본적인 판단을 제대로 하고 있는지에 대한 것이다. 이는 자연히 독서 논술에 해당된다. 그 다음 논제 2부터 시작되는 몇 개의 논제는 대체로 미리 제시된 논제 1을 바탕으로 하여 올바르게 판단하여 자기의 주장을 분명하게 드러내는지를 알아보기 위한 논제인데, 이는 논리적 사고를 바탕으로 하여 본격적으로 써나가는 글짓기 형태를 요구한다.

논제 1의 답안 단락은 주로 제시문에서 보인 글쓴이가 말하는 내용을 논제의 요구대로 논리적으로 요약해서 쓰면 될 것이다. 그러나 이 때에도 논리적 재구성의 단계를 스스로 확인할 필요가 있다. 논제 2부터 시작되는 몇 개의 논제에 대한 답안 단락은 논리적으로 재구성하는 내용을 실제로 펼쳐나가는 작업과, 단락 구상의 순서를 적용해나가는 작업으로 나누어서 생각해 볼 수 있다. 그럼 여기서는 실제로 논술글 쓰기에 나타나는 여러 가지 과정들을 살펴보고자 한다.

9

논술 글 쓰기의
실전(實戰)

욕심이 잉태한 즉 죄를 낳고 죄가 장성한 즉 사망을 낳느니라.
(야고보서 1장 15절)

제1절 제시문과 논제를 이해하자

        논술 시험의 제시문과 논제는 해당 분야에서 오늘을 살아가는 현실과 관련이 깊은 자료가 주로 채택된다. 논술의 글감은 선발하고자 하는 출제자의 의도와 관련되는 여러 동서 고전과 전문 지식, 신문, 중고 등학교 교과서 등 다양한 자료들이 동원될 수 있다. 이들 자료들은 나름 대로 일관성이 있고 제시문과 논제는 유기적인 관련이 있다. 그리고 답안 작성의 최소한의 시간도 고려되어져 있다.

    수험생들에게는 〈'무엇을' 쓸 것인가〉도 중요하지만 〈'어떻게' 쓸 것인가〉가 더 중요하게 여겨질 것이다. 다음에 보인 제시문의 글감은 복잡한 배경지식을 필요로 하는 내용이 아니고 학생들의 생활 주변에서 비교적 쉽게 찾을 수 있는 자료인 인터넷 언어에 관한 것이다. 그리고 논제도 가장 기본적인 형태인 논제 1과 논제 2, 즉, 두 개로 이루어져 있다. 여기서는 논제 1에 해당되는 독서 논술과 논제 2에 해당되는 글짓기 논술을 해결하는 방법에 대하여 말해 보고자 한다.

(1) 제시문

    (가) 인류의 역사를 살펴보면 매체의 변화는 사람들의 의사소통 방식을 변화시켰고, 나아가 사유 체계변화에도 큰 영향을 미쳤다. 문자 매체의 발달, 인쇄술의 발달, 전산·전화 기술의 발달, 라디오·텔레비전의 발달, 컴퓨터의 발달 등이 그 대표적인 예들이다. 특히 컴퓨터가 널리 보급됨에 따라 네트워크 세대의 대화 공간에 빠른 변화가 일어났다. 속도가 매우 중요하게 된 오늘날 이들 네트워크 세대들은 시간을 절약하기 위해 줄인 말을 사용하는 일들이 두드러지게 나타나고 있는 것이다. 그러나

줄인 말의 사용은 여러 가지 부작용을 초래하고 있어서 이에 대한 반성이 일어나게 되었다.

먼저 본래말과 줄인 말을 구분하지 않고 사용하다 보면 그 의미 차이를 예사로 생각하여 혼란을 가져올 수가 있다. 줄인 말 가운데는 '뺌에(때문에)', '암말(아무말)' 등과 같이 아무런 뜻의 혼란 없이 널리 사용되는 것이 있다. 그러나 뜻이 바뀌는 경우도 많이 있어서 잘못 사용했다가는 자칫 의미의 혼란을 불러일으킬 수도 있는 것이다. 가령 '-다고 하더라'의 줄인 말을 '-다더라'라고 볼 때, '철수가 온다더라 → 철수가 온다고 하더라'의 경우는 뜻도 정확하고 분명하게 알 수 있고, 의미 변화가 생기지 않지만 '나도 가고 싶다네 → ??나도 가고 싶다고 하네'는 그 뜻이 정확하지 않고 분명하지 않아서 의미의 혼란이 생겨지는 것이다.

또한 매체의 특성상 가질 수 있는 새로 만든 말의 사용이 늘고 있는데 이는 무분별한 줄인 말의 사용으로 나타난다. 그런데 이 무분별한 줄인 말의 사용은 언어생활뿐만 아니라 교육적인 면과, 정서적인 측면에서 매우 좋지 못한 영향을 끼친다. '행실이 발칙해서 얄미운 여자를 '된장녀'('젠장'이라는 말을 들어서 마땅한 여자, 가령 사소한 씀씀이 가령 밥 먹는 거 빌붙기, 차 공짜로 타기, 술값 안내기 등등은 다른 사람에게 빌붙어 빈대처럼 피 빨아먹다가 유명 메이커의 사치품에는 돈을 아끼지 않는 사람을 말한다고 함.)로 말하는 것은 나쁜 뜻의 의도를 지닌 말을 좋은 뜻으로 바꾸어 사용한 예가 되고, '모범 학생'을 '범생이'로 줄여서 말하는 것은 좋은 뜻을 지닌 말을 나쁜 뜻으로 바꾸어 사용한 예가 된다. 이러한 말들은 젊은이들의 재치와 장난기에 의하여 만들어진 것이기는 하지만 이런 말들이 많이 사용되면 모르는 사이에 정당한 사물과 현상을 왜곡시키게 되는 결과를 초래하게 된다.

아무리 시간을 절약하기 위해서라고는 하지만 '무지하게, 난리입니다, 내버려두고, 시험' 등으로 표기하지 않고 '무쟈게, 난림다, 냅두고, 셤' 등으로 표기하는 식으로 본래말을 사용하지 않고 줄인 말을 자기 마음대로 사용한다면 그것은 상대방에게 분명하지도 정확하지도 않게 전달될 가능성이 많게 된다. 그렇게 되면 듣는 쪽에서 되묻게 되거나 잘못 이해하게 될 가능성이 많다. 이는 시간을 절약하고자 하는 본래의 의도와는 달리 오히려 시간을 낭비하는 결과를 가져오게 되는 셈이다.

이와 같이 무분별한 줄인 말의 사용은 의미의 혼란이나 왜곡을 초래하게 되고 오히려 시간을 낭비하는 결과를 가져오게 됨을 알아야 한다. 또한 상대방이 사용한 줄인 말이 정확하지 않거나 그 뜻을 알기 어려울 때에는 반드시 사전을 찾아보려고 노력해야 할 것이다.

(나) 기술의 발달로 컴퓨터를 이용하여 면대면 의사소통인 대화를 할 수 있는 기능적 선택을 할 수 있게 되었다. 기술의 발달이 '컴퓨터를 매개로 한 의사소통'과 '면대면 의사소통'의 차이를 감소시켰다는 견해가 있는가 하면 의사소통의 동기에 따라 '컴퓨터를 매개로 한 의사소통'과 '면대면 의사소통'의 차이를 구분할 수 있다는 견해도 있다. 대인적 동기(interpersonal motives)가 '컴퓨터를 면대면(대인적) 의사소통을 위한 수단으로 사용하도록 영향을 준다는 것이 그 내용이다. 또 '컴퓨터를 매개로 한 의사소통'과 면대면 의사소통이라는 두 개의 미디어가 각기 다르다는 견해도 있다. 마치 TV는 오락을 위해 존재하고 신문은 정보를 위해 존재한다고 보는 것처럼 각각의 미디어에 대한 요구가 다르다는 견해이다(권순희, 「컴퓨터 통신 대화의 언어적 특성 고찰」, 『국어교육』 105호, 한국국어교육연구회, 2001. 6. 참조).

(2) 논제

(1) 논제 1. 위의 제시문 (가)를 읽고 ① 시간상의 문제로 인한 줄인 말의 사용, ② 매체의 특성상 가질 수 있는 새로 만든 말의 사용은 어떻게 받아들여야 하는지에 대하여 글쓴이의 생각을 기술하시오. (250자 이내로 작성할 것)

(2) 논제 2. (나)에서 언급된 컴퓨터를 매개로 한 의사소통의 특성을 활용하여 (가)에서 말하고 있는 매체의 특성상 가질 수 있는 '새로 만든 말'과 '줄인 말'의 사용이 늘고 있는 점에 관한 (가)글을 비판하고 그 근거를 논술하시오. (2000자 이내로 작성할 것)

제2절 답안을 만들자

1. 논제 1에 대한 답안 만들기 (독서 논술)

수험생들이 논제에 대한 답안을 만들 때에는 '제시문'을 포함한 '논제'가 요구하는 의도를 신중하고 정확하게 잘 판단하여야 한다. 우선 제시문 (가)를 제대로 이해하고 판단하였는지에 대하여 스스로 물어보아야 한다. 독서 논술의 경우라고 하더라도, '판단과 관련되는 제시문 내용의 요약정리'가 중요한 관심거리이기 때문에 논리에 맞게 다시 엮기를 실제로 반드시 거쳐야 하는 부분이라고 말할 수 있다. 다음 2항은 논제 1에 대한 논리에 맞게 다시 엮기를 한 것을 실제로 보인 것이다.

2. 논제 1에 대한 '논리에 맞게 다시 엮기'의 실제

(1) 제시문 (가)의 내용에 대한 논증의 다시 엮기 (연역추리 : 가언판단)

대전제 : 만일 요즘 젊은이들이 주로 컴퓨터를 매개로 하여 언어를 사용하는 것 가운데 '줄인 말'과 '새로 만든 말'을 사용하는 것이 정상적인 언어생활이고 이를 사용하는 것이 바람직하다고 한다면 (A), 요즘 젊은이들이 주로 컴퓨터를 매개로 하여 언어를 사용하는 것 가운데 '줄인 말'과 '새로 만든 말'은 의미의 혼란을 초래하는 것이 아니고 교육적, 심리적으로 좋지 못한 영향을 끼치는 것도 아니며, 효율적으로 시간을 절약하기 위한 것이다. (B)/(A ⊃ B)

소전제 : 요즘 젊은이들이 주로 컴퓨터를 매개로 하여 언어를 사용하는 것 가운데 '줄인 말'과 '새로 만든 말'은 의미의 혼란을 초래하고 교육적, 심리적으로 좋지 못한 영향을 끼치기만 할 뿐 효율적으로 시간을 절약하지 못한다./(−B)

결 론 : 요즘 젊은이들이 주로 컴퓨터를 매개로 하여 언어를 사용하는 것 가운데 '줄인 말'과 '새로 만든 말'을 사용하는 것은 정상적인 언어생활이 아니고 이를 사용하는 것이 바람직하지 못하다./(−A)

[A ⊃ B이다. / B가 아니다. / ∴ A가 아니다.] ⇒ 후건 부정법(後件 不正法)

3. 논제 1의 예상 답안 (독서 논술)

논제 1에 대한 '논리에 맞게 다시 엮기'를 바탕으로 하여 논제 1의 예상 답안을 만들어 보면 다음과 같다.

요즘 젊은이들이 줄인 말과 새로 만든 말을 사용하는 것은 시간을 절약하기 위한 것이라고 생각된다. 그러나, 이들 젊은이들이 사용하는 줄인 말과 새로 만든 말은 의미의 혼란을 초래하고 교육적, 심리적으로 좋지 못한 영향을 끼치기만 할 뿐 시간을 절약하지 못한다. 그러므로 요즘 젊은이들이 사용하는 줄인 말과 새로 만든 말은 정상적인 언어가 아니며 이를 사용하는 것은 바람직하지 못하다.

4. 논제 2를 위한 '논증의 다시 엮기' (연역추리 : 가언판단)

다음 논제 2에 대한 답안을 만들 경우에는 논증의 다시 엮기 단계를 거칠 뿐만 아니라 단락 엮기의 순서를 정하여 직접 쓰기의 과정을 거쳐야 한다. 먼저 논증의 다시 엮기 단계를 보이면 다음과 같다.

대전제 : 요즘 젊은이들이 주로 컴퓨터를 매개로 하여 언어를 사용하는 것 가운데 '줄인 말'과 '새로 만든 말'을 사용하는 것은 글말 형태가 아니고 '면대면의 직접 대화 방식'과 동일한 '컴퓨터를 매개로 하는 의사소통 방식의 말'에 해당되는 제2의 입말 형태의 언어라고 한다면(A), 요즘 젊은이들이 주로 컴퓨터를 매개로 하여 언어를 사용하는 것 가운데 '줄인 말'과 '새로 만든 말'을 사용하는 것은 정상적인 언어생활이고 이를 사용하는 것은 효율적으로 시간을 절약하는 방법이고 시대적인 흐름이다(B). /(A) ⊃ (B)

소전제 : 요즘 젊은이들이 주로 컴퓨터를 매개로 하여 언어를 사용하는 것 가운데 '줄인 말'과 '새로 만든 말'을 사용하는 것은 글말 형태가 아니고 '면대면의 직접 대화 방식'과 동일한 '컴퓨터를 매개로 하는 의사소통 방식의 말'에 해당되는 제2의 입말 형태의 언어이다. /(A)

결론 : 요즘 젊은이들이 주로 컴퓨터를 매개로 하여 언어를 사용하는 것 가운데 '줄인 말'과 '새로 만든 말'을 사용하는 것은 정상적인 언어생활이고 이를 사용하는 것은 효율적으로 시간을 절약하는 방법이고 시대적인 흐름이다./(B)
[(A) ⊃ (B)이다. / (A)이다. / ∴ (B)이다.] ⇒ 전건 긍정법(前件 肯定法)

5. 논제 2의 답안 만들기를 위한 단락 짜기의 순서

논제 2에 대한 논증의 다시 엮기 단계를 거쳤으면, 답안을 만들기 위해서 단락 짜기를 하여야 한다. 판단한 내용을 엮고 또한 이를 해당 위치에 실제로 배치하는 단계이다. 논술은 확실한 판단을 바탕으로 한 글 쓰는 이의 주장이 전제되기 때문에 결론부터 쓰는 것이 바람직하다.

그 다음에 여러 가지 논의의 내용인 본론을 쓰고, 또 들머리를 만들고 마지막으로 해당 단락의 작은 주제를 뒷받침하는 월들을 쓰는 것이 좋다. 이러한 순서를 지키면서 논의한 판단을 글로 전개하면 매우 편리할 것으로 여겨진다. 이와 같이 배치하는 순서를 한 번 더 기술해 보면 다음과 같다. 이러한 작업은 '판단을 바탕으로 한 얽어나가기'의 순서이기 때문에 추상적 진술과 구체적 진술을 바탕으로 하는 '단락의 완결성'에 의한 단락 만들기와 일치하는 것은 아니다. 순서 ④의 작업이 끝나야 비로소 해당 단락의 '단락의 완결성'이 이루어짐은 두루 아는 사실이다.

다양한 독서를 통한 지식은 논술의 근거가 되는 경우가 많다. 그러나 수험생이 지닌 이들 지식을 단락 글로 실현시키려면 주로 뒷받침 월로 간략하게 표현하는 것이 좋다. 수험생들은 출제자가 요구하는 내용을 전체 글의 분량을 고려하여 글로 펼쳐나가야 하기 때문이다.

① 결론부터 배치해 봅시다. → ② 그 다음 본론을 배치해 봅시다. → ③ 서론을 배치해 봅시다. → ④ 마지막으로 뒷받침 월들을 배치해 봅시다. → ⑤ 배치와 연결이 통일성, 일관성이 있는지 확인해 봅시다.

6. 개요짜기

(1) 서론(③번째): 쟁점 제시

(2) 본론(②번째): ㄱ. 컴퓨터 통신에서 사용되는 '줄임말의 시간 절약'이 중요한 입말형태에 해당된다.

ㄴ. 새로 만든 말인 '된장녀', '범생이' 등은 시간 절약 이외에 대화 가능성 파악과 사교적 기능을 지닌다.

ㄷ. 본래 말이란 입말이 우선이다.

(3) 결론(①번째): 컴퓨터 통신에서의 줄임말 사용은 전자매체시대
   에 매우 중요하게 되었다.

7. 개요 더 자세하게 짜기 순서

(1) 서론: ㄱ. 화제제시(⑥번째)
         ㄴ. 쟁점제시(⑦번째)

(2) 본론: ㄱ.(③번째)
            ㄱ'. ㄱ의 뒷받침(⑧번째)
         ㄴ.(④번째)
            ㄴ'. ㄴ의 뒷받침(⑨번째)
            ㄴ". ㄴ에 첨가 뒷받침(⑩번째)
         ㄷ.(⑤번째)

(3) 결론: ㄱ. 본론과의 연결(①번째)
         ㄴ. 마무리(②번째)

8. 논제 2의 예시 답안 (글짓기 논술)

논제 2에 대한 답안을 만들기 위해 논증의 다시 엮기 단계와 단락
만들기, 그리고 개요짜기의 순서를 정하였으면 이제 직접 쓰기의 과정을
거쳐야 한다. 예상되는 답안 하나를 여기에 옮겨보면 다음과 같다.

서론 : 우리는 컴퓨터 통신 대화를 할 때에 줄인 말을 본래말과 구분하지
않고 사용하다 보면 그 의미 차이로 인해 혼란을 일으킨다고 걱정하는 사람들을
흔히 보게 된다. / [서론 1/ 차례 ⑥번 : 자연스럽게 화제를 제시하는 부분] 그리고
줄인 말을 많이 사용하게 되면 상대방에게 불분명하고 부정확하게 전달될 가능
성이 많을 것을 우려하는 사람들도 만나게 된다. / 그러나 청소년들의 처지에서
보면 줄인 말을 사용하지 않으면 안될 필연적인 까닭이 있을 것으로 생각된다. /

[서론 2/ 차례 ⑦번 : 쟁점 제시를 함]

　본론 : 먼저 컴퓨터 언어는 그 특성상 시간의 절약이 매우 중요하여 글말보다는 입말을 사용하는 경우가 많다. 물론 어떤 줄인 말은 그 본래말로 바꾸어 놓게 되면 상대방에게 불분명하고 부정확하게 전달될 가능성이 없는 것은 아니다. 가령 '나도 가고 싶다네'를 본래말인 '??나도 가고 싶다고 하네'로 바꾸어 놓고 보면 뜻이 불분명하고 혼란스러워지는 것이다. 그러나 대부분의 경우에는 본래말로 바꾸어도 그 의미를 알아볼 수 있게 된다. 그러므로, 컴퓨터 언어에서는 그 성격상 글말보다는 입말에 더 가깝기 때문에 줄임 현상은 매우 자연스럽고 바람직한 현상이라고 말할 수 있다./ [본론 1/ 차례 ③번 : 첫 번째 문제점 기재] 글말인 '무지하게, 난리입니다, 내버려두고, 시험' 등으로 표기하는 것보다 흔히 불분명하다고 생각하기 쉬운 입말인 '무쟈게, 난립다, 냅두고, 셤' 등으로 표기하는 방식이 음절의 수를 줄이기 때문에 훨씬 더 시간이 절약됨은 누구든지 쉽게 알 수 있을 것이다./ [본론 1에 대한 구체적인 사례 적기/ 차례 ⑧번/ 본론 1을 뒷받침하는 부분]

　다음은 새로 만든 말에 해당되는 '된장녀, 범생이' 등과 같은 말들이 비록 본래말과 의미의 차이가 일어나 혼란을 일으킬 가능성이 있다고 하지만 본래말인 '「젠장」이라는 말을 들어서 마땅한 여자', '모범 학생'이라는 표현을 사용하지 않고 줄인 말을 군이 사용하는 일은 시간 절약이라는 점 이외에도 또 다른 그 이유가 있을 것으로 생각된다. 정보획득이 그 동기가 아닌, 대인적 동기에 초점을 맞춘다고 하면 '컴퓨터를 매개로 한 의사소통'과 면대면 의사소통 사이에 차이가 없다고 이해할 수 있을 것이다. 대인적 동기는 의사소통의 대상을 선택하는 문제와 의사소통의 형태에 영향을 끼치기 때문이다. 이러한 측면에서 컴퓨터 언어의 주된 사용자인 청소년들이 의사소통을 하고자 하는 대인적 동기 면에서 따져 보아 단지 정보를 교환하는 데 그치지 않고 친구를 사귀고 서로를 알고 지내는 기쁨을 누리고자 하는 상호작용에 더 관심을 갖는 것은 매우 자연스런 귀결이다. 그러므로, 줄인 말의 사용은 교육적, 심리적으로 좋지 않은 영향을 끼칠 것으로 생각할 것이 아니라 시대적 흐름으로 보아야 할 것이다. / [본론 2/ 차례 ④번 : 두 번째 문제점 기재함]

　대인적 의사소통을 하는 당사자들이 의사소통을 하는 이유를 크게 나누어 본다면 같은 그룹에 속해 있다는 소속감을 느끼고자, 또는 다른 사람에 대한 사랑을 받거나 관심을 받고 있다는 느낌을 느끼고자, 혹은 자신의 생각을 토로함으로써 자신을 조절하기 위해 등으로 구분할 수 있다./ [본론 2에 대한 구체적 사례를 기재함./ 차례 ⑨번] 대인적 동기 면에서 특히 상호작용에 의존하려는 대인적 동기 면에서는 '컴퓨터를 매개로 한 의사소통'과 '면대면 의사소통' 사이에 차이가 없다고 이해하는 것이 타당할 것으로 본다./ 차례 ⑩번 : 본론 2를 뒷받침하는 부분인 차례 ⑨번에 대한 근거를 기재함.] 본래 말이란 글말보다는 입말이 우선이다. 축약현상으로 나타나는 인터넷 언어는 제2의 입말문화라고 말할 수 있다./ [본론 3/ 차례 ⑤번 : 본론 1·2에서 적지 않은 것 기재함. 혹은 본론 1·2의 내용을 정리하여 기재함]

　　결론 : 불분명하고 부정확하게 보이기도 하고 교육적, 심리적으로 좋지 않은 영향을 끼칠 것으로 여겨졌던 줄인 말이 시간절약과 의사소통이라는 측면에서 새로운 의미 기능이 있음을 알아야 할 것이다. [결론 1/ 차례 ①번 : 본론에서 말할 내용을 요약적으로 제시함] 컴퓨터 통신에서의 언어 사용은 쓰기의 양상보다는 말하기의 양상에 근접하는 특징을 지니고 있다. 줄임 현상과 같은 입말 요소는 전자 매체시대에 더욱 중요하게 될 것으로 여겨진다. [결론 2/ 차례 ②번 : 이 문제의 결론은 고정되어 있음]

10

한 편의 글을
맨 처음 만든 이후부터
다 이루기까지의 모습

개미는 두령도 없고 간역자도 없고 주권자도 없으되 먹을 것을 여름 동안 예비하며 추수 때에 양식을 모으느니라.

(잠언 6장 7-8절)

1. 맨처음 만든 한 편의 글

아래 보기 글 ①은 글을 쓰고자 하는 학생이 여러 가지 글감 중 자기가 쓰고 싶은 글감인 '쑥'을 선택하여 속살을 만들고 글 전체를 계획하고, 이를 조직한 다음, 낱말 늘어놓기와 간단한 월 만들기, 단락 쓰기와 한 편의 글을 쓰기까지의, 일련의 과정을 거친 글이다. 즉 아래 보기 글 ①은 한 편의 글을 만든 최초의 자료인 셈이다.

①을 대상으로 하여 맞춤법, 띄어쓰기, 음운, 낱말 등이 어떻게 잘못되었는가를 확인하여 수정하기도 하고, 월이 응집력(혹은 결속성 : 한 덩이가 되게 묶는 힘)이 없는 부분을 첨삭·수정·보완하는 일은 바람직할 것이다. 그러나 곰곰이 생각해 보면 글 ①은 학생뿐만 아니라 글을 제법 잘 쓰는 사람들에게도 나타날 수 있는 결과물이라고 여겨진다. 왜냐하면 글 ①과 같이 우선 기록해 두었다가 며칠 뒤에 다시 이를 수정·보완해 나가는 일은 글짓기의 여러 과정 중 한 단계라고 볼 수도 있기 때문이다. 마치 ①이, 이 글을 쓴 사람의 글 쓰기의 최종적인 결과물인 것으로 착각하거나 간주해 버리고, 글쓴이 자신의 역량을 발휘할 기회에 대해서는 무관심한 태도를 보이는 것은 매우 잘못된 태도라고 여겨진다.

① 쑥 1
이선희 (삼가고 제2학년 알찬반)

봄이라는 싱그러운 계절 따뜻한 햇볕 아래 자라나는 쑥. 풀과 꽃 사이에 자라나는 것을 보더라도 그리 눈에 뛰지도 이쁘지도 않은 빛깔이 평범하게 보이지만 그 냄새도 독특하고 엉거시과에 속하는 참쑥, 물쑥, 약쑥, 덤불쑥 등의 총칭이다. 난 그 냄새를 좋아하는 편인데 흩날리는 냄새 보다 그걸 뜯어 맡는 냄새는 곧 나의 고향을 생각나게 한다. 언덕이나 논가에 특히 많이 피어났던…

그리고 둑과 들에서 흔히 피어나서 사람들에게 가까이 다가가는 걸까? 쑥으로 국도 끓여 먹기 도하고 떡도 하며 쑥으로 만든 가공 제품도 있어서인지 더욱 이것이 친근하게 느껴진다. 그러다 보니 예전이나 지금이나 사람들에게 용이하게 쓰이는데 그래서 봄이면 곧 떠오르는 식물이다.

어느새 시들어져 버리고 그러면 그걸 두지 않고 옛날 사람은 여름밤에 쑥 향을 피워 모기를 쫓게 했다는네 근거가 있는시 없는 신 모르지만 잠 좋은 식물인 것 같다. 특히, 농촌 사람들에게 가깝게 다가와 봄에 계절을 마음껏 알려주는 것 같다. 쑥에 대해서는 그렇게 잘 알지도 못하지만, 산지식으로 이해하면 쑥은 사람에게 좋은 산물이라고 생각한다.

2. 수정·보완한 글

아래 ②는 글을 쓴 이가 ①을 수정·보완하고 더 상세하게 써나간 것이다. ②는 ①을 바탕으로 여러 날이 지난 뒤에 다시 새로운 힘을 얻어 열심히 써나갔기 때문에 ①보다 더 자세하게 펼쳐진 것이다. 그러나 ②는 ①과 마찬가지로 글의 결속성이 여전히 결여된 월들이 많음을 알 수 있다. 그럼에도 불구하고 ②는 글 쓰는 이가 나타내고 자 하는 속살을 좀더 다양하게 드러냈다는 점에서 ①과는 분명하게 다르다.

② 쑥 2
이선희 (삼가고 제2학년 알찬반)

봄이라는 싱그러운 계절. 따뜻한 햇볕아래 자라나는 모든 녹음을 보며 한참 아름다움을 느낄 수 있다. 햇볕 아래 자라나는 쑥. 어리석고 싱거운 사람을 말하는 것처럼 보이기도 한다. 땅위에서 자라나는 파릇한 색의 쑥. 풀과 잡초의 꽃 사이에 자라나는 것을 보더라도 그리 눈에 뛰지도 이쁘지도 않은 빛깔이 평범하게 보인다. 그러나 냄새도 독특하고 자세히 보면 하얀 솜털 같고 진한 초록색이 눈에 띄는 것을 볼 수 있다. 엉거시과에 속하는 참쑥, 물쑥, 약쑥,

덤불쑥 등으로 나뉜다. 난 그 냄새를 좋아하는 편인데 흩날리는 냄새 보다 그걸 뜯어 맡는 냄새는 곧 나의 고향을 생각나게 한다. 언덕이나 논가에 특히 많이 피어나는, 둑과 들에서 흔히 피어나서 사람들에게 더 가까이 다가가는 걸까? 그런데 이제 사람들은 왜 쑥의 좋은점을 자꾸만 잊고 지낼까? 왜 자꾸만 쑥으로 국도 끓여 먹기도 하고 떡도 해 먹는다. 쑥으로 만든 가공 제품인 쑥쌈, 쑥비누, 쑥국수 등이 있어서인지 더욱 친근하게 느껴진다. 그러다 보니 예전이나 지금이나 사람들에게 용이하게 쓰이는데 그래서 나에게 쑥은 봄이면 제일 먼저 떠오르는 식물이다. 한방 쑥이라서 그런지 코피에는 직방으로 잘 듣는다는 사실에 경험해본 사람은 알 수 있을 것이다.

옛날에는 음식으로도 많이 먹고 어린 아이들에겐 간식으로 쓰였었는데 요즘은 더 좋은 입맛을 찾는 사람들 때문에 서서히 잊혀져 가는 것 같다. 사소한 것이라도 쉽게 잊혀지지 않았으면 좋겠다. 쑥이 어느새 웃자라서 사람들이 낫을 베어 넘기게 되고 다 시들어버린 모습을 지닌 쑥대도 결코 쓸모 없는 존재가 아니었다. 그러는 한 여름이 되면 옛날 사람은 그걸 그냥 두지 않고 옛날 사람은 여름밤에 쑥향을 피워 모기를 쫓게 했다는데 근거가 있는지 없는진 모르지만 참 좋은 식물인 것 같다. 농촌 사람들에게 가깝게 다가와 봄의 계절을 마음껏 알려주는 것 같다. 난 쑥에 대해서는 그렇게 잘 알지도 못하지만, 내가 보고 느낀 쑥으로 이해하면 쑥은 사람에게 좋은 산물이라고 생각한다. 모든 게 새로워지고 그래서 또 새로운 것을 찾으려 하는 사람들 속에 따뜻한 빛이 깔려 있는 봄날 뒷동산의 쑥은 묵묵히 그 자태를 지키고 있을 것이다.

3. 월들을 독립시켜 월과 단락을 구분하기

아래 ③에서는 하나의 월이 끝났을 때 다음 월을 연달아 적지 않고, 줄을 바꾼 뒤에 다음 월들을 늘어놓고 있다. ③은 각 월들을 따로 따로 독립시켰기 때문에 한 월이 끝난 다음의 여백으로 인하여 각 월 내에서 지니고 있는 결속성의 여부를 확인하기에 편하다. 글을 쓰고 싶은 친구들이 있으면, 상호간에 돌려가면서 수정·보완할 때에도 ③과 같은 형태의 자료를 활용하면 편리할 것이다.

③을 대상으로 하여 급우 상호간에 하든지, 또는 선생님께 몸소 부탁

하든지 간에 글을 수정·보완하는 과정은 매우 중요하다. 이 때 그 월이 단락 전체에, 나아가 한 편의 글 전체에 어떻게 이바지하고 있는지를 살펴보아야 한다. 「단순한 형태의 뒷받침 월」이 아닌 즉, 탄력적인 뒷받침 월에는 ● 표시를 하게 하고, 순차적으로 조금씩 긴 월들이 되도록 뒷받침 월들을 만들어서 풍성한 단락을 형성하는데 이바지하는 월들은 ①, ②, ③, ④, ⑤ 등의 부호를 표시하면 관찰하기에 편하다. 월들을 독립시켜 월과 단락을 구분하면 월을 엮어서 힘 있게 글을 펼쳐 나가는 능력을 기르고 감각을 익히는 데 도움이 될 것이다.

③ 쑥 1

이선희 (삼가고 제2학년 알찬반)

가)
○ 봄이라는 싱그러운 계절.
○ 따뜻한 햇볕 아래 자라나는 모든 풀들을 바라보며 한참 아름다움을 느낄 수 있다.
① 햇볕 아래 자라나는 쑥.
② 어리석고 싱거운 사람으로 비유될 수 있을 것처럼 보이기도 한다.
○ 땅위에서 자라나는 파릇한 색의 쑥.
③ 풀과 잡초의 꽃 사이에 자라나는 것을 보더라도 그리 눈에 띄지도 이쁘지도 않은 빛깔이 평범하게 보인다.

나)
○ 쑥의 냄새는 독특하다.
○ 또 쑥을 자세히 보면 진한 초록색과 하얀 색을 앞뒤로 한 솜털 같은 잎이 눈에 띌 것이다.
● 엉거시과에 속하는 쑥은 참쑥, 물쑥, 약쑥, 덤불쑥 등으로 나뉜다.
○ 난 그 냄새를 좋아하는 편인데, 바람에 흩날리는 냄새도 좋지만, 그보다 그걸 뜯어 맡는 냄새는 곧 나의 고향을 생각나게 한다.

○ 언덕이나 논가, 혹은 들에서 흔히 많이 피어나서 사람들에게 더 가까이 다가가는 걸까?

○ 이제 사람들은 왜 쑥의 좋은 점을 자꾸만 잊고 지낼까?

○ 쑥은 국도 끓여 먹기도 하고 떡도 해 먹는다.

● 쑥으로 만든 가공 제품인 쑥쌈, 쑥비누, 쑥국수 등이 있어서인지 더욱 친근하게 느껴진다.

○ 그러다 보니 예전이나 지금이나 사람들에게 용이하게 쓰이는데 그래서 나에게 쑥은 봄이면 제일 먼저 떠오르는 식물이다.

○ 한방 쑥이라서 그런지 코피에는 직방으로 잘 듣는다는 사실에 경험해본 사람은 알 수 있을 것이다.

다)

○ 쑥떡은 옛날에 음식으로도 많이 먹고 어린 아이들에겐 간식으로 쓰였었는데, 요즘은 더 좋은 입맛을 찾는 사람들 때문에 서서히 잊혀져 가는 것 같다.

① 사소한 것이라도 쉽게 잊혀지지 않았으면 좋겠다.

② 쑥이 어느새 옷자라서 사람들이 낫을 베어 넘기게 되고 다 씨들어버린 모습을 지닌 쑥대도 결코 쓸모없는 존재가 아니었다.

③ 그러는 한 여름이 되면 옛날 사람은 그걸 그냥 두지 않고 옛날 사람은 여름밤에 쑥향을 피워 모기를 쫓게 했다는데 근거가 있는지 없는 진 모르지만 참 좋은 식물인 것 같다.

① 농촌 사람들에게 가깝게 다가와 봄의 계절을 마음껏 알려주는 것 같다.

② 난 쑥에 대해서는 그렇게 잘 알지도 못하지만, 내가 보고 느낀 쑥으로 이해하면 쑥은 사람에게 좋은 산물이라고 생각한다.

③ 모든 게 새로워지고 그래서 또 새로운 것을 찾으려 하는 사람들 속에 따뜻한 빛이 깔려 있는 봄날, 뒷동산의 쑥은 묵묵히 그 자태를 지키고 있을 것이다.

4. 분리시킨 월들을 단락 형태로 수정·보완한 글

글 쓴 이가 월 단위로 분리시켜 배열했던 ③의 월들을 다시 일반적인 형태의 월 배열 형태를 취하면서 속살을 수정·보완한 것이 ④이다. ④는 단락에 어울리는 월과, 한 편의 글에 이바지하는 단락이 되도록 만들어졌다고 할 수 있다.

④ 쑥 4
이선희 (삼가고 제2학년 일찬반)

봄이라는 싱그러운 계절. 따뜻한 햇볕 아래 여기저기 자라나는 풀들을 바라보면 한참 동안 그 활기차게 돋아나는 모습에 아름다움을 느낄 수 있다. 햇볕 아래 자라나는 쑥. 쑥은 흔히 어리석고 싱거운 사람으로 비유될 수도 있을 것 같다. 그러나, 땅 위로 돋아나는 파릇한 새싹의 쑥, 잡초들 사이에서 자라나서 그냥 땅 속에 파묻혀서 유난히 눈에 띄는 것이라고는 없는, 단지 부드럽기만 한 잎들만 무성한 모습을 볼 때면, 나는 쑥이 지니고 있는 평범함 속의 비범함을 느끼게 된다.

쑥의 냄새는 독특하다. 쑥을 자세히 보면 진한 초록색과 희뿌연 색을 앞뒤로 한 솜털 같은 잎이 있다. 엉거시과에 속하는 쑥은 참쑥, 물쑥, 약쑥, 덤불쑥 등으로 나뉜다. 난 그 냄새를 좋아하는 편인데, 그냥 바람에 흩날리는 냄새도 좋아하지만, 그보다 몸소 순을 뜯어서 냄새를 맡기를 더 좋아한다. 그 냄새는 바로 나의 고향의 냄새라고 생각된다.

쑥은 무슨 마음으로 언덕이나 논가 혹은 들에서 흔히 무더기로 아무렇게나 자라면서 또 사람들이 많이 사는 마을 부근으로, 자꾸만 다가와서 사는 것일까? 나는 이러한 쑥이 무척 마음에 든다.

그런데 쑥의 본성과는 달리 요즘 사람들은 왜 쑥의 좋은 점을 자꾸만 잊고 쑥을 예사롭게 대하는지 무척 안타깝게 느껴진다. 부드러운 쑥은 국을 끓여 먹기도 하고, 떡도 해 먹는다. 쑥으로 만든 가공 제품인 쑥 쌈, 쑥 비누, 쑥 국수 등이 있어서인지 더욱 친근하게 느껴진다. 그러다 보니 예전이나 지금이나 사람들에게 요긴하게 쓰이는데, 그래서 쑥은 봄이면 제일 먼저 떠오르는 식물인지 모른다. 한방의 약재로 쓰이는 쑥이라서 그런지 코피가 날 때에는 쑥을 대충 돌로 찧어서 코 안으로 부벼 넣으면 직방으로 잘 듣는다는 사실을 경험해 본 사람은 알 수 있을 것이다. 또 만일 식욕이 없는 사람에게 이 쑥물을 짜서 마시게 해 보면 얼마나 빨리 식욕이 왕성해지는지 체험할 수 있을 것이다.

쑥떡은 옛날에 식사대용으로 많이 먹었고, 어린 아이들에겐 간식으로 쓰였었다. 그러나 요즘은 더 좋은 입맛을 찾는 사람들 때문에 서서히 잊혀져 가는 것 같다. 요즈음 즐겨먹는 인스턴트 식품들, 사탕, 빵 등이 우리의 이를 얼마나 상하게 하는지 생각해 보라. 그리고 방부제가 들어 있는 그 많은 식품들이며, 농약으로 재배된 수많은 농산품들이 인체에 얼마나 해로운가를 생각해 보라. 그러나, 쑥은 여러 가지 용도로 다양한 방법으로 아무리 먹어도 해롭기는커녕 더욱더 우리 몸을 튼튼하게만 할 뿐이다.

쑥의 고마움을 쉽게 잊지 말았으면 좋겠다. 쑥이 어느새 웃자라 사람들에 의해 잡초와 함께 낫으로 베어지게 되고 다 시들어버린 모습을 지닐 때도 쑥대는 결코 쓸모 없는 존재가 아니었다. 한여름이 되면 사람들은 그걸 그냥 두지 않고 밤에 쑥 향을 피워 모기를 쫓게 했었다고 한다. 그냥 잡초를 태우는 것과 그 분위기가 한층 다른 것을 생각하면, 쑥이야말로 참 좋은 식물인 것만은 틀림없는 사실이다.

쑥이야말로 봄의 계절을 더욱 풍성하게 해 주는 것 같다. 봄이 되면 사람들은 새로운 것을 찾으러 산과 들로 나설 것이다. 그럴 때에 따뜻한 햇빛이 깔려 있는 뒷동산의 쑥은 묵묵히 그 자태를 지키고 있을 것이다.

이 글은 '쑥'이 지니고 있는 '평범 속의 비범(非凡)함'을 말하고 있다. 즉, '쑥의 향기는 고향의 냄새이고, 사람에게 혜택을 많이 주는 식물이며, 사람에게 더 가까이 다가오는 유익한 식물임'을 예찬하고 있다. 이러한 주제를 드러내기 위해서 '쑥'이라는 소재를 의미 있는 존재로 생명화(生命化)하고 객관화(客觀化)하고 있다. 그리고 이러한 작은 주제들을 지닌 각 단락들은 앞 단락의 속살을 더 채우거나 바꾸는 논리적 관계로 연결되어 있다.

글 쓰는 이 자신이 자기가 쓰고 싶은 글감으로 글을 쓰는 훈련을 꾸준히 하면 반드시 좋은 글을 쓸 수 있다. 그리고 글 쓰는 이 자신이 자기 주도적으로 편안하게 글을 쓰면서 때로는 주위 어른들이나 그 방면의 권위 있는 분들에게 궁금한 점을 물어 배경 지식을 얻을 필요가 있다. 경우에 따라서는 글 쓰는 이 상호간에 의사를 교환하고 그 글과 관련되면서 또 자신이 읽고 싶은 책을 읽은 후에 다시 글을 쓰는 것도 바람직하다. 며칠 뒤 또는 일 주일 뒤에 다시 그가 쓰기를 원했던 최초의 글감으로 더 계속 써나가서 글의 분량을 늘이는 것은 매우 바람직한 한 방법이라고 여겨진다.

지금까지 사용되었던 방법인, 대학입시를 위한 논술고사 대비 글 쓰기는 강제 글 쓰기의 한 전형으로 볼 수 있다. 논술 글 쓰기 연습은 논리적 사고를 기르기 위한 훈련이라는 점에서 가치있는 일이기는 하지만, 일회용 시험을 대비하기 위해 초등학생에서부터 고등학생에 이르기까지 짜맞춘 글 쓰기에 전념하게 하여 학생들의 개성을 표현하는 데 무관심하게 했다는 점에서 그 역기능이 있다. 시험에 얽매인 글 쓰기에서 해방되어 정서적인 글을 자유롭게 쓸 때 글 쓴 이의 삶은 더 풍부하게 될 것으로 믿는다.

부록

●

글짓기 자기 평가표

글짓기 월·단락의 유형 분석표

글짓기 자기 평가표

제목 :

실시일 :   년   월   일   시

평가자 :

구분	평가할 속살	A	B	C	D	F	점수
		10	8	6	4	2	
속살 (40%)	속살이 참신하고 풍부한가?						
	주제가 분명하게 드러나는가?						
	창의적인가?						
	통일성이 있는가?						
소계 :							
짜임 (20%)	단락이 잘 짜여져 있는가?						
	단락끼리 잘 조화되어 있는가?						
소계 :							
표현 (40%)	맞춤법, 띄어쓰기가 맞는가?						
	낱말이 적절히 사용되었는가?						
	월이 정확한가?						
	뜻이 명쾌하게 전달되었는가?						
소계 :							
합 계							

※ A, B, C, D, F 란(欄)에 √ 표를 하셔요.

논술 글 자기 채점표

제목 :

     실시일 :   년   월   일   시

     평가자 :

구분	평가할 속살	A 10	B 8	C 6	D 4	F 2	점수
추론 과정 30%	• 제시문에서 적절한 논거를 찾아내고 있는가?						
	• 논제에 맞게 논의를 전개하고 있는가?						
	• 논의 과정이 얼마나 창의적인가?						
소계 :							점
내용 40%	• 논제를 제대로 이해하고 있는가?						
	• 주장이 합리적인가?						
	• 주제가 명료한가(일관성이 있는가)?						
	• 주장이 통일성이 있는가?						
소계 :							점
표현 30%	〈아래 사항을 5점씩 적용〉 • 논술 글의 분량이 적절한가? • 맞춤법은 정확하게 지키고 있는가? • 월은 문법에 맞는가? • 논술 글의 전체적인 짜임새가 균형을 이루고 있는가?						
소계 :							점
합 계				점			

    ※ A, B, C, D, F 란(欄)에 √ 표를 하세요.

글짓기 월·단락의 유형 분석표 1-1

[제목 : (뒤벼리 ①) 글쓴이 : (이 병 모)]				
연번	월연번	작 문 내 용	월의 유형	단락의 유형
01	가)	가)	1 가)	가) 탄력적인 뒷받침 월을 포함하여 월들을 차츰 긴 월들이 되도록 배열하는 형태의 단락
02	1	① 뒤벼리는 진주(晉州) 팔경 중 하나이다.	2	
03	2	② 뒤벼리와 남강이 어울린 정경은 시시각각으로	3	
04	·	바뀐다.	4	
05	3	③ 앙상한 나뭇가지마저 함함하게 느껴지는 겨울, 칠	5	
06	·	암동 성당 쪽 남강교 위에서 넘실거리는 남강 물을	6	
07	·	배경으로 하고 예술회관이 선학산의 남쪽 부분을 살	7	
08	·	짝 가린 풍경은 커다란 고래가 파란 하늘을 이고 금방	8	
09	·	이라도 푸른 바다를 향해 달려갈 듯한 형세이다.	9	
10	4	● 진달래꽃이 흐드러지게 핀 봄날 예술회관 앞에서	0 월 구조 반복	
11	·	바라보면 병풍처럼 서 있는 절벽과 양쪽으로 펼쳐지	1	
12	·	는 선학산(仙鶴山) 능선은 절묘하게 조화를 이루면	2	
13	·	서 수경(水鏡)같기도 하고 토르소의 매력을 보는 것	3	
14	·	같기도 하여 무척 관능적이다.	4	
15	나)	나)	5 나)	나) 탄력적인 뒷받침 월 형태를 지닌 단락
16	1	○ 장미꽃 넝쿨로 뒤덮인 절벽 아래 차량들이 질주	6	
17	·	하는 도로를 떠받치는 아치형 콘크리트 구조물은 로	7	
18	·	마시대의 수도교(水道橋)를 연상하게 한다.	8	
19	2	● 강 이쪽에서 바라보면 베갯잇에 수놓인 꽃무늬를	9 월 구조 반복	
20	·	보는 듯하기도 하고, 식탁보의 가장자리를 장식하	0	
21	·	는 레이스를 바라보는 듯하기도 하다.	1	
22	3	○ 잔잔한 물 속에 비치는 견칫돌들은 흡사 생일 케	2	
23	·	이크에 박혀 있는 잣이나 땅콩 또는 딸기 소박이처	3	
24	·	럼 앙증스럽다.	4	
25	4	● 현란하게 달리는 자동차의 행렬은 산수(山水)의	5 월 구조 반복	
26	·	미(美)와 기하학적 미, 그리고 정적(靜寂)의 미와 율	6	
27	·	동(律動)의 미가 조화된 아름다움을 느끼게 한다.	7	

글짓기 월·단락의 유형 분석표 1-2

연번	월 연번	작 문 내 용	월의 유형	단락의 유형
		[제목 : (뒤 벼 리 ②)　　　　글쓴이 : (이 병 모)]		
01	다)	다)	1 다)	
02	1	○ 은행나무와 느티나무 단풍이 곱게 물들 무렵 산업	2	다)단순
03	.	대학교 쪽 진양교 위에서 바라보면 멧돼지가 턱을 바	3	한 형태
04	.	짝 땅에 붙인 채 왼쪽 다리를 최대한 오그리고 비봉	4	의 뒷받
05	.	산 쪽을 응시하고 있는 것 같다.	5	침 월로
06	2	○ 발길을 법원 쪽으로 옮기면서 준동(蠢動)하는 선	6	이루어
07	.	학산 능선을 바라보면 홀연(忽然)히 두 마리의 사자	7	진 단순
08	.	(獅子)로 바뀌어 버린다.	8	한 단락
09	3	○ 실로 순식간에 풍경이 바뀌는 것이다.	9	
10	4	○ 서쪽을 향하여 나란히 돌진(突進)하려는 자세는	0 단순한 월	
11	.	꺾이지 않는 진주사람의 기백을 표현하는 것일까.	1	
12	라)	라)	2 라)	
13	1	○ 안개가 짙게 깔린 새벽 진양교에서 북쪽으로 남강	3	
14	.	을 바라보면 동방호텔 쪽은 완연히 가리어지고 물새	4	
15	.	들이 날아가고 비봉산은 우뚝 솟아 원근(遠近)이 절	5	
16	.	묘하게 조화되어 폭포수가 쏟아지는 듯한 환상(幻	6	라)단순
17	.	像)을 보게 된다.	7	한 형태
18	2	○ 요즈음 신록으로 뒤덮인 뒤벼리는 우리의 마음을	8	의 뒷받
19	.	더욱 풍요롭게 한다.	9	침 월로
20	3	○ 뒤벼리는 언제 어느 쪽에서 보아도 신비롭고 아름	0 단순한 월	이루어
21		답기만 하다.	1	진 단순
22			2	한 단락
23			3	
24			4	
25			5	

글짓기 월·단락의 유형 분석표 2-1

[제목 : (메뚜기 ①)		글쓴이 : (이 병 모)]		
연번	월 연번	작 문 내 용	월의 유형	단락의 유형
01	가)	가)	1 가)	가)단순 한 월들 을 차츰 긴 뒷받 침 월들 이 되도 록 배열 하는 형 태의 단 락
02	1	① 나는 메뚜기를 좋아한다.	2	
03	2	② 이리저리 뛰어다니는 거동이 재미있어서 좋다.	3	
04	3	③ 머리의 모양새를 자세히 보고 있노라면 꼭 고속도	4	
05	·	로를 질주하는 덤프트럭과 너무 흡사하다는 엉뚱한	5	
06	·	생각이 들어 우습기도 하다.	6	
07	4	④ 제나름대로 방향을 정하여 제법 무게가 있어 보이	7 단순한 월	
08	·	는 몸집인데도 잘 지탱하면서 뒷다리에 힘을 주어 힘	8	
09	·	차게 돌진하는 모습이 대견스럽기까지 하다.	9	
10	나)	나)	0 나)	나)탄력 적인 뒷 받침 월 형태를 지닌 단 락
11	1	○ 사람들은 이 메뚜기를 단지 먹거리 이상으로 인정	1	
12	·	해 주지는 않는 것 같다.	2	
13	2	○ 기껏 '메뚜기 오뉴월에 한 철'이란 말이 있을 정도	3	
14	·	이다.	4	
15	3	● 사람들은 부언(浮言), 낭설(浪說)이란 말 대신 '유	5 앞 월 구조	
16	·	언비어(流言蜚語)'란 말을 더 즐겨 쓰는 것 같다.	6 반복	
17	4	○ 왜 하필 이런 때에 꼭 "메뚜기 비[蜚]'를 끼워 넣	7	
18	·	는지 모르겠다.	8	
19	다)	다)	9 다)	다)탄력 적인 뒷 받침 월 을 포함 하여 월 들을 차 츰 긴 월 들이 되 도록 배 열 하 는 형태 의 단락
20	1	○ 스스로 돌아보아 메뚜기에 비겨 별로 나을 것이	0	
21	·	없다는 생각을 할 때가 많다.	1	
22	2	○ 중대한 일을 치를 때에 종종 엉뚱한 행동을 저지	2	
23	·	르는 고약한 성미는 영락없이 메뚜기보다 나을 것이	3	
24	·	없는 것이다.	4	
25	3	① 나름대로 고치려는 노력을 제법 해 보기는 하지만	5	
26	·	천성인 것을 어찌하랴.	6	
27	4	②● 이런저런 핑계를 대면서 책을 잘 읽지 않는 처	7 명사 열거	
28		지이지만 우연히 구약성서 잠언(箴言)을 읽는 중에	8	
29		작은 생물들 개미, 조개 등과 함께 메뚜기에 대한	9	
30		이야기가 나옴을 알게 되었다.	0	

글짓기 월·단락의 유형 분석표 2-2

연번	월 연번	작 문 내 용	월의 유형	단락의 유형
		[제목 : (메뚜기 ②) 글쓴이 : (이 병 모)]		
01	다)5	③● "개미는 작지만 부지런히 일하면서 먹을 것을	1 구조 반복	다)
02	·	축적하고, 조개는 연약한 속살로 살아가지만 자기	2	
03	·	를 지키기 위해 단단한 껍질을 지니는 지혜가 있으	3 마디를 차츰	
04	·	며, 메뚜기는 리더가 없어도 단결을 잘 한다"는 내	4 길게 함	
05	·	용이었다.	5	
06	라)	라)	6 라)	
07	1	○ 펄벅 여사의 소설 '대지(大地)'에는 수많은 메뚜	7	
08	·	기 떼들이 날아와서 농작물을 갉아먹는 이야기가	8	
09	·	나온다.	9	
10	2	① 지도자가 없어도 단체를 자연스럽게 형성하여	0	
11	·	큰 힘을 발휘하는 메뚜기.	1	
12	3	② 소설 속의 메뚜기만큼 큰 능력을 발휘하지 못한	2	라) 뒷
13	·	다고 하더라도 천방지축 실수 투성이인 메뚜기를	3	받침 월
14	·	좋아하지 않을 수 없다.	4	의 길이
15	4	③ 어쩌면 메뚜기처럼 자유롭게 행동해도 그 작은	5	를 차츰
16	·	힘들을 모아서 이 사회에 이바지하는 어떤 구석이	6	길게 하
17	·	라도 있다면 참으로 다행한 일이 아닐까.	7	여 배열
18			8	한 단락
19			9	
20			0	
21			1	
22			2	
23			3	
24			4	
25			5	

글짓기 월·단락의 유형 분석표 3-1

[제목 : (목 련 ①)	글쓴이 : (이 병 모)]			
연번	월 연번	작 문 내 용	월의 유형	단락의 유형
01	가)	가)	1 가)	가)단순한 형태의 뒷받침 월로 이루어진 단순한 단락
02	1	○ 긴 겨울을 지나 이제는 봄이 되었겠지 하고 느끼	2	
03	·	다가도 느닷없이 다시 찬바람이 불어닥칠 때가 있다.	3	
04	2	○ 그럴 때면 우리는 하루 빨리 꽃샘 추위가 완전히	4	
05	·	물러나기를 바란다.	5	
06	3	○ 꽃샘 추위를 잘 이겨낸, 활짝 핀 목련꽃만큼 의젓	6	
07	·	하게 봄소식을 전해 주는 꽃이 또 있을까.	7	
08	4	○ 화사하게 핀 목련꽃은 사람들에게 더 없는 위안	8 단순한 월	
09	·	이 될 수 있을 것 같다.	9	
10	나)	나)	0 나)	나)탄력적인 뒷받침 월을 포함하여 월들을 차츰 긴 월들이 되도록 배열하는 형태의 단락
11	1	○ 목련꽃은 내가 예전에 근무했던 학교의 교화이기	1	
12	·	도 하다.	2	
13	2	① 우리 집 뜰에도 한 그루 목련이 있다.	3	
14	3	② 목련꽃들의 꽃잎은 여섯 개도 있지만 대체로 아홉	4	
15	·	조각이 많다.	5	
16	4	③● 목련꽃의 꽃잎을 자세히 들여다보면, 세 조각이	6 구조 반복	
17	·	그 꽃잎을 사이로 하여 뒤로 받쳐 주고 있고, 그 바	7	
18	·	깥을 둘러싼 꽃잎이 또 그 세 쪽의 꽃잎을 감싸고 있다.	8	
19	5	○ 작은 꽃봉오리가 무척 귀엽다고 생각하다 보면 어	9	
20	·	느새 몰라보게 쑥쑥 자라서 크고 화려하고 의젓한 자	0	
21	·	태를 지닌다.	1	
22	다)	다)	2 다)	다)탄력적인 뒷받침 월 형태를 지닌 단락
23	1	● 짙은 색의 자목련 꽃이 쉽게 접근하기 어려운 귀	3 구조 반복	
24	·	티 나는 꽃이라고 한다면, 흰 목련은 봄을 알리는 고	4	
25	·	결한 모습을 자랑하는 인자하면서도 품격을 지닌 꽃	5	
26	·	이다.	6	
27	2	● 제대로 핀 목련화를 바라보면 분명하면서도 당당	7 구조 반복	
28	·	고 화사한 품격을 느끼게 되고, 우아한 여성을 마주하	8	
29	·	고 있는 듯 착각하게 된다.	9	
30	3	● 활짝 핀 목련꽃을 바라보고 있으면, 새로운 힘이 솟	0 앞월구조	
31	·	구치는 것 같고, 인생의 참된 즐거움을 맛보는 것 같	1 반복	
32	·	다.	2	

글짓기 월·단락의 유형 분석표 3-2

연번	월 연번	작 문 내 용	월의 유형	단락의 유형
[제목 : (목 련 ②) 글쓴이 : (이 병 모)]					
01	다)4	○ 혹한의 겨울이 끝날 무렵인 이른 봄, 파란 하늘을	1 다)	다)
02	·	배경으로 하여 앙상한 가지 끝에서 피는 하얀 목련꽃	2	
03	·	은 흡사 봄의 기쁨을 선포하는 여왕 같다.	3	
04	라)	라)	4 라)	라) 탄 력
05	1	① 목련꽃은 낙화의 모습이 분명하다.	5	적인 뒷
06	2	②● 개화의 모습이 우리를 긴장케 함과 같이 그 꽃잎	6 구조 반복	받침 월
07	·	의 시듦도 매우 애태우게 한다.	7	을 포함
08	3	○ 꽃잎의 두께까지 느껴질 정도로 지는 모습 또한 입	8	하여 월
09	·	체적이다.	9	들을 차
10	4	③ 떨어진 꽃잎이 잿빛으로 천천히 변하는 모습을 바	0	츰 긴 월
11	·	라보면 삶이란 어떻게 끝나는지를 선명하게 보는 것	1	들이 되
12	·	같아 숙연함을 느끼게 된다.	2	도록 배 열 하 는 형 태 의 단락
13	마)	마)	3 마)	
14	1	○ 어느덧 떨어진 꽃잎들도 완전히 회색으로 바뀌고	4	
15	·	처절할 정도로 습기가 증발할 즈음에는 목련 나무 가	5	
16	·	지에 매달려 있는 연초록의 잎이 제법 넓적하게 된다.	6	
17	2	○ 어떤 잎은 어린 아이의 새끼손가락만 하고 또 어떤	7	마) 탄 력
18	·	놈은 그 길이가 어른 뼘으로 반 뼘 정도는 족히 된다.	8	적인 뒷받
19	3	● 뜰에는 영산홍이 피고 철쭉꽃이 연분홍 비단을 펼	9 앞월구조	침 월 형
20	·	치듯이 자태를 자랑할 무렵이면 목련나무에는 어느새	0 반복	태를 지닌
21	·	어른 손바닥만한 나뭇잎이 형성된다.	1	단락
22	4	○ 목련나무에 달려 있는 연두 빛의 순수함을 보고 동	2	
23	·	심에 젖지 아니할 사람은 드물 것이다.	3	
24	바)	바)	4 바)	바)
25	1	○ 꽃잎이 시드는 안타까움에 어찌할 바를 모르겠다가	5	
26	·	도 이내 목련나무의 담록의 나뭇잎들을 대하면 금방	6	
27	·	위로를 받게 된다.	7	

글짓기 월·단락의 유형 분석표 3-3

연번	월연번	작 문 내 용	월의 유형	단락의 유형
		[제목 : (목 련 ③) 글쓴이 : (이 병 모)]		
01	바)2	○ 그러다가 그 잎들이 짙은 초록으로 바뀌면서 점차 울	1 바)	바) 탄력적인 뒷받침월 형태를 지닌 단락
02	·	창한 숲을 형성하여 따가운 햇볕을 넉넉하게 가리어 줄	2	
03	·	때쯤 되면, 사람들은 목련나무의 또 다른 당당한 모습을	3	
04	·	대하게 된다.	4	
05	3	○ 한여름 매미들이 나무 그늘 속에 숨어서 시원하게 울	5	
06	·	어대고 쓰르라미가 쓰으름 쓰으름 울어댈 무렵, 우리 가	6	
07	·	족들은 목련나무 그늘에서 한 낮의 더위를 식힌다.	7	
08	4	○ 어쩌다 독서를 하다가 집 뜰의 석류나무와 오엽송(五	8	
09	·	葉松)을 바라보면 피로가 가시고 더위도 식혀지게 된다.	9	
10	5	● 그러나 그것들을 <u>감나무와 단풍나무, 보리수나무와</u>	0 명사 열거	
11	·	한데 어울려 뜰을 터널로 만들어서 온통 짙은 녹음(綠	1	
12	·	陰)으로 집안을 뒤덮어 무더위를 깨끗이 잊게 해 주는	2	
13	·	목련나무에 비할 수 있을까?	3	
14	6	○ 한여름에 웃옷을 벗어 던진다고 하더라도 목련나무	4	
15	·	그늘이 앞집과 옆집을 가려서 가족들의 사생활을 지켜	5	
16	·	줄 것 같아서 믿음직스럽다.	6	
17	사)	사)	7 사)	사) 탄력적인 뒷받침월을 포함하여 월들을 차츰 긴 월들이 되도록 배열하는 형태의 단락
18	1	● <u>지리산과 내장산, 덕유산,</u> 가까운 <u>옹석봉</u> 등지의 해발	8 명사 열거	
19	·	천 미터가 넘는 높은 산들을 화려하게 장식했던 단풍의	9	
20	·	물결도 사라진 지 오래 건만 뜰에 서 있는 목련나무에는	0	
21	·	다양한 빛깔을 띤 단풍든 목련 잎들이 여전히 달려 있다.	1	
22	2	○ 단풍든 목련 잎들을 보면 어떤 녀석은 줄기 부분만	2	
23	·	제외하고 온통 샛노랗게 익은 참외 빛을 띤다.	3	
24	3	① 또 어떤 잎은 잘 익은 홍시 모양 투명하고 발갛게 물	4	
25	·	들어 있기도 하다.	5	
26	4	②● 감귤 껍질처럼 <u>누르스름하게 물든 놈이 있는가 하</u>	6 구조 반복	
27	·	면, <u>칙칙하게 물들어 있는 이파리도 있다.</u>	7	

글짓기 월·단락의 유형 분석표 3-4

연번	월연번	작 문 내 용	월의 유형	단락의 유형
		[제목 : (목 련 ④) 글쓴이 : (이 병 모)]		
01	사)5	③● 자세히 살펴보면 왼쪽 가장자리로부터 붉게 물	1 마디를 차츰	사)
02	·	들어 오른쪽으로 누런 색을 띤 놈이 있는가 하면, 오	2 길게 함	
03	·	른쪽에서 왼쪽으로 투명한 빛을 잠식(蠶食)하기도	3 구조 반복	
04	·	하며, 점점이 주황색으로 물들기도 하고, 마치 손전	4	
05	·	등으로 비친 듯이 주욱 노랗게 물든 단풍잎도 있다.	5	
06	아)	아)	6 아)	
07	1	● 군자의 절개를 자랑하는 국화마저 서서히 그 자취	7 구조 반복	
08	·	를 감출 때, 마침내 앙상한 나뭇가지만 지닌 채 북풍	8	
09	·	을 맞을 무렵, 목련나무는 그의 가지 끝에 새봄이면	9	
10	·	어김없이 틔우리라는 산다람쥐의 털처럼 부드러운	0	
11	·	꿈을 야무지게 그리고 자랑스럽게 간직하기에 여념	1	아)탄력 적인 뒷 받침 월
12	·	이 없다.	2	형 태 를
13	2	● 이제 찬란하게 물든 목련나무에 달려 있던 단풍든	3 앞 월 구조	지닌 단
14	·	잎들이 서서히 한 잎 두 잎 떨어져 내릴 때, 목련나	4 반복	락
15	·	무는 밤 아닌 때에 은빛 촛불을 켠다.	5	
16	3	○ 그들은 한결 같이 하늘을 향하고 있다.	6	
17	4	○ 가지 끝에 붙은 수십 개 수 백 개의 은빛 촛불은	7	
18	·	푸른 하늘을 향해 약동하는 새 생명의 의지를 펼치기	8	
19	·	위해, 그의 애절한 소망을 다짐한다.	9	
20	자)	자)	0 자)	
21	1	● 뿌리로부터 온 몸통이 뼈저리게 느꼈던 갖가지 고	1 명사 열거	
22	·	뇌와 번민, 고독을 슬기롭게 이겨내면서, 또다시 봄	2	
23	·	이 되면 그리운 사람의 얼굴보다도 더 널찍한 짙푸른	3	자)탄력
24	·	목련나무의 잎을 무성하게 피우기에 앞서 기어이 순	4	적인 뒷 받침 월
25	·	백의 목련꽃부터 피우겠다는 굳은 소망을 지니고, 쪽	5	형 태 를
26	·	빛 늦가을의 하늘을 향해 그 염원의 촛불을 결단코	6	지닌 단
27	·	끄지 않겠다고 매섭도록 절규한다.	7	락
28	2	○ 일찍이 봄날 희디흰 작은 꽃봉오리를 스스로 피우	8	
29	·	기 위해 끈질기게 꽃샘추위와 투쟁했던 추억을 다시	9	
30	·	회상한 채, 목련나무는 생명이 다하도록 그의 뜻을	0	
31	·	굽히지 않을 것이다.	1	

글짓기 월·단락의 유형 분석표 4-1

연번	월연번	작 문 내 용	월의 유형	단락의 유형
		[제목 : (이별 연습 ①) 글쓴이 : (이 병 모)]		
01	가)	가)	1 가)	
02	1	① 우리는 날마다 이별을 하는 것이다.	2	
03	2	② 아침에 부모와 자녀가 출근 길 또는 등교 길에 오르	3	가) 탄력
04	·	면 다시 집으로 돌아올 때까지 헤어져 있다고 해야 할	4	적인 뒷
05	·	것이다.	5	받침 월
06	3	③ 극단적으로 말하면 대문을 떠나서 가족들이 다시	6	을 포함
07	·	만날 것을 의심하지 않고 길을 떠난다고 하는 것은	7	하여 월
08	·	잘못된 판단이라고 할 수도 있을 것 같다.	8	들을 차
09	4	④● 그러나 대부분의 사람들은 하루 동안 제각각 무	9 구조 반복	츰 긴 월
10	·	슨 생각을 하고 어떻게 살아가는지 서로가 잘 알지 못	0	들이 되
11	·	하면서도 가족들은 <u>서로를 이해하고 사랑하고 있다</u>	1	도록 배
12	·	<u>고</u>, 그리고 <u>가족관계를 잘 유지하고 있다고</u> 전혀 의심	2	열 하 는
13	·	하지 않고 살아가는 경우가 많다.	3	형 태 의 단락
14	나)	나)	4 나)	
15	1	○ 부모와 자녀가 서로를 잊으면서 자기의 일에만 빠	5	
16	·	져 있는 하루 동안이란 곰곰이 생각해 보면 서로가 이	6	
17	·	별하고 있었다고 할 수 있을 것이다.	7	
18	2	○ 나아가 정든 사람끼리 함께 편안하게 지내다가 어	8	
19	·	떤 계기로 느닷없이 견해가 다르고 서로 이해관계에	9	나) 탄력
20	·	휘말려서 다른 쪽에 서게 될 때 우리는 종종 이별의	0	적인 뒷
21	·	아픔과 고통을 체감하게 되는 것이다.	1	받침 월
22	3	○ 자녀가 부모의 슬하에 있을 적에는 한 가족이라고	2	형 태 를
23	·	하는 관념을 지니면서 별 어려움 없이 살아간다.	3	지닌 단
24	4	○ 자녀들이 커서 잠시 동안 혹은 여러 해 동안 객지로	4	락
25	·	떠나 있게 되면 서로 만나고 헤어지는 횟수가 잦게	5	
26	·	된다.	6	
27	5	● 사람들은 부모와 자녀라는 관계를 어떨 때에는 잘	7 구조 반복	
28	·	<u>인식하기도 하지만 때로는</u> <u>드물게 인식하기도 한다.</u>	8	

글짓기 월·단락의 유형 분석표 4-2

연번	월연번	작 문 내 용	월의 유형	단락의 유형
		[제목 : (이별 연습 ②)　　　　글쓴이 : (이 병 모)]		
01	나)6	● 그러다가 부모가 이 세상을 떠나게 되면 그 돌	1 구조 반복	나)탄력적인 뒷받침 월 형태를 지닌 단락
02	·	아가신 부모님의 사랑을 <u>어떤 이</u>는 금방 잊어버	2	
03	·	리는가 하면 <u>어떤 이</u>는 평생을 잊지 않고 살아가	3	
04	·	기도 한다.	4	
05	7	● 그러나 어찌 <u>빨리 잊어버린다</u>고 해서 나쁜 사	5 구조 반복	
06	·	람이 되고 <u>오래 기억한다</u>고 해서 바람직한 사람	6	
07	·	<u>이라고</u> 말할 수 있겠는가?	7	
08	다)	다)	8 다)	다)탄력적인 뒷받침 월을 포함하여 월들을 차츰 긴 월들이 되도록 배열하는 형태의 단락
09	1	① 형과 아우의 관계도 그런 것 같다.	9	
10	2	② 아우가 결혼을 하게 되면 분가를 해서 살게 되	0	
11	·	는 것이다.	1	
12	3	③ 여러 아우를 보살피다가 아우가 결혼 적령기	2	
13	·	가 되자 혼주(婚主)가 된 지인(知人)이 있다.	3	
14	4	○ 그분은 아우의 장래를 묵묵히 지켜보고만 있었다.	4	
15	5	○ 새들이 공중을 자유롭게 날아가듯이 부모와	5	
16	·	형의 곁을 떠나는 아우는 자유인인 것이다.	6	
17	6	④● 설사 어진 형이 아우와 <u>헤어지고</u> 나서 아우	7 '하고' 어미	
18	·	가 제대로 살아가는지 <u>못내 괴로워하고 안타까워</u>	8 반복	
19	·	<u>한다고 하더라도</u> 아우의 자유는 반드시 <u>보장되어</u>	9	
20	·	<u>야 함</u>은 지극히 <u>당연한 일이다.</u>	0	
21	라)	라)	1 라)	라)단순한 뒷받침 월들을 차츰 긴 월들이 되도록 배열하는 형태의 단락
22	1	○ 요즈음 다들 어렵게 살아가지만 형제가 많고	2	
23	·	집안이 가난한 장남인 경우는 더욱 힘든 것 같다.	3	
24	2	① 미혼인 경우에 장남은 장가를 들기도 힘든 세	4	
25	·	상이다.	5	
26	3	② 그런데도 불구하고 장남은 일생 동안 부모님	6	
27	·	과 함께 살아야 미덕이다.	7	
28	4	③ 상당히 많은 가정에서는 지금도 나이 어린 장	8	
29	·	남에게 특별히 혜택을 많이 주어 차남과 딸을 차	9	
30	·	별한다.	0	
31	5	○ 차별을 받은 딸과 차남의 경우는 억울하기 그	1 단순한 월	
32	·	지없을 것이다.	2	

글짓기 월·단락의 유형 분석표 4-3

연번	월연번	작 문 내 용	월의 유형	단락의 유형
		[제목 : (이별 연습 ③)　　　글쓴이 : (이 병 모)]		
01	마)	마)	1 마)	
02	1	○ 그러나 유년시절 편애를 받았던 가난한 집의 장남	2	
03	·	편에서 본다면 그 편애는 일생동안 불필요한 마음의	3	
04	·	짐이며, 큰 고통으로 작용될 수도 있을 것이다.	4	마)탄력
05	2	○ 뚜렷한 근거 없이 어릴 때부터 무엇인가 남에게 빚	5	적인 뒷
06	·	지고 있다고 생각하는 것은 좋은 인격을 형성하기에	6	받침 월
07	·	큰 장애가 될 수 있을 것이다.	7	형 태 를
08	3	● 더구나 그가 자기의 주장을 당당하게 펼치지 못하	8 구조 반복	지닌 단
09	·	고 늘 다른 사람을 생각하느라고 전전긍긍해 한다면,	9	락
10	·	그래서 대인관계가 원만하지 못하다고 한다면 이는	0	
11	·	또 다른 피해자가 아닐까?	1	
12	바)	바)	2 바)	
13	1	○ 한편 형을 공경하느라 고생하는 아우의 처지에서	3	
14	·	본다면 형의 고지식한 생각 때문에 정말 답답하여 고	4	
15	·	통을 느낄 경우가 많을 것이다.	5	
16	2	● 그리고 어떤 사람이 종형제나 조카의 일까지 관심	6 구조 반복	바)탄력
17	·	을 가지고 사랑하느라고 애쓰고 있는데도 불구하고	7 앞 월 구조	적인 뒷
18	·	가치관이나 신앙에 따라 서로의 마음이 불편을 겪게	8 반복	받침 월
19	·	된다고 하면 혈연이라고 하는 끈끈한 정 때문에 오히	9	형 태 를
20	·	려 서로가 잠을 이루지 못하는 아픔을 맛보게 될 경우	0	지닌 단
21	·	가 많을 것이다.	1	락
22	3	● 아우가 형에게 형이 아우에게 각각 신임을 잃었다	2	
23	·	고 생각한다면 그들의 고통은 부모를 잃었을 때의 이	3	
24	·	별보다 더하다고 할 수 있지 않을까?	4	
25			5	

글짓기 월·단락의 유형 분석표 4-4

연번	월 연번	작 문 내 용	월의 유형	단락의 유형
		[제목 : (이별 연습 ④) 　　글쓴이 : (이 병 모)]		
01	사)	사)	1 사)	
02	1	● 사람들은, 이별을 죽음과 같이 <u>영원히 헤어지는 이</u>	2 구조 반복	
03	·	별과 <u>잠시 동안 헤어지는 이별로</u> 곧잘 구별하기를 좋	3	
04	·	아한다.	4	
05	2	○ 그러나 <u>죽음의 이별이라 하더라도</u> 그의 마음 속에	5	
06	·	항상 자리잡고 있다면 그것은 현재에도 함께 하는 것	6	
07	·	이 아닐까?	7	
08	3	● <u>베개를 나란히 하고 함께 잠을 자는 부부라고 하더</u>	8 앞 월 구조	
09	·	라도 늘 마음 속에서 떠나 있다고 하면 그것은 영원한	9 반복	
10	·	이별이 될 수도 있을 것이고, <u>멀리 떨어져 있거나 이</u>	0	
11	·	미 저 세상에 가 있다고 하더라도 평생을 두고 그분의	1 마디를 차츰	
12	·	훌륭한 정신과 아름다운 마음을 잊지 못해서 늘 행복	2 길게 함	사) 탄력
13	·	해 하는 사람은 <u>이별을 했다고 말하는 것은</u> 옳지 않		적인 뒷
14	·	은 것이며, <u>오히려 항상 함께 하고 있다고 해야 옳</u>		받침 월
15	·	<u>은 것</u>이 아닐까?		형 태 를
16	**4**	○ 우리가 행복한 삶을 영위하기 위해서는 단단한 각		지닌 단
17	·	오로 날마다 이별할 수 있는 연습을 해야만 할 것 같		락
18	·	다.		
19	5	○ 그래야만 마음에서부터 타오르는 이별의 아픈 불길		
20	·	을 끌 수 있을 것 같다.		
21·				
22				
23				
24				
25				

글짓기 월·단락의 유형 분석표 5-1

연번	월 연번	작 문 내 용	월의 유형	단락의 유형
		[제목 : (장 미 ①)　　　　글쓴이 : (이 병 모)]		
01	가)	가)	1 가)	가)탄력적인 뒷받침 월 형태를 지닌 단락
02	1	○ 나는 장미꽃도 좋아하지만, 푸르고 싱싱한 장미	2	
03	·	의 잎을 더 좋아한다.	3	
04	2	● 그리고 투명할 정도로 순수하게 푸른 색깔을 띤	4 앞 월 구조	
05	·	채 활처럼 휘어진 장미넝쿨, 특히 줄 장미의 넝쿨	5 반복	
06	·	을 나는 좋아한다.	6	
07	3	○ 장미 넝쿨을 만지면 따스한 체온마저 느껴진다.	7	
08	4	○ 그것은 어린아이로부터 받는 체온과도 흡사하	8	
09	·	다.	9	
10	나)	나)	0 나)	나)단순한 형태의 뒷받침 월로 만든 단순한 단락
11	1	○ 푸르고 싱싱한 잎 사이로 피어 있는 장미꽃을 바	1	
12	·	라보면 행복을 느낀다.	2	
13	2	○ 그런가하면 그 장미 줄기에 붙어 있는 흉한 가시	3	
14	·	도 싫어하지 않는다.	4	
15	3	○ 장미나무의 가시를 대하면 누구나 주춤하게 된	5	
16	·	다.	6	
17	4	○ 그런데 바로 그 가시를 수단으로 하여 한 겨울을	7 단순한 월	
18	·	이겨내는 게 아닌가 하는 생각에 이르게 되면 마	8	
19	·	음이 달라지게 된다.	9	
20	다)	다)	0 다)	다)단순한 형태의 뒷받침 월로 만든 단순한 단락
21	1	○ 혹한(酷寒)의 계절에 앙상한 장미 줄기를 별 생	1	
22	·	각 없이 바라보면 장미나무에 붙어 있던 그 무성한	2	
23	·	잎들을 모두 다 떨어뜨려 버린 게 아닌가 하고 착각	3	
24	·	하게 된다.	4	
25	2	○ 그러나 자세히 장미나무를 살펴본 사람은 뾰족	5 단순한 월	
26	·	한 가시를 지닌 장미의 줄기에 의지한 가느다란 나	6	
27	·	무 가지 끝에 달려 아직도 살아있는 잎들이 결단코	7	
28	·	완전히 떨어지지는 않고 있음을 확인할 수 있을 것	8	
29	·	이다.	9	

글짓기 월·단락의 유형 분석표 5-2

연번	월연번	작 문 내 용	월의 유형	단락의 유형
		[제목 : (장미 ②) 글쓴이 : (이 병 모)]		
01	라)	라)	1 라)	
02	1	① 나는 이 장미의 오만(傲慢)함을 사랑한다.	2	
03	2	② 온 몸에 가시를 두른 채 맨 몸으로 혹독한	3	
04	·	추위와 싸우면서 그 본연의 푸름과 생명을 지	4	
05	·	탱하는 모습이 대견스럽기 때문이다.	5	
06	3	③● 쩌렁쩌렁하게 울어대는 봄 꿩 소리를 들	6 구조 반복	
07	·	으면서 응달에는 제비꽃이 피고, 개나리꽃은	7	
08	·	지고, 벚꽃나무도 꽃비를 뿌릴 즈음에 왕성하	8	
09	·	게 자신의 잎이 푸른 존재임을 드러내는 장미	9	
10	·	넝쿨처럼 신선하게 살아가야 할 것 같다.	0	
11	4	④● 그리고 연두색 잎을 배경으로 하얗게 핀	1 명사 열거	
12	·	이팝나무 꽃잎들도 서서히 사그라질 무렵 공	2	라)탄력적인
13	·	원의 잔디밭 한 모서리, 병원의 울타리, 혹은	3	뒷받침 월을
14	·	양지 바른 교실 창문 앞 화단에서 해사한 모	4	포함하여 월
15	·	습으로 활짝 피어난 장미꽃처럼 열정적으로	5	들을 차츰 긴
16	·	살아가야 할 것 같다.	6	월들이 되도
17	5	● 그리고 아름다운 장미를 지탱해 주는 그 줄	7 앞 월 구조	록 배열하는
18	·	기에 박혀 있는 장미의 가시처럼, 화려하지 않	8 반복	형태의 단락
19	·	아 아무도 알아주지 않지만 묵묵히 자기의 할	9	
20	·	일을 잘 감당하는, 당당하면서도 슬기로운 삶	0	
21	·	을 살아가야 할 것 같다.	1	
22			2	
23			3	
24			4	
25			5	
26			6	
27			7	
28			8	
29			9	
30			0	

글짓기, 이렇게 하자

초판발행 2006년 7월 30일
개 정 판 2007년 4월 15일

지은이 이병모
펴낸이 박찬익
펴낸곳 도서출판 **박이정**

주   소 130-070 서울시 동대문구 용두동 129-162
전   화 (02) 922-1192~3 팩스 (02) 928-4683
E-mail pijbook@naver.com
온라인 (국민) 729-21-0137-159
등   록 1991년 3월 12일 제1-1182호

ISBN 89-7878-867-x 93710

www.pjbook.com   값 10,000원